해커스변호사

Law Man
형법
Criminal Law

최근 3개년
판례정리

해커스변호사

서문

먼저 2023년에 발간된 「Law Man 형법 최신 3개년 판례」 교재에 많은 성원을 보내주신 독자분들에게 감사의 말을 전합니다. 이에 힘입어 2025년도 변호사시험을 대비하기 위한 2024년판 「Law Man 형법 최근 3개년 판례정리(2025 변호사시험 대비 최신판)」 교재를 출간합니다.

2024년부터 한림법학원에서 해커스변호사 학원으로의 이적이 있게 되어 출판사도 윌비스 출판사에서 해커스변호사 출판사로 변경하여 출판을 하게 되었고, 이러한 출판사의 변경으로 인하여 교재의 제목과 내용에도 어느 정도 변화가 있게 되었습니다. 즉 종래에는 「Law Man 형법 최신 3개년 판례(전면개정판)」 등으로 교재의 명칭을 표기하였으나, 앞으로는 해커스변호사 출판사에서 공통으로 사용하는 「Law Man 형법 최근 3개년 판례정리(2025 변호사시험 대비 최신판)」 등으로 표기하게 되었습니다.

주지하다시피 최신 판례의 중요성은 아무리 강조해도 지나치지 않습니다. 그러나 최신 판례를 정리한다고 하더라도 너무 간략하여 판례에 대한 정확한 이해를 하지 못하거나, 때로는 너무 필요 이상 많은 내용으로 시간을 낭비하는 것은 바람직하지 않습니다.

따라서 본 교재는 시험을 앞둔 수험생들에게 가장 적절한 내용으로 최신 판례를 정리하여 가장 효율적인 최신 판례 교재가 되도록 하였습니다. 전합 판례의 경우에는 양적 부담이 상당하여 가독성 등을 고려하여 부득이 다수의견만 수록하였지만, 필요한 경우에는 반대의견 등의 요지를 설시하였습니다.

2024년판 「Law Man 형법 최근 3개년 판례정리」 교재는 기본적으로 2023년판 「Law Man 형법 최신 3개년 판례」 교재와 같이 ① [사실관계]와 [Question]란을 보다 충실하게 정리하였으며, 여기에 더하여 ② 판례의 정확한 이해를 돕기 위하여 [사건의 경과] 등의 란을 설정하였으며, ③ 보다 가독성 높은 최신판례교재가 될 수 있도록 밑줄부분에서 중요한 내용을 고딕으로 처리하였으며, ④ 보다 효율적인 판례 교재가 될 수 있도록 각 판례에 대하여 ★표시를 사용하여 중요도를 표시하였습니다.

즉, 각 판례들에 대하여 시험출제 가능성 여부에 따라 ① ★표시가 없는 판례는 간단히 확인하고 결론만 정리할 판례 ② ★표시가 하나 있는 판례는 반드시 정리해야 할 기본적인 판례 ③ ★★표시가 있는 판례는 출제가능성이 가장 높은 중요한 판례를 의미하므로 독자분들이 보다 효율적인 학습을 할 수 있도록 하였습니다.

본 교재의 내용을 간단히 살펴보면

1. 2021년부터 2024년 6월까지의 형법 판례를 기본서의 순서대로 정리하고

2. 특별형법인 도로교통 관련 판례와 성폭법 및 정통망법 판례를 해당 부분에 수록하고

3. 판례마다 판례의 제목을 설정하여 기억을 용이하게 하였으며

4. [사실관계], Q. [사건의 경과] 등으로 판례의 정확히 이해할 수 있도록 하였으며

5. 가독성을 높이기 위하여 중요 문장을 밑줄 표시하면서 키워드를 강조처리 하였으며

6. 각 판례마다 중요도 표시(★, ★★)를 하여 보다 효율적인 교재가 되도록 하였습니다.

본 교재 출간 이후에 새로이 나오는 최신 판례는 적절한 시기마다 저의 카페(http://cafe.daum.net/ljc7329)에 올려놓을 예정이니 이를 참조하시기 바랍니다.

마지막으로 본서가 출간됨에 있어 해커스 출판사 임직원분들에게도 감사의 말을 전합니다. 그럼 본 교재가 변호사 시험이나, 5급공채, 법원행정고시, 법무사시험 등의 국가고시를 대비하는 독자분들에게 도움이 되기를 바라며 이만 줄입니다.

2024.6.23.

우정에서 이재철

목차

합격을 꿈꾼다면, 해커스변호사
law.Hackers.com

제1편

형법 서론

제1편 | 형법 서론

제1절 | 형법의 의의
제2절 | 형법의 기능
제3절 | 죄형법정주의

소급효금지 관련 판례

---

1. 〈나이롱 환자 사건 – 보험사기방지법 신설 관련 판례〉

피고인이 통원치료로 충분한 병증인데도 총 15회에 걸쳐 입원진료를 받은 다음 피해자 회사에 보험금 지급을 청구하는 방법으로 보험금을 편취하였다는 공소사실에 대하여, 원심이 이를 유죄로 판단하면서 보험사기방지 특별법 제8조를 적용한 사안에서, 위 법은 2016. 3. 29. 제정되어 2016. 9. 30.부터 시행되었으므로 **위 법 시행 전에 보험금을 지급받아 기수에 이른 범행**에 대해서는 위 법 위반죄로 처벌할 수 없는데도, 원심이 위 법 시행 전의 범행에 대해서까지 위 법을 적용한 제1심판결을 그대로 유지한 데에는 죄형법정주의와 형벌법규 불소급의 원칙 등을 위반한 잘못이 있다고 한 사례(대판 2022.1.13. 2021도10855).

[참조조문]

〈보험사기방지 특별법〉 [제정 2016. 3. 29. 시행 2016. 9. 30.]
제8조(보험사기죄)
  보험사기행위로 보험금을 취득하거나 제3자에게 보험금을 취득하게 한 자는 10년 이하의 징역 또는 5천만원 이하의 벌금에 처한다.

2. 〈상습 아동 · 청소년성착취물 사건 – 포괄일죄가 신설된 사건〉 ★★

포괄일죄에 관한 기존 처벌법규에 대하여 그 표현이나 형량과 관련한 개정을 하는 경우가 아니라 애초에 죄가 되지 않던 행위를 구성요건의 신설로 포괄일죄의 처벌대상으로 삼는 경우에는 **신설된 포괄일죄 처벌법규가 시행되기 이전의 행위에 대하여는 신설된 법규를 적용하여 처벌할 수 없고**(형법 제1조 제1항), 이는 **신설된 처벌법규가 상습범을 처벌하는 구성요건인 경우에도 마찬가지**이다(대판 2022.12.29. 2022도10660).

〈아동·청소년의 성보호에 관한 법률〉[개정 2020. 6. 2. 시행 2020. 6. 2.]
제11조(아동·청소년성착취물의 제작·배포 등)
　① 아동·청소년성착취물을 제작·수입 또는 수출한 자는 무기징역 또는 5년 이상의 유기징역에 처한다. 〈개정 2020.6.2〉
　② 영리를 목적으로 아동·청소년성착취물을 판매·대여·배포·제공하거나 이를 목적으로 소지·운반·광고·소개하거나 공연히 전시 또는 상영한 자는 5년 이상의 징역에 처한다. 〈개정 2020.6.2〉
　③ 아동·청소년성착취물을 배포·제공하거나 이를 목적으로 광고·소개하거나 공연히 전시 또는 상영한 자는 3년 이상의 징역에 처한다. 〈개정 2020.6.2〉
　④ 아동·청소년성착취물을 제작할 것이라는 정황을 알면서 아동·청소년을 아동·청소년성착취물의 제작자에게 알선한 자는 3년 이상의 징역에 처한다. 〈개정 2020.6.2〉
　⑤ 아동·청소년성착취물을 구입하거나 아동·청소년성착취물임을 알면서 이를 소지·시청한 자는 1년 이상의 징역에 처한다. 〈개정 2020.6.2〉
　⑥ 제1항의 미수범은 처벌한다
　⑦ 상습적으로 제1항의 죄를 범한 자는 그 죄에 대하여 정하는 형의 2분의 1까지 가중한다. 〈신설 2020.6.2〉

[공소사실의 요지]

누구든지 아동·청소년성착취물을 제작하여서는 아니 된다. 피고인은 2015. 2. 28.부터 2021. 2. 10.까지 상습으로 아동·청소년인 피해자 124명에게 신체의 전부 또는 일부를 노출한 사진을 촬영하도록 하여 총 1,929개의 아동·청소년성착취물인 사진 또는 동영상을 제작하였다.

[사건의 경과]

검사는 청소년성보호법 위반(상습성착취물제작·배포등) 부분에 대하여 '피고인은 2020. 11. 3.부터 2021. 2. 10.까지 상습으로 아동·청소년인 피해자 3명에게 신체의 전부 또는 일부를 노출한 사진을 촬영하도록 하여 총 19개의 아동·청소년성착취물인 사진 또는 동영상을 제작하였다.'고 공소를 제기하였다.

[원심의 판단]

검사는 원심에서 청소년성보호법 위반(상습성착취물제작·배포등) 부분에 대하여 '피고인은 2015. 2. 28.부터 2021. 1. 21.까지 상습으로 아동·청소년인 피해자 121명에게 신체의 전부 또는 일부를 노출한 사진을 촬영하도록 하여 총 1,910개의 아동·청소년성착취물인 사진 또는 동영상을 제작하였다.'는 공소사실을 추가하는 공소장변경허가신청을 하였고, 원심은 이를 허가하여 전부 유죄로 판단하였다.

[대법원의 판단]

(1) 이 부분 공소사실 중 위 개정규정이 시행되기 전인 2015. 2. 28.부터 2020. 5. 31.까지 아동·청소년성착취물 제작으로 인한 청소년성보호법 위반 부분에 대하여는 위 개정규정을 적용하여 청소년성보호법 위반(상습성착취물제작·배포등)죄로 처벌할 수 없고, 행위시법에 기초하여 청소년성보호법 위반(성착취물제작·배포등)죄로 처벌할 수 있을 뿐이다.

(2) 2015. 2. 28.부터 2020. 5. 31.까지 부분은 청소년성보호법 위반(상습성착취물제작·배포등)죄로 처벌될 수 없으므로, 청소년성보호법 위반(상습성착취물제작·배포등)죄로 처벌되는 그 이후의 부분과 포괄일죄의 관계에 있지 않고 **실체적 경합관계**에 있게 된다. 그런데 실체적 경합관계에 있는 부분은 종전 공소사실과 **기본적 사실관계가 동일하다고 볼 수 없으므로**, 2015. 2. 28.부터 2020. 5. 31.까지 부분을 추가하는 공소장변경은 허가될 수 없고 이 사건에서 심판의 대상이 되지 못한다.

[또한 이 사건 공소사실 중 아동복지법 위반(아동에대한음행강요 · 매개 · 성희롱등) 부분은 같은 날 행해진 청소년성보호법 위반(성착취물제작 · 배포등) 부분과 **상상적 경합관계에** 있으므로, 이 부분에 대하여도 2015. 2. 28.부터 2020. 5. 31.까지 부분을 추가하는 공소장변경은 허가될 수 없고 이 사건에서 심판의 대상이 되지 못한다].

(3) 따라서 원심으로서는 검사의 공소장변경허가신청을 그대로 허가하여서는 안 되고, 다시 **개정규정 이후의 부분만을 추가하는 새로운 공소장변경허가신청이 있는 경우에만 이를 허가하였어야 한다**(**개정규정 이전의 부분은 추가 기소의 방법으로 해결할 수밖에 없다**).

(4) 그런데도 원심은 이 부분 공소사실이 전부 상습범에 해당하는 포괄일죄라는 전제 아래 검사의 공소장변경허가신청을 그대로 허가한 뒤 포괄하여 청소년성보호법 제11조 제7항, 제1항을 적용하여 전부 유죄로 판단하였다. 이러한 원심판결에는 상습범과 형법 제1조 제1항의 적용 및 공소장변경에 관한 법리를 오해하여 판결에 영향을 미친 잘못이 있다. 이를 지적하는 상고이유 주장은 이유 있다.

명확성의 원칙 관련 판례

3. 〈명확성의 원칙과 확장해석금지의 원칙의 법리〉★

[1] 헌법은 국가형벌권의 자의적인 행사로부터 개인의 자유와 권리를 보호하기 위하여 범죄와 형벌을 법률로 정하도록 하고 있다(헌법 제13조 제1항). 국민의 기본권을 제한하거나 의무를 부과하는 법률, 그중에서도 특히 형벌에 관한 법률은 국가기관이 자의적으로 권한을 행사하지 않도록 명확하여야 한다. 다시 말하면, 형벌법규는 어떠한 행위를 처벌할 것인지 **일반인이 예견할 수 있어야 하고,** 그에 따라 자신의 행위를 결정할 수 있도록 구성요건을 명확하게 규정할 것을 요구한다.

[2] **건전한 상식과 통상적 법감정을 가진 사람**으로 하여금 자신의 행위를 결정해 나가기에 충분한 기준이 될 정도의 의미와 내용을 가지고 있다고 볼 수 없는 형벌법규는 죄형법정주의의 명확성원칙에 위배되어 위헌이 될 수 있으므로, 불명확한 규정을 헌법에 맞게 해석하기 위해서는 이 점을 염두에 두어야 한다.

[3] 그리고 형벌법규의 해석은 엄격하여야 하고, **문언의 가능한 의미**를 벗어나 피고인에게 불리한 방향으로 해석하는 것은 죄형법정주의의 내용인 확장해석금지에 따라 허용되지 않는다(대판 2022.11.17. 2022도7290).

제4절 | 형법의 적용 범위

동기설을 폐기한 전합 판례

4. 〈전동킥보드 음주운전 사건 – 동기설을 폐기한 전합 판례〉★★

[사실관계]

피고인이 도로교통법 위반(음주운전)죄로 4회 처벌받은 전력이 있음에도 술에 취한 상태로 전동킥보드를 운전하였다고 하여 구 도로교통법(2020. 6. 9. 법률 제17371호로 개정되어 2020. 12. 10. 시행되기 전의 것, 이하 같다) 위반(음주운전)으로 기소되었는데, 구 도로교통법이 2020. 6. 9. 개정되어 원심판결 선고 후인 2020. 12. 10. 개정 도로교통법이 시행되면서 제2조 제19호의2 및 제21호의2에서 전동킥보드와 같은 '개인형 이동장치'와 이를 포함하는 '자전거 등'에 관한 정의규정을 신설함에 따라 개인형 이동장치 음주운전 행위는 자동차 등 음주운전 행위를 처벌하는 제148조의2의 적용 대상에서 제외되는 한편 자전거 등 음주운전 행위를 처벌하는 제156조 제11호가 적용되어 법정형이 종전보다 가볍도록 법률이 변경되고 별도의 경과규정은 두지 않았다.

Q 위와 같은 사실관계를 전제로 할 때 이러한 개정이 정책의 변경인 경우에도 신법을 적용할 수 있는가?

[1] [다수의견]

범죄 후 법률이 변경되어 그 행위가 범죄를 구성하지 아니하게 되거나 형이 구법보다 가벼워진 경우에는 신법에 따라야 하고(형법 제1조 제2항), 범죄 후의 법령 개폐로 형이 폐지되었을 때는 판결로써 면소의 선고를 하여야 한다(형사소송법 제326조 제4호). 이러한 형법 제1조 제2항과 형사소송법 제326조 제4호의 규정은 입법자가 법령의 변경 이후에도 종전 법령 위반행위에 대한 형사처벌을 유지한다는 내용의 경과규정을 따로 두지 않는 한 그대로 적용되어야 한다.

따라서 범죄의 성립과 처벌에 관하여 규정한 **형벌법규 자체 또는 그로부터 수권 내지 위임을 받은 법령의** 변경에 따라 범죄를 구성하지 아니하게 되거나 형이 가벼워진 경우에는, 종전 법령이 범죄로 정하여 처벌한 것이 부당하였다거나 과형이 과중하였다는 반성적 고려에 따라 변경된 것인지 여부를 따지지 않고 원칙적으로 형법 제1조 제2항과 형사소송법 제326조 제4호가 적용된다. 형벌법규가 대통령령, 총리령, 부령과 같은 법규명령이 아닌 **고시 등 행정규칙·행정명령, 조례 등**(이하 '고시 등 규정'이라고 한다)에 구성요건의 일부를 수권 내지 위임한 경우에도 이러한 고시 등 규정이 위임입법의 한계를 벗어나지 않는 한 형벌법규와 결합하여 법령을 보충하는 기능을 하는 것이므로, 그 변경에 따라 범죄를 구성하지 아니하게 되거나 형이 가벼워졌다면 마찬가지로 형법 제1조 제2항과 형사소송법 제326조 제4호가 적용된다.

그러나 해당 형벌법규 자체 또는 그로부터 **수권 내지 위임을 받은 법령이 아닌 다른 법령이 변경된 경우** 형법 제1조 제2항과 형사소송법 제326조 제4호를 적용하려면, 해당 형벌법규에 따른 범죄의 성립 및 처벌과 직접적으로 관련된 **형사법적 관점의 변화를 주된 근거로 하는 법령의 변경에 해당하여야 하므로, 이와 관련이 없는 법령의 변경으로 인하여 해당 형벌법규의 가벌성에 영향을 미치게 되는 경우**에는 형법 제1조 제2항과 형사소송법 제326조 제4호가 적용되지 않는다.

한편 법령이 개정 내지 폐지된 경우가 아니라, **스스로 유효기간을 구체적인 일자나 기간으로 특정하여 효력의 상실을 예정하고 있던 법령이 그 유효기간을 경과함으로써 더 이상 효력을 갖지 않게 된 경우**도 형법 제1조 제2항과 형사소송법 제326조 제4호에서 말하는 법령의 변경에 해당한다고 볼 수 없다.

[2] 피고인이 도로교통법 위반(음주운전)죄로 4회 처벌받은 전력이 있음에도 술에 취한 상태로 전동킥보드를 운전하였다고 하여 구 도로교통법(2020. 6. 9. 법률 제17371호로 개정되어 2020. 12. 10. 시행되기 전의 것, 이하 같다) 위반(음주운전)으로 기소되었는데, 구 도로교통법이 2020. 6. 9. 개정되어 원심판결 선고 후인 2020. 12. 10. 개정 도로교통법이 시행되면서 제2조 제19호의2 및 제21호의2에서 전동킥보드와 같은 '개인형 이동장치'와 이를 포함하는 '자전거 등'에 관한 정의규정을 신설함에 따라 개인형 이동장치 음주운전 행위는 자동차 등 음주운전 행위를 처벌하는 제148조의2의 적용 대상에서 제외되는 한편 **자전거 등 음주운전 행위를 처벌하는 제156조 제11호가 적용되어 법정형이 종전보다 가볍도록 법률이 변경되고 별도의 경과규정은 두지 않은 사안**에서, 도로교통법 제44조 제1항 위반 전력이 있는 사람이 다시 술에 취한 상태로 전동킥보드를 운전한 행위는, 법률 개정 전에는 구 도로교통법 제148조의2 제1항이 적용되어 2년 이상 5년 이하의 징역이나 1천만 원 이상 2천만 원 이하의 벌금으로 처벌되었으나, 법률 개정 후에는 도로교통법 제156조 제11호가 적용되어 20만 원 이하의 벌금이나 구류 또는 과료로 처벌되게 되었고,

이러한 법률 개정은 구성요건을 규정한 형벌법규 자체의 개정에 따라 형이 가벼워진 경우에 해당함이 명백하므로, 종전 법령이 반성적 고려에 따라 변경된 것인지를 따지지 않고 형법 제1조 제2항에 따라 신법인 도로교통법 제156조 제11호, 제44조 제1항으로 처벌할 수 있을 뿐이라는 이유로, 행위시법인 구 도로교통법 제148조의2 제1항, 도로교통법 제44조 제1항을 적용하여 공소사실을 유죄로 인정한 원심판결은 더 이상 유지될 수 없다고 한 사례(대판 2022.12.22. 2020도16420 전합).

[전합 판례의 다수의견 내용 정리]

(1) 형벌법규 자체 또는 그로부터 수권 내지 위임을 받은 법령의 변경

형벌법규 자체 또는 그로부터 수권 내지 위임을 받은 법령의 변경이 범죄를 구성하지 아니하게 되거나 형이 가벼워진 경우에는 동기설을 폐지하고 신법을 적용한다. 단, 경과규정을 둔 경우에는 이에 따른다.

(2) 형벌법규가 법규명령이 아닌 고시 규정의 변경

형벌법규가 법규명령이 아닌 고시 등 행정규칙·행정명령, 조례 등에 구성요건의 일부를 수권 내지 위임한 경우에도 고시 등 규정의 변경이 범죄를 구성하지 아니하게 되거나 형이 가벼워진 경우에는 동기설을 폐지하고 신법을 적용한다. 단, 경과규정을 둔 경우에는 이에 따른다.

(3) 다른 법령의 변경

형벌법규 자체 또는 그로부터 수권 내지 위임을 받은 법령이 아닌 다른 법령이 변경된 경우 ① 직접적으로 관련된 형사법적 관점의 변화를 주된 근거로 하는 법령의 변경에 해당하면 원칙적으로 동기설을 폐지하고 신법을 적용하지만, ② 이와 관련이 없는 법령의 변경으로 인하여 해당 형벌법규의 가벌성에 영향을 미치게 되는 경우에는 형법 제1조 제2항과 형사소송법 제326조 제4호가 적용되지 않고 구법을 적용한다.

(4) 한시법의 유효기간이 경과한 경우

한시법이 그 유효기간을 경과함으로써 더 이상 효력을 갖지 않게 된 경우에는 구법을 적용한다.

5. 〈변호사법 위반 (법무사법 개정) 사건〉★

[사실관계]

법무사인 피고인이 개인회생·파산사건 관련 법률사무를 위임받아 취급하여 변호사법위반으로 기소된 후 개인회생·파산사건 신청대리업무를 법무사의 업무로 추가하는 법무사법 개정이 이루어졌다.

Q 위와 같은 사실관계를 전제로 할 때 피고인에게 형법 제1조 제2항과 형사소송법 제326조 제4호가 적용되어 면소판결을 할 수 있는가?

[1] 범죄 후 법률이 변경되어 그 행위가 범죄를 구성하지 아니하게 되거나 형이 구법보다 가벼워진 경우에는 신법에 따라야 하고(형법 제1조 제2항), 범죄 후의 법령 개폐로 형이 폐지되었을 때는 판결로써 면소의 선고를 하여야 한다(형사소송법 제326조 제4호). 이러한 형법 제1조 제2항과 형사소송법 제326조 제4호의 규정은 입법자가 법령의 변경 이후에도 종전 법령 위반행위에 대한 형사처벌을 유지한다는 내용의 경과규정을 따로 두지 않는 한 그대로 적용되어야 한다. 따라서 범죄의 성립과 처벌에 관하여 규정한 형벌법규 자체 또는 그로부터 수권 내지 위임을 받은 법령의 변경에 따라 범죄를 구성하지 아니하게 되거나 형이 가벼워진 경우에는, 종전 법령이 범죄로 정하여 처벌한 것이 부당하였다거나 과형이 과중하였다는 반성적 고려에 따라 변경된 것인지 여부를 따지지 않고 원칙적으로 형법 제1조 제2항과 형사소송법 제326조 제4호가 적용된다.

그러나 **해당 형벌법규 자체 또는 그로부터 수권 내지 위임을 받은 법령이 아닌 다른 법령이 변경된 경우** 형법 제1조 제2항과 형사소송법 제326조 제4호를 적용하려면, 해당 형벌법규에 따른 범죄의 성립 및 처벌

과 직접적으로 관련된 형사법적 관점의 변화를 주된 근거로 하는 법령의 변경에 해당하여야 하므로, 이와 관련이 없는 법령의 변경으로 인하여 해당 형벌법규의 가벌성에 영향을 미치게 되는 경우에는 형법 제1조 제2항과 형사소송법 제326조 제4호가 적용되지 않는다. 즉, **해당 형벌법규 자체 또는 그로부터 수권 내지 위임을 받은 법령이 아닌 다른 법령이 변경된 경우**에는 해당 형벌법규에 따른 범죄 성립의 요건과 구조, 형벌법규와 변경된 법령과의 관계, 법령 변경의 내용·경위·보호목적·입법 취지 등을 종합적으로 고려하여, **법령의 변경이 해당 형벌법규에 따른 범죄의 성립 및 처벌과 직접적으로 관련된 형사법적 관점의 변화를 주된 근거로 한다고 해석할 수 있을 때** 형법 제1조 제2항과 형사소송법 제326조 제4호를 적용할 수 있다.

[2] 법무사인 피고인이 개인파산·회생사건 관련 법률사무를 위임받아 취급하여 변호사법 제109조 제1호 위반으로 기소되었는데, 범행 이후인 2020. 2. 4. 법률 제16911호로 개정된 법무사법 제2조 제1항 제6호에 의하여 '개인의 파산사건 및 개인회생사건 신청의 대리'가 법무사의 업무로 추가된 사안에서, 위 법무사법 개정은 범죄사실의 해당 형벌법규 자체인 변호사법 제109조 제1호 또는 그로부터 수권 내지 위임을 받은 법령이 아닌 별개의 다른 법령의 개정에 불과하고, 변호사법 제109조 제1호 위반죄의 성립 요건과 구조를 살펴보더라도 법무사법 제2조의 규정이 보충규범으로서 기능하고 있다고 보기 어려운 점, 법무사법 제2조는 법무사의 업무범위에 관한 규정으로서 기본적으로 형사법과 무관한 행정적 규율에 관한 내용이므로, 그 변경은 문제 된 형벌법규의 가벌성에 간접적인 영향을 미치는 경우에 해당할 뿐인 점, 법무사법 제2조가 변호사법 제109조 제1호 위반죄와 불가분적으로 결합되어 보호목적과 입법 취지 등을 같이한다고 볼 만한 특별한 사정도 없는 점 등을 종합하면, 위 법무사법 개정은 형사법적 관점의 변화를 주된 근거로 하는 법령의 변경에 해당하지 않는다는 이유로, 원심이 형법 제1조 제2항과 형사소송법 제326조 제4호를 적용하지 아니하고 변호사법 제109조 제1호 위반의 유죄를 인정한 것은 정당하다고 한 사례(대판 2023.2.23. 2022도6434). [COMMENT] 본 판례는 동기설을 폐기한 전합 판례의 내용 중 해당 형벌법규 자체 또는 그로부터 수권 내지 위임을 받은 법령이 아닌 다른 법령이 변경된 경우의 법리를 적용하고 있다.

[사건의 개요]

법무사인 피고인이 개인회생·파산사건 관련 법률사무를 위임받아 취급하여 변호사법위반으로 기소된 후 개인회생·파산사건 신청대리업무를 법무사의 업무로 추가하는 법무사법 개정이 이루어진 사안임.

[대법원의 판단]

대법원은, 이 사건 법률 개정으로 제6호의 내용이 추가된 법무사법 제2조는 이 부분 공소사실의 해당 형벌법규인 변호사법 제109조 제1호 또는 그로부터 수권 내지 위임을 받은 법령이 아닌 별개의 다른 법령에 불과하고, 법무사의 업무범위에 관한 규정으로서 기본적으로 형사법과 무관한 행정적 규율에 관한 내용이므로, 이는 타법에서의 비형사적 규율의 변경이 문제된 형벌법규의 가벌성에 간접적인 영향을 미치는 경우에 해당할 뿐이어서, 원칙적으로 형법 제1조 제2항과 형사소송법 제326조 제4호의 적용 대상인 형사법적 관점의 변화에 근거한 법령의 변경에 해당한다고 볼 수 없다는 이유로, 원심이 반성적 고려를 기준으로 판단한 것은 잘못이나 결론적으로 형법 제1조 제2항과 형사소송법 제326조 제4호를 적용하지 아니하고 유죄로 인정한 것은 타당하다고 보아 상고를 기각함.

6. 〈해외 스포츠 도박 사이트 사건〉

[1] **대한민국 영역 내**에서 해외 스포츠 도박 사이트에 접속하여 베팅을 하는 방법으로 체육진흥투표권과 비슷한 것을 정보통신망을 이용하여 발행받은 다음 결과를 적중시킨 경우 재산상 이익을 얻는 내용의 도박을 하였다면, 그 스포츠 도박 사이트를 통한 도박 행위는 국민체육진흥법 제26조 제1항에서 금지하고 있는 유사행위를 이용한 도박 행위에 해당하므로, 제48조 제3호에 따라 처벌할 수 있다. <u>이는 그 스포츠</u> **도박 사이트의 운영이 외국인에 의하여 대한민국 영역 외**에서 이루어진 것이라고 하더라도 마찬가지이다.

[2] 甲이 대한민국 영역 내에서 해외 스포츠 도박 사이트에 접속하여 도박을 하였다면 국민체육진흥법 제48조 제3호에 따라 처벌할 수 있어, <u>피고인이 해외 스포츠 도박 사이트를 이용하여 도박을 하는 甲에게 환전을 해주고 도박 사이트 아이디를 제공하였다면 甲의 유사행위를 이용한 도박 행위를 방조하였다고 한</u> 사례(대판 2022.11.30. 2022도6462).

제5절 ㅣ 형법이론

제2편

범죄론

제1절 | 범죄의 의의
제2절 | 범죄의 분류

7. 〈입찰방해죄가 위태범이라는 판례〉

입찰방해죄는 위계 또는 위력 기타의 방법으로 입찰의 공정을 해하는 경우에 성립하는 위태범으로서 결과의 불공정이 현실적으로 나타나는 것을 필요로 하지 않는다. 여기서 '입찰의 공정을 해하는 행위'란 공정한 자유경쟁을 방해할 염려가 있는 상태를 발생시키는 것, 즉 공정한 자유경쟁을 통한 적정한 가격형성에 부당한 영향을 주는 상태를 발생시키는 것으로, 그 행위에는 가격결정뿐 아니라 '적법하고 공정한 경쟁방법'을 해하는 행위도 포함되고, 입찰참가자들 사이의 담합행위가 입찰방해죄로 되기 위하여는 반드시 입찰참가자 전원 사이에 담합이 이루어져야 하는 것은 아니며, 입찰참가자들 중 일부 사이에만 담합이 이루어진 경우라고 하더라도 그것이 입찰의 공정을 해하는 것으로 평가되는 이상 입찰방해죄가 성립한다. 그리고 방해의 대상인 '입찰'은 공정한 자유경쟁을 통한 적정한 가격형성을 목적으로 하는 입찰절차를 말하고, 공적·사적 경제주체가 임의의 선택에 따라 진행하는 계약체결 과정은 이에 해당하지 않는다(대판 2023.9.21. 2022도8459).

8. 〈아청법위반(성착취물소지)죄가 계속범이라는 판례〉★

「아동·청소년의 성보호에 관한 법률」(2020. 6. 2. 법률 제17338호로 개정되어 같은 날 시행된 것, 이하 '청소년성보호법'이라고 한다) 제11조 제5항에서 정한 <u>소지</u>란 아동·청소년성착취물을 자기가 지배할 수 있는 상태에 두고 지배관계를 지속시키는 행위를 말하므로, <u>청소년성보호법위반(성착취물소지)죄는 아동·청소년 성착취물임을 알면서 소지를 개시한 때부터 지배관계가 종료한 때까지 하나의 죄로 평가되는 **이른바 계속범**이다. 원칙적으로 계속범에 대해서는 실행행위가 종료되는 시점의 법률이 적용된다</u>(대판 2023.3.16. 2022도15319).

[사건의 경과]

피고인이 2019. 5.경부터 2020. 8. 11.경까지 아동·청소년성착취물을 소지하였는데, 소지 행위가 계속되던 중인 2020. 6. 2. 「아동·청소년의 성보호에 관한 법률」(이하 '청소년성보호법')이 개정되어 법정형이 1년 이하의 징역형 또는 2,000만 원 이하의 벌금형에서 1년 이상의 징역형으로 상향되었고, 피고인의 위 행위에 관하여 위와 같이 개정된 청소년성보호법위반(성착취물소지) 공소사실로 기소되었음.

[대법원의 판단]

대법원은, 청소년성보호법위반(성착취물소지)죄는 계속범이므로 실행행위가 종료되는 시점에 시행되던 법률을 적용하여야 한다고 판단하여, 원심을 수긍하며 피고인의 상고를 기각함.

제3절 ㅣ 행위론
제4절 ㅣ 법죄체계론

제2장 구성요건론

제1절 ㅣ 구성요건 이론
제2절 ㅣ 결과반가치와 행위반가치
제3절 ㅣ 범죄의 주체

법인의 양벌규정 관련 판례
---

9. 〈법인의 대표이사가 위법행위를 하였으나 선행사건 확정판결의 효력으로 면소판결을 선고받은 사건〉★

Q 법인의 대표이사가 위법행위를 하였으나 선행사건 확정판결의 효력으로 면소판결을 선고받았더라도 해당 법인을 양벌규정으로 처벌할 수 있는가?

[1] 「정보통신망 이용촉진 및 정보보호 등에 관한 법률」(이하 '정보통신망법'이라고 한다) 제75조 및 「영화 및 비디오물의 진흥에 관한 법률」(이하 '영화비디오법'이라고 한다) 제97조는 법인의 대표자 등이 그 법인의 업무에 관하여 각 법규위반행위를 하면 그 행위자를 벌하는 외에 그 법인에게도 해당 조문의 벌금을 과하는 양벌규정을 두고 있다. 위와 같이 양벌규정을 따로 둔 취지는, 법인은 기관을 통하여 행위하므로 법인의 대표자의 행위로 인한 법률효과와 이익은 법인에게 귀속되어야 하고, 법인 대표자의 범죄행위에 대하여는 법인 자신이 책임을 져야 하는바, 법인 대표자의 법규위반행위에 대한 법인의 책임은 법인 자신의 법규위반행위로 평가될 수 있는 행위에 대한 법인의 직접책임이기 때문이다. 따라서 대표자의 고의에 의한 위반행위에 대하여는 법인 자신의 고의에 의한 책임을, 대표자의 과실에 의한 위반행위에 대하여는 법인 자신의 과실에 의한 책임을 져야 한다. 이처럼 양벌규정 중 법인의 대표자 관련 부분은 대표자의 책임을 요건으로 하여 법인을 처벌하는 것이지 그 대표자의 처벌까지 전제조건이 되는 것은 아니다.

[2] 위와 같은 법리에 따라, 법인의 대표이사가 선행사건 확정판결의 효력으로 면소판결을 선고받았더라도 해당 법인을 양벌규정으로 처벌할 수 있음을 전제로 한 원심의 유죄판단을 수긍한 사례(대판 2022.11.17. 2021도701).

제4절 ㅣ 범죄의 객체
제5절 ㅣ 인과관계와 객관적 귀속

10. 〈담배꽁초를 버린 공동의 과실이 경합되어 공장에 화재가 발생한 사건〉★★

[1] 형법이 금지하고 있는 법익침해의 결과발생을 방지할 법적인 작위의무를 지고 있는 자가 그 의무를 이행함으로써 결과발생을 쉽게 방지할 수 있는데도 결과발생을 용인하고 방관한 채 의무를 이행하지 아니한 것이 범죄의 실행행위로 평가될 만한 것이라면 부작위범으로 처벌할 수 있다.

[2] 실화죄에 있어서 공동의 과실이 경합되어 화재가 발생한 경우 적어도 각 과실이 화재의 발생에 대하여 하나의 조건이 된 이상은 그 공동적 원인을 제공한 사람들은 각자 실화죄의 책임을 면할 수 없다.

[3] 피고인들이 분리수거장 방향으로 담배꽁초를 던져 버리고 현장을 떠난 후 화재가 발생하여 각각 실화죄로 기소된 사안에서, 피고인들 각자 본인 및 상대방이 버린 담배꽁초 불씨가 살아 있는지를 확인하고 이를 완전히 제거하는 등 화재를 미리 방지할 주의의무가 있음에도 이를 게을리 한 채 만연히 현장을 떠난 과실이 인정되고 이러한 피고인들 각자의 과실이 경합하여 위 화재를 일으켰다고 보아, 피고인들 각자의 실화죄 책임을 인정한 원심판결을 수긍하는 한편, 원심판단 중 위 화재가 피고인들 중 누구의 행위에 의한 것인지 인정하기에 부족하다는 취지의 부분은 '피고인들 중 누구의 담배꽁초로 인하여 위 화재가 발생하였는지 인정할 증거가 부족하다.'는 의미로 선해할 수 있고, 이는 피고인들의 각 주의의무 위반과 위 화재의 발생 사이에 인과관계가 인정된다는 취지의 부가적 판단이므로, 이와 다른 전제에서 '원인행위가 불명이어서 피고인들은 실화죄의 미수로 불가벌에 해당하거나 적어도 피고인들 중 일방은 실화죄가 인정될 수 없다.'는 취지의 피고인들 주장은 받아들이기 어렵다고 한 사례(대판 2023.3.9. 2022도16120).

[사건의 개요]

(1) 피고인들이 분리수거장 방향으로 담배꽁초를 던져 버리고 현장을 떠난 후 화재가 발생하여 각각 실화죄로 기소된 사안에서 검사는 약식명령을 청구하였고, 법원은 약식명령을 발령함.

(2) 피고인들은 약식명령에 대하여 정식재판을 청구하였고, 정식재판에서도 유죄를 선고받은 피고인들은 다음과 같은 이유로 항소함.

[항소심의 판단]

〈항소이유의 요지(사실오인 및 법리오해)〉

피고인들의 행위와 화재발생 사이에 상당인과관계가 입증되지 않았고, 더 나아가 피고인들 중 누구의 행위로 인하여 화재가 발생한 것인지 여부도 입증되지 아니한 이상 과실범의 미수에 해당하여 처벌할 수 없다.

〈항소심에서 검사의 공소장 변경〉

주위적으로 제30조의 공동정범(과실의 공동정범)으로 예비적으로는 제30조의 공동정범을 인정하지 않고 동시범으로 공소장변경을 신청.

〈항소심의 공소장변경허가와 제1심의 파기판단〉

검사는 당심에서 이 사건 공소사실을 아래와 같은 내용으로 변경하되, 적용법조에 관하여 주위적 공소사실은 형법 제170조 제1항 및 제164조, 제30조로 하고, 예비적 공소사실은 위 형법 제30조를 삭제하는 내용의 공소장변경허가신청을 하였는바, 이 법원은 2022. 10. 21. 이를 허가함으로써 그 심판대상이 변경되었으므로 원심판결은 더 이상 유지될 수 없다.

〈항소심의 주위적 공소사실에 관한 판단〉

과실범의 공동정범은 행위자들 사이에 공동의 목표와 의사연락이 있는 경우에 성립하는 것인바(대법원 1997. 11. 28. 선고 97도1740 판결 등 참조), 함께 담배를 피웠을 뿐인 이 사건의 피고인들에게는 '공동의 목표'가 있었다고 보기 어려워 위와 같은 공동정범의 법리가 적용될 수는 없다고 봄이 타당하므로, 과실범의 공동정범으로 형법 제30조를 적용한 주위적 공소사실에 관한 검사의 주장은 이유 없다.

공동의 과실이 경합되어 화재가 발생한 경우에 적어도 각 과실이 화재의 발생에 대하여 하나의 조건이 된 이상은 그 공동적 원인을 제공한 각자에 대하여 실화죄의 죄책을 물어야 함이 마땅하다.

살피건대, 앞서 살핀 바와 같이 누구의 행위로 인한 것인지 밝힐 수는 없지만 피고인들 중 한 명은 이 사건 화재 발생의 직접적 원인이 되는 행위를 한 과실이 있고, 적어도 다른 한 명은 위와 같이 충분히 예견이 가능함에도 불구하고 그 불씨가 살아있는지를 확인하고 이를 완전히 제거하는 등의 조치를 취하지 않은 채 만연히 현장을 떠난 과실이 있으며, 이들 피고인들 각자의 과실이 경합하여 이 사건 화재를 일으켰다고 봄이 상당하므로, 예비적 공소사실에 관한 검사의 주장은 이유 있다.

[대법원의 판단]

이에 대하여 대법원은 원심의 판단에 대하여 수긍하면서도 일부 판결서의 내용에 대하여 보충을 하고 있음

제6절 | 구성요건적 고의

11. 〈미필적 고의와 판단 기준〉

고의의 일종인 미필적 고의는 중대한 과실과는 달리 범죄사실의 발생 가능성에 대한 인식이 있고 나아가 범죄사실이 발생할 위험을 용인하는 내심의 의사가 있어야 한다. 행위자가 범죄사실이 발생할 가능성을 용인하고 있었는지 여부는 행위자의 진술에 의존하지 않고 외부에 나타난 행위의 형태와 행위의 상황 등 구체적인 사정을 기초로 일반인이라면 해당 범죄사실이 발생할 가능성을 어떻게 평가할 것인지를 고려하면서 행위자의 입장에서 그 심리상태를 추인하여야 한다(대판 2024.5.30. 2022도14320).

제7절 | 사실의 착오

제1절 ㅣ 위법성 서론
제2절 ㅣ 정당방위

12. 〈형법 제21조 제1항에 규정된 정당방위의 요건〉★

[사실관계]

포장부에서 근속한 피고인을 비롯한 다수의 근로자들을 영업부로 전환배치하는 회사의 조치에 따라 노사 갈등이 격화되어 있던 중 사용자가 사무실에 출근하여 항의하는 근로자 중 1명의 어깨를 손으로 미는 과정에서 뒤엉켜 넘어져 근로자를 깔고 앉게 되었는데, 피고인이 근로자를 깔고 있는 사용자의 어깨 쪽 옷을 잡고 사용자가 일으켜 세워진 이후에도 그 옷을 잡고 흔들었다.

Q 위와 같은 사실관계를 전제로 할 때 피고인에게 폭행죄가 성립하는가?

[1] 형법 제21조 제1항은 "현재의 부당한 침해로부터 자기 또는 타인의 법익을 방위하기 위하여 한 행위는 상당한 이유가 있는 경우에는 벌하지 아니한다"라고 규정하여 정당방위를 위법성조각사유로 인정하고 있다.

Q 침해의 현재성'이란 침해행위가 형식적으로 기수에 이르렀는지에 따라 결정되는가?

[2] 이때 '침해의 현재성'이란 침해행위가 형식적으로 기수에 이르렀는지에 따라 결정되는 것이 아니라 자기 또는 타인의 법익에 대한 침해상황이 종료되기 전까지를 의미하는 것이므로 일련의 연속되는 행위로 인해 침해상황이 중단되지 아니하거나 일시 중단되더라도 추가 침해가 곧바로 발생할 객관적인 사유가 있는 경우에는 그중 일부 행위가 범죄의 기수에 이르렀더라도 전체적으로 침해상황이 종료되지 않은 것으로 볼 수 있다.

Q 정당방위의 성립요건으로서의 방어행위에는 적극적 반격을 포함하는 반격방어의 형태도 포함되는가?

[3] 정당방위의 성립요건으로서의 방어행위에는 순수한 수비적 방어뿐 아니라 적극적 반격을 포함하는 반격방어의 형태도 포함된다.

[4] 다만 정당방위로 인정되기 위해서는 자기 또는 타인의 법익침해를 방어하기 위한 행위로서 상당한 이유가 있어야 한다. 방위행위가 상당한 것인지는 침해행위에 의해 침해되는 법익의 종류와 정도, 침해의 방법, 침해행위의 완급, 방위행위에 의해 침해될 법익의 종류와 정도 등 일체의 구체적 사정들을 참작하여 판단하여야 한다(대판 2023.4.27. 2020도6874).

[사건의 경과]

포장부에서 근속한 피고인을 비롯한 다수의 근로자들을 영업부로 전환배치하는 회사의 조치에 따라 노사 갈등이 격화되어 있던 중 사용자가 사무실에 출근하여 항의하는 근로자 중 1명의 어깨를 손으로 미는 과정에서 뒤엉켜 넘어져 근로자를 깔고 앉게 되었는데, 피고인이 근로자를 깔고 있는 사용자의 어깨 쪽 옷을 잡고 사용자가 일으켜 세워진 이후에도 그 옷을 잡고 흔들어 폭행으로 기소되었음

[원심의 판단]

원심은 피고인이 어깨를 흔들 당시 사용자의 가해행위가 종료된 상태였고, 피고인의 행위가 소극적인 저항 행위를 넘어서는 적극적인 공격행위라는 이유로 유죄로 판단함

[대법원의 판단]

대법원은 위 법리를 설시한 후 원심의 법리오해를 지적하고 위 법리에 따라 침해의 현재성과 방어행위의 상당성 등을 심리하여 정당방위 해당 여부를 판단하여야 함을 이유로 원심을 파기·환송함

제3절 I 긴급피난

제4절 I 의무의 충돌

제5절 I 자구행위

제6절 I 피해자의 승낙

제7절 I 추정적 승낙

제8절 I 정당행위

법령에 의한 행위 관련 판례

13. 〈민사소송법 제335조에 따라 감정평가업자가 아닌 사람이 감정한 사건〉

민사소송법 제335조에 따른 법원의 감정인 지정결정 또는 같은 법 제341조 제1항에 따른 법원의 감정촉탁을 받은 경우에는 감정평가업자가 아닌 사람이더라도 그 감정사항에 포함된 토지 등의 감정평가를 할 수 있고, 이러한 행위는 법령에 근거한 법원의 적법한 결정이나 촉탁에 따른 것으로 형법 제20조의 정당행위에 해당하여 위법성이 조각된다고 보아야 한다(대판 2021.10.14. 2017도10634).

업무로 인한 행위 관련 판례

14. 〈한의사가 초음파 진단기기를 사용한 사건〉★

[사실관계]

'한의사인 피고인이 2010. 3. 2.부터 2012. 6. 16.까지 환자 최○○를 진료하면서 초음파 진단기기를 사용하여 최○○의 신체 내부를 초음파 촬영함으로써 초음파 화면에 나타난 모습을 보고 진단하는 방법으로 진료행위를 하였다.

Q 한의사가 의료공학 및 그 근간이 되는 과학기술의 발전에 따라 개발·제작된 진단용 의료기기를 사용하는 것이 한의사의 '면허된 것 이외의 의료행위'에 해당하는지 여부는 어떠한 기준으로 판단하여야 하는가?

[1] [다수의견]

한의사가 의료공학 및 그 근간이 되는 과학기술의 발전에 따라 개발·제작된 진단용 의료기기를 사용하는 것이 한의사의 '면허된 것 이외의 의료행위'에 해당하는지 여부는 ① 관련 법령에 한의사의 해당 의료기기의 <u>사용을 금지하는 규정이 있는지</u>, ② 해당 진단용 의료기기의 특성과 그 사용에 필요한 기본적·전문적 지식과 기술 수준에 비추어 의료전문가인 한의사가 진단의 보조수단으로 사용하게 되면 의료행위에 통상적으로 수반되는 수준을 넘어서는 **보건위생상의 위해가 생길 우려가 있는지**, ③ 전체 의료행위의 경위·목적·태양에 비추어 한의사가 그 진단용 의료기기를 사용하는 것이 **한의학적 의료행위의 원리에 입각하여 이를 적용 내지 응용하는 행위와 무관한 것임이 명백한지** 등을 종합적으로 고려하여 사회통념에 따라 합리적으로 판단하여야 한다(이하 '새로운 판단기준'이라 한다).

이는 대법원 2014. 2. 13. 선고 2010도10352 판결의 '종전 판단 기준'과 달리, 한방의료행위의 의미가 수범자인 한의사의 입장에서 명확하고 엄격하게 해석되어야 한다는 죄형법정주의 관점에서, 진단용 의료기기가 한의학적 의료행위 원리와 관련 없음이 명백한 경우가 아닌 한 형사처벌 대상에서 제외됨을 의미한다.

한의사가 의료공학 및 그 근간이 되는 과학기술의 발전에 따라 개발·제작된 진단용 의료기기를 사용하는 것이 한의사의 '면허된 것 이외의 의료행위'에 해당하는지는 앞서 본 '새로운 판단기준'에 따라 판단하여야 한다. 이와 달리 진단용 의료기기의 사용에 해당하는지 여부 등을 따지지 않고 '종전 판단기준'이 적용된다는 취지로 판단한 대법원 2014. 2. 13. 선고 2010도10352 판결을 비롯하여 같은 취지의 대법원 판결은 모두 이 판결의 견해에 배치되는 범위 내에서 변경하기로 한다.

[2] [다수의견]

<u>한의사가 진단용 의료기기를 사용하는 것이 한의사의 '면허된 것 이외의 의료행위'에 해당하는지에 관한 새로운 판단 기준에 따르면, 한의사가 초음파 진단기기를 사용하여 환자의 신체 내부를 촬영하여 화면에 나타난 모습을 보고 이를 한의학적 진단의 보조수단으로 사용하는 것은 한의사의 '면허된 것 이외의 의료행위'에 해당하지 않는다고 보는 것이 타당하다</u>(대판 2022.12.22. 2016도21314 전합).

[종전 판단기준의 구체적인 내용]

종전 대법원은 2010도10352 판결 등에서 한의사가 의료기기 등을 사용하는 것이 '면허된 것 이외의 의료행위'에 해당하는지 여부에 관하여 ① 관련 법령에 한의사의 해당 의료기기 등 <u>사용을 금지하는 취지의 규정이 있는지</u>, ② 해당 의료기기 등의 개발·제작 원리가 <u>한의학의 학문적 원리에 기초한 것인지</u>, ③ 해당 의료기기 등을 사용하는 의료행위가 한의학의 이론이나 원리의 응용 또는 적용을 위한 것으로 볼 수 있는지, ④ 해당 의료기기 등의 사용에 서양의학에 관한 전문지식과 기술을 필요로 하지 않아 한의사가 이를 사용하더라도 <u>보건위생상 위해가 생길 우려가 없는지</u> 등을 종합적으로 고려해야 한다는 판단기준(종전 판단기준)을 제시해 왔음.

사회상규 관련 판례

---

15. 〈입주자대표회의 회장이 위법하게 게시된 공고문 제거한 사건〉★

[사실관계]

갑 아파트 입주자대표회의 회장인 피고인은 자신의 승인 없이 동대표들이 관리소장과 함께 게시한 입주자대표회의의 소집공고문을 뜯어내 제거하였다.

Q 어떤 행위가 정당행위에 해당하기 위하여는 어떠한 요건을 구비하여야 하는가?

[1] 형법 제20조에 정하여진 '사회상규에 위배되지 아니하는 행위'란 법질서 전체의 정신이나 그 배후에 놓여 있는 사회윤리 내지 사회통념에 비추어 용인될 수 있는 행위를 말하므로, 어떤 행위가 그 행위의 동기나 목적의 정당성, 행위의 수단이나 방법의 상당성, 보호이익과 침해이익의 법익 균형성, 긴급성, 그 행위 이외의 다른 수단이나 방법이 없다는 보충성 등의 요건을 갖춘 경우에는 정당행위에 해당한다 할 것이다.

Q 어떠한 행위가 범죄구성요건에 해당하지만 정당행위라는 이유로 위법성이 조각된다는 것은 그 행위가 적극적으로 용인, 권장된다는 의미인가?

[2] 한편 어떠한 행위가 범죄구성요건에 해당하지만 정당행위라는 이유로 위법성이 조각된다는 것은 그 행위가 적극적으로 용인, 권장된다는 의미가 아니라 단지 특정한 상황하에서 그 행위가 범죄행위로서 처벌대상이 될 정도의 위법성을 갖추지 못하였다는 것을 의미한다.

Q 위와 같은 사실관계를 전제로 할 때 피고인에게 손괴죄가 성립하는가?

[3] 갑 아파트 입주자대표회의 회장인 피고인이 자신의 승인 없이 동대표들이 관리소장과 함께 게시한 입주자대표회의의 소집공고문을 뜯어내 제거함으로써 그 효용을 해하였다고 하여 재물손괴로 기소된 사안에서, 피고인이 위 공고문을 손괴한 조치는, 그에 선행하는 위법한 공고문 작성 및 게시에 따른 위법상태의 구체적 실현이 임박한 상황하에서 그 위법성을 바로잡기 위한 것으로 사회통념상 허용되는 범위를 크게 넘어서지 않는 행위로 볼 수 있다는 이유로, 이와 달리 본 원심판단에 정당행위에 관한 법리오해의 잘못이 있다고 한 사례(대판 2021.12.30. 2021도9680).

16. 〈형법 제20조에서 정한 '사회상규에 위배되지 아니하는 행위'의 판단기준〉★★

Q 어떤 행위가 정당행위에 해당하기 위하여는 어떠한 요건을 구비하여야 하는가?

[1] 형법 제20조는 '사회상규에 위배되지 아니하는 행위'를 정당행위로서 위법성이 조각되는 사유로 규정하고 있다. 위 규정에 따라 사회상규에 의한 정당행위를 인정하려면, 첫째 그 행위의 동기나 목적의 **정당성**, 둘째 행위의 수단이나 방법의 **상당성**, 셋째 보호이익과 침해이익과의 **법익균형성**, 넷째 **긴급성**, 다섯째로 그 행위 외에 다른 수단이나 방법이 없다는 **보충성** 등의 요건을 갖추어야 하는데, 위 '목적·동기', '수단', '법익균형', '긴급성', '보충성'은 불가분적으로 연관되어 하나의 행위를 이루는 요소들로 종합적으로 평가되어야 한다.

Q 정당행위에 해당하기 위한 요건 중 행위반가치와 결과반가치를 탈락시키는 요소는 무엇인가?

Q 정당행위에 해당하기 위한 요건 중 긴급성과 보충성은 독자적인 요건인가? 그리고 그 의미는 어떠한가?

[2] '목적의 정당성'과 '수단의 상당성' 요건은 **행위의 측면**에서 사회상규의 판단기준이 된다. 사회상규에 위배되지 아니하는 행위로 평가되려면 행위의 동기와 목적을 고려하여 그것이 법질서의 정신이나 사회윤리에 비추어 용인될 수 있어야 한다. 수단의 상당성·적합성도 고려되어야 한다. 또한 보호이익과 침해이익 사이의 법익균형은 **결과의 측면**에서 사회상규에 위배되는지를 판단하기 위한 기준이다. 이에 비하여 **행위의 긴급성과 보충성**은 수단의 상당성을 판단할 때 고려요소의 하나로 참작하여야 하고 이를 넘어 독립적인 요건으로 요구할 것은 아니다. 또한 그 내용 역시 **다른 실효성 있는 적법한 수단이 없는 경우**를 의미하고 '일체의 법률적인 적법한 수단이 존재하지 않을 것'을 의미하는 것은 아니라고 보아야 한다(대판 2023.5.18. 2017도2760).

[사건의 경과]

부정입학과 관련된 금품수수 등의 혐의로 구속되었던 대학교 전 이사장이 다시 총장으로 복귀함에 따라 학내 갈등이 악화되었고, 대학교 총학생회는 대학교 교수협의회와 총장 퇴진운동을 벌이면서 총장과의 면담을 요구하였으나 면담이 실질적으로 성사되지 않았음. 총학생회 간부인 피고인들이 총장실 입구에서 진입을 시도하거나 회의실에 들어가 총장 사퇴를 요구하다가 이를 막는 교직원들과 실랑이를 벌였고, 이로 인해 위력에 의한 업무방해로 기소되었음

[대법원의 판단]

대법원은 정당행위인 판단기준인 '목적·동기', '수단', '법익균형', '긴급성', '보충성'은 불가분적으로 연관되어 하나의 행위를 이루는 요소들로 종합적으로 평가되어야 하고, 특히 행위의 긴급성과 보충성은 수단의 상당성을 판단할 때 고려요소의 하나로 참작하여야 하고 이를 넘어 독립적인 요건으로 요구할 것은 아니며, 다른 실효성 있는 적법한 수단이 없는 경우를 의미하는 것으로 '일체의 법률적인 적법한 수단이 존재하지 않을 것'을 의미하는 것은 아니라고 판단함

대법원은 위 법리에 따라, 피고인들의 행위에 대하여 동기와 목적의 정당성, 행위의 수단이나 방법의 상당성, 법익균형성이 인정되고, 특히 학습권 침해가 예정된 이상 긴급성이 인정되고, 피고인들이 선택할 수 있는 법률적 수단이 더 이상 존재하지 않는다거나 다른 구제절차를 모두 취해본 후에야 면담 추진 등이 가능하다고 할 것은 아니어서 보충성도 인정되므로 정당행위 성립을 인정한 원심의 결론을 정당한 것으로 수긍하고 상고를 기각함

17. 〈공장 내 CCTV에 비닐봉지를 씌워 촬영하지 못하도록 한 사건〉

Q 근로자들의 동의 절차나 협의를 거치지 않고 설치된 공장 내 CCTV를 통하여 시설물 관리 업무를 하는 경우 업무방해죄의 보호대상이 되는가? 그러한 CCTV 카메라에 비닐봉지를 씌워 촬영하지 못하도록 한 행위가 정당행위에 해당할 수 있는가?

[1] 형법 제20조가 정한 '사회상규에 위배되지 아니하는 행위'라 함은 법질서 전체의 정신이나 그 배후에 놓여 있는 사회윤리 내지 사회통념에 비추어 용인될 수 있는 행위를 말한다.

[2] 정당행위를 인정하려면, 첫째 행위의 동기나 목적의 정당성, 둘째 행위의 수단이나 방법의 상당성, 셋째 보호이익과 침해이익의 법익균형성, 넷째 긴급성, 다섯째 그 행위 외에 다른 수단이나 방법이 없다는 보충성 등의 요건을 갖추어야 한다. 이때 어떠한 행위가 위 요건들을 충족하는 정당한 행위로서 위법성이 조각되는 것인지는 구체적인 사정 아래서 합목적적, 합리적으로 고찰하여 개별적으로 판단되어야 하므로, 구체적인 사안에서 정당행위로 인정되기 위한 긴급성이나 보충성의 정도는 개별 사안에 따라 다를 수 있다.

[3] 한편 어떠한 행위가 범죄구성요건에 해당하지만 정당행위라는 이유로 위법성이 조각된다는 것은 그 행위가 적극적으로 용인, 권장된다는 의미가 아니라 단지 특정한 상황 하에서 그 행위가 범죄행위로서 처벌대상이 될 정도의 위법성을 갖추지 못하였다는 것을 의미한다(대판 2023.6.29. 2018도1917).

[대법원의 판단]

대법원은 위와 같은 법리에 따라, 이 사건 CCTV 카메라의 촬영을 불가능하게 한 각 행위들은 모두 위력에 의한 업무방해죄의 구성요건에 해당하고, 그중 회사가 CCTV를 작동시키지 않았거나 시험가동만 한 상태에서 촬영을 방해한 행위는 정당행위로 볼 수 없으나, 정식으로 CCTV 작동을 시작한 후에는 회사의 정당한 이익 달성이 명백하게 정보주체의 권리보다 우선하는 경우에 해당한다고 보기 어려워 그 촬영을 방해한 행위가 정당행위에 해당할 여지가 있음을 이유로, 원심판결을 파기·환송함

제1절 ┃ 책임론 서론
제2절 ┃ 책임능력
제3절 ┃ 책임 고의
제4절 ┃ 위법성의 인식과 법률의 착오

제16조의 해석 관련 판례

---

18. 〈침해 게시물 등으로 연결되는 링크를 제공한 사건〉★

Q 정범이 공중송신권을 침해한다는 사실을 충분히 인식하면서 공중의 구성원이 개별적으로 선택한 시간과 장소에서 침해 게시물에 쉽게 접근할 수 있도록 하는 정도의 링크 행위를 한 경우에는 공중송신권 침해의 방조범이 성립하는가?

[1] 전송의 방법으로 공중송신권을 침해하는 게시물이나 그 게시물이 위치한 웹페이지 등에 연결되는 링크를 한 행위자가, 정범이 공중송신권을 침해한다는 사실을 충분히 인식하면서 그러한 링크를 인터넷 사이트에 영리적·계속적으로 게시하는 등으로 공중의 구성원이 개별적으로 선택한 시간과 장소에서 침해 게시물에 쉽게 접근할 수 있도록 하는 정도의 링크 행위를 한 경우에는, 침해 게시물을 공중의 이용에 제공하는 정범의 범죄를 용이하게 하므로 공중송신권 침해의 방조범이 성립한다.

[2] 이러한 링크 행위는 정범의 범죄행위가 종료되기 전 단계에서 침해 게시물을 공중의 이용에 제공하는 정범의 범죄 실현과 밀접한 관련이 있고 그 구성요건적 결과 발생의 기회를 현실적으로 증대함으로써 정범의 실행행위를 용이하게 하고 공중송신권이라는 법익의 침해를 강화·증대하였다고 평가할 수 있다. 링크 행위자에게 방조의 고의와 정범의 고의도 인정할 수 있다.

Q 형법 제16조의 법률의 착오의 범위는 다수설과 판례의 입장이 동일한가?

Q 형법 제16조의 정당한 이유의 판단기준은 무엇인가?

Q 종래 판례가 처벌대상으로 삼지 않은 것을 믿고 행위한 것은 제16조의 정당한 이유에 해당하는가?

[3] 형법 제16조는 '법률의 착오'라는 제목으로 자기가 한 행위가 법령에 따라 죄가 되지 않는 것으로 오인한 행위는 그 오인에 정당한 이유가 있는 때에 한하여 벌하지 않는다고 정하고 있다. 이는 **일반적으로 범죄가 성립하지만 자신의 특수한 사정에 비추어** 법령에 따라 허용된 행위로서 죄가 되지 않는다고 그릇 인식하고 그러한 인식에 정당한 이유가 있는 경우에는 벌하지 않는다는 것이다. 이때 **정당한 이유**는 행위자에게 자기 행위의 위법 가능성에 대해 심사숙고하거나 조회할 수 있는 계기가 있어 **자신의 지적 능력을 다하여 이를 회피하기 위한 진지한 노력을 다하였더라면** 스스로의 행위에 대하여 위법성을 인식할 수 있는 가능성이 있었는데도 이를 다하지 못한 결과 자기 행위의 위법성을 인식하지 못한 것인지 여부에 따라 판단해야 한다. 이러한 **위법성의 인식에 필요한 노력의 정도**는 구체적인 행위정황과 행위자 개인의 인식능력 그리고 행위자가 속한 사회집단에 따라 달리 평가하여야 한다. **법률 위반 행위 중간에 일시적으로 판례에 따라 그 행위**

가 처벌대상이 되지 않는 것으로 해석되었던 적이 있었다고 하더라도 그것만으로 자신의 행위가 처벌되지 않는 것으로 믿은 데에 정당한 이유가 있다고 할 수 없다(대판 2021.11.25. 2021도10903).

[사건의 경과]

피고인들이 성명불상자가 저작권자의 허락 없이 동영상 공유 플랫폼 사이트에 업로드한 저작물에 팝업창 방식으로 링크를 제공하는 다시보기 링크 사이트를 운영, 관리함으로써 공모하여 영리를 목적으로 또는 상습으로 성명불상자의 전송권 침해행위를 용이하게 하여 방조하였다고 공소제기된 사건.

[대법원의 판단]

침해 게시물 등으로 연결되는 링크를 제공하는 행위가 공중송신권 침해 방조행위에 해당하고, 링크 사이트 운영 도중 링크 행위만으로 공중송신권 침해 방조행위에 해당하지 않는다는 대법원 2015. 3. 12. 선고 2012도13748 판결이 선고되었다는 사정만으로 자신의 행위가 법령에 따라 죄가 되지 않는 것으로 오인하였 다거나 오인한 데에 정당한 이유가 있다고 볼 수 없다고 판단하여 원심판결을 파기환송한 사안임.

19. 〈복싱클럽 싸움 사건 – 위법성조각사유 전제사실의 착오 사건〉★★

Q 판례에서의 정당행위의 판단기준의 내용은 어떠한가?

Q 판례는 위법성조각사유의 전제사실의 착오를 어떻게 처리하고 있는가?

갑은 관장 을이 운영하는 복싱클럽에 회원등록을 하였던 자로서 등록을 취소하는 문제로 을로부터 질책을 들은 다음 약 1시간이 지난 후 다시 복싱클럽을 찾아와 을에게 항의하는 과정에서 을이 갑의 멱살을 잡아당 기거나 바닥에 넘어뜨린 후 목을 조르는 등 을과 갑이 뒤엉켜 몸싸움을 벌였는데, 코치인 피고인이 이를 지 켜보던 중 갑이 왼손을 주머니에 넣어 불상의 물건을 꺼내 움켜쥐자 갑의 왼손 주먹을 강제로 펴게 함으로써 갑에게 약 4주간의 치료가 필요한 손가락 골절상을 입혔다는 상해의 공소사실로 기소된 사안에서, ① 을과 갑은 외형상 신체적 차이가 크지 않고, 당시 갑은 제압된 상태였더라도 상당한 정도의 물리력을 행사할 수 있는 능력이 있었을 뿐더러 그 직전까지도 을과 몸싸움을 하는 등 급박한 상황이 계속되고 있었으며, 몸싸움은 일시적·우발적으로 발생한 것이라기보다는 갑이 을에 대한 항의 내지 보복의 감정을 가진 상 태에서 계획적·의도적으로 다시 찾아옴에 따라 발생하였고, 더구나 코치로서 관장과 회원 사이의 시비 를 말리거나 더 커지는 것을 막아야 하는 위치에 있던 피고인의 입장에서, 둘 사이의 몸싸움이 격화되는 과정에서 갑이 왼손을 주머니에 넣어 특정한 물건을 움켜쥔 채 꺼내는 것을 목격하자, 이를 갑이 상대방 의 생명·신체에 위해를 가하려는 것으로 충분히 오인할 만한 객관적인 정황이 있었던 점, ② 피고인은 일관하여 '갑이 호신용 작은 칼 같은 흉기를 꺼내는 것으로 오인하여 이를 확인하려고 하였다.'는 취지로 진술하였고, 갑 역시 수사과정에서 '피고인에게 상해의 의도가 있었다기보다는 손에 쥐고 있던 물건이 무엇인지 확인하기 위해서였다고 생각한다.'라고 같은 취지로 진술하였으며, 갑이 가지고 있던 '휴대용 녹음기'와 피고인이 착각하였다고 주장하는 '호신용 작은 칼'은 크기·길이 등 외형상 큰 차이가 없어 이 를 쥔 상태의 주먹이나 손 모양만으로는 양자를 구별하는 것이 쉽지 않았으므로, 당시 피고인은 갑의 주먹이나 손 모양만으로 그가 움켜쥔 물건이 무엇인지조차 알기 어려웠던 점, ③ 갑은 당시 왼손으로 휴대용 녹음기를 움켜쥔 상태에서 이를 활용함에 별다른 장애가 없었으므로, 만일 몸싸움을 하느라 신체 적으로 뒤엉킨 상황에서 갑이 실제로 위험한 물건을 꺼내어 움켜쥐고 있었다면 그 자체로 을의 생명·신 체에 관한 급박한 침해나 위험이 초래될 우려가 매우 높은 상황이었던 점, ④ 형법 제20조의 사회상규에 의한 정당행위를 인정하기 위한 요건들 중 행위의 '긴급성'과 '보충성'은 다른 실효성 있는 적법한 수단이 없 는 경우를 의미하지 '일체의 법률적인 적법한 수단이 존재하지 않을 것'을 의미하지는 않는다는 판례 법리에 비추어, 피고인의 행위는 적어도 주관적으로는 그 정당성에 대한 인식하에 이루어진 것이라고 보기에 충분한 점 등을 종합하면, 피고인이 당시 죄가 되지 않는 것으로 오인한 것에 대해 '정당한 이유'를 부정하여 공소사실을 유죄로 인정한 원심판결에는 위법성조각사유의 전제사실에 관한 착오, 정당한 이유의 존부에 관한 법리오해의 잘못이 있다고 한 사례(대판 2023.11.2. 2023도10768).

제5절 ┃ 기대가능성

과잉방위 관련 판례

20. 〈피고인이 피해자와 싸움 중 피해자를 가격하여 중상해를 입힌 사건〉★

[1] 가해자의 행위가 피해자의 부당한 공격을 방위하기 위한 것이라기보다는 서로 공격할 의사로 싸우다가 먼저 공격을 받고 이에 대항하여 가해를 한 경우 가해행위는 방어행위인 동시에 공격행위의 성격을 가지므로 과잉방위행위라고 볼 수 없다.

[2] 피고인이 피해자와 싸움 중 피해자를 가격하여 피해자에게 언어장애 및 우측 반신마비 등의 중상해를 입힌 사안에서, 피고인의 행위가 과잉방위에 해당한다는 주장을 배척하고 중상해 공소사실을 유죄로 판단한 원심을 수긍한 사례(대판 2021.6.10. 2021도4278).

<table>
<tr><td>제5장</td><td>미수론</td></tr>
</table>

제1절 ┃ 미수론 서론
제2절 ┃ 장애미수
제3절 ┃ 중지미수
제4절 ┃ 불능미수
제5절 ┃ 예비죄

제1절 | 공법이론

21. 〈'불법수익 등의 출처 또는 귀속관계를 숨기거나 가장하는 행위' 사건〉★

Q 구성요건상으로는 단독으로 실행할 수 있는 형식으로 되어 있는데 단지 구성요건이 대향범의 형태로 실행되는 경우에도 "2인 이상의 서로 대향된 행위의 존재를 필요로 하는 대향범에 대하여 공범에 관한 형법 총칙 규정이 적용될 수 없다"는 대향범의 법리가 적용된다고 볼 수 있는가?

[1] 2인 이상의 서로 대향된 행위의 존재를 필요로 하는 대향범에 대하여 공범에 관한 형법 총칙 규정이 적용될 수 없다. 이러한 법리는 해당 처벌규정의 구성요건 자체에서 2인 이상의 서로 대향적 행위의 존재를 필요로 하는 **필요적 공범인 대향범을 전제**로 한다. 구성요건상으로는 단독으로 실행할 수 있는 형식으로 되어 있는데 단지 구성요건이 대향범의 형태로 실행되는 경우에도 **대향범에 관한 법리**가 적용된다고 볼 수는 없다.

Q 피고인은 공소외인이 수사기관의 추적을 피하기 위하여 속칭 '대포통장'을 이용한다는 사정을 알면서도, 공소외인의 요청에 따라 차명계좌에 제3자 명의로 대마 매매대금을 무통장 입금하는 방법으로 4회에 걸쳐 대마를 매수하면서, 공소외인이 마약류범죄의 발견에 관한 수사를 방해할 목적으로 불법수익 등의 출처와 귀속관계를 숨기는 행위를 방조하였다. 피고인에게 마약거래방지법 제7조 제1항의 방조범이 성립하는가?

[2] 마약류 불법거래 방지에 관한 특례법(이하 '마약거래방지법'이라 한다) 제7조 제1항은 '마약류범죄의 발견 또는 불법수익 등의 출처에 관한 수사를 방해하거나 불법수익 등의 몰수를 회피할 목적으로 불법수익 등의 성질, 소재, 출처 또는 귀속관계를 숨기거나 가장한 자'를 불법수익 등의 은닉 및 가장죄로 형사처벌하고 있다. 그중 '불법수익 등의 출처 또는 귀속관계를 숨기거나 가장'하는 행위는 불법수익 등을 정당하게 취득한 것처럼 취득 원인에 관한 사실을 숨기거나 가장하는 행위 또는 불법수익 등이 귀속되지 않은 것처럼 귀속에 관한 사실을 숨기거나 가장하는 행위를 뜻한다. 따라서 마약거래방지법 제7조 제1항에서 정한 '불법수익 등의 출처 또는 귀속관계를 숨기거나 가장하는 행위'는 처벌규정의 구성요건 자체에서 2인 이상의 서로 대향된 행위의 존재를 필요로 하지 않으므로 정범의 이러한 행위에 가담하는 행위에는 형법 총칙의 공범 규정이 적용된다.

Q 방조범에서 요구되는 정범 등의 고의는 정범에 의하여 실현되는 범죄의 구체적 내용을 인식해야 하는 것은 아니고 미필적 인식이나 예견으로 충분하다고 할 때, 이는 정범의 범행 등의 불법성에 대한 인식이 필요하다는 점과 모순되는가?

[3] 형법 제32조 제1항은 "타인의 범죄를 방조한 자는 종범으로 처벌한다."라고 정하고 있다. 방조란 정범의 구체적인 범행준비나 범행사실을 알고 그 실행행위를 가능·촉진·용이하게 하는 지원행위 또는 정범의 범죄행위가 종료하기 전에 정범에 의한 법익 침해를 강화·증대시키는 행위로서, 정범의 범죄 실현과 밀접한 관련이 있는 행위를 말한다. 또한 방조범은 정범의 실행을 방조한다는 이른바 '방조의 고의'와 정범의 행위가 구성요건에 해당하는 행위인 점에 대한 '정범의 고의'가 있어야 한다. 정범의 마약류 불법거래 방지에 관한 특례법상 '불법수익 등의 은닉 및 가장' 범행의 방조범 성립에 요구되는 방조의 고의와 정범의 고의에 관하여 보면, 예컨대 마약매수인이 정범인 마약매도인으로부터 마약을 매수하면서 마약매도인의 요구로 차명계좌에 제3자 명의로 마약 매매대금을 입금하면서 그 행위가 정범의 범행 실행을 방조하는 것으

로 불법성이 있다는 것을 인식해야 한다는 것을 뜻한다. 물론 방조범에서 요구되는 정범 등의 고의는 정범에 의하여 실현되는 범죄의 구체적 내용을 인식해야 하는 것은 아니고 미필적 인식이나 예견으로 충분하지만, 이는 **정범의 범행 등의 불법성에 대한 인식이 필요하다는 점과 모순되지 않는다**(대판 2022.6.30. 2020도7866).

[공소사실의 요지]

피고인이 마약매도인으로부터 4회에 걸쳐 대마를 매수하면서, 마약매도인의 요청에 따라 차명계좌에 제3자 명의로 대마 매매대금을 무통장입금하여, 정범인 마약매도인이 마약류범죄의 발견에 관한 수사를 방해할 목적으로 불법수익 등의 출처와 귀속관계를 숨기는 행위를 방조하였다(쟁점 공소사실)는 사안임.

[원심 판단]

(1) 원심은 다음과 같은 이유로 위 공소사실을 유죄로 판단한 제1심판결을 파기하고 무죄로 판단하였다.

(2) 마약거래방지법 제7조 제1항에서 정한 '불법수익 등의 은닉 및 가장' 범행의 유형에서 범행이 실행되기 위해서는 다른 사람의 대향적 행위가 반드시 필요한 경우 대향적 관계에 있는 사람이 '불법수익 등의 은닉 및 가장' 범행의 전 과정에 관여하는 등으로 정범의 범행에 적극 가담하거나 범행을 교사하는 경우에 교사범 또는 공동정범이 될 수 있음은 별론으로 하고, 단순히 위 범행의 범인(정범)의 요구 등에 따라 대향적 행위를 한 경우에 그친 경우에는 형법 총칙의 공범 규정을 적용하여 '불법수익 등의 은닉 및 가장' 행위를 실행한 범인(정범)과 공범으로 처벌할 수 없다.

(3) 마약 매수인인 피고인의 대향적 행위(대마를 매수하면서 매매대금을 대포통장에 입금)는 공소외인의 '불법수익 등의 은닉 및 가장' 범행에 필수불가결한 요소이므로 피고인의 행위에 대하여 형법 총칙의 공범 규정을 적용하여 정범이자 마약 매도인인 공소외인과 같이 처벌하는 것은 타당하지 않고, 피고인이 공소외인의 마약거래방지법 위반 범행에 적극 가담하였다고 볼 만한 사정도 보이지 않는다.

[대법원의 판단]

(1) 마약거래방지법 제7조 제1항에서 정한 '불법수익 등의 은닉 및 가장' 범행의 유형에서 대향적 관계에 있는 사람이 정범의 위 범행에 적극 가담하거나 범행을 교사하는 경우에 교사범 또는 공동정범이 될 수 있음을 별론으로 하고, 단순히 정범의 요구에 따라 대향적 행위를 한 경우에는 '형법 총칙의 공범 규정'이 적용되지 않는다고 보아 쟁점 공소사실을 무죄로 판단한 원심판결에 대하여, 아래 이유를 들어 파기환송함

(2) 우선 처벌규정의 구성요건 자체에서 2인 이상의 서로 대향적 행위의 존재를 필요로 하는 필요적 공범인 대향범에 대하여 공범에 관한 형법 총칙 규정이 적용될 수 없음을 판시한 후, 마약거래방지법 제7조 제1항의 '불법수익 등의 출처 또는 귀속관계 등을 숨기거나 가장하는 행위'의 의미를 판시하면서 원심판결과 달리 위 행위는 처벌규정의 구성요건 자체에서 2인 이상의 서로 대향된 행위의 존재를 필요로 하지 않으므로 정범의 위 행위에 가담하는 행위에는 '형법 총칙의 공범 규정'이 적용된다고 판단함

(3) 방조범의 성립을 보다 엄격히 인정하려는 취지에서, 정범의 마약거래방지법상 '불법수익 등의 은닉 및 가장' 범행의 방조범 성립에 요구되는 '방조범의 고의'에 관하여 판시함

제2절 | 공동정범
제3절 | 교사범

22. 〈교사범의 종속성 관련 판례 - 도어락의 비밀번호 변경 사건〉★★

[사실관계]

피고인이, 자신이 관리하는 건물 5층에 거주하는 피해자를 내쫓을 목적으로 자신의 아들인 甲을 교사하여 그곳 현관문에 설치된 피고인 소유 디지털 도어락의 비밀번호를 변경하게 하였다.

[1] 교사범이 성립하려면 교사자의 교사행위와 정범의 실행행위가 있어야 하므로, 정범의 성립은 교사범 구성요건의 일부이고 교사범이 성립하려면 정범의 범죄행위가 인정되어야 한다.

Q 권리행사방해죄는 신분범인가?

[2] 형법 제323조의 권리행사방해죄는 타인의 점유 또는 권리의 목적이 된 자기의 물건을 취거, 은닉 또는 손괴하여 타인의 권리행사를 방해함으로써 성립하므로 취거, 은닉 또는 손괴한 물건이 자기의 물건이 아니라면 권리행사방해죄가 성립할 수 없다. 물건의 소유자가 아닌 사람은 형법 제33조 본문에 따라 소유자의 권리행사방해 범행에 가담한 경우에 한하여 그의 공범이 될 수 있을 뿐이다.

Q 위와 같은 사실관계를 전제로 할 때 피고인에게 권리행사방해죄의 교사범이 성립하는가?

[3] 甲이 자기의 물건이 아닌 위 도어락의 비밀번호를 변경하였다고 하더라도 권리행사방해죄가 성립할 수 없고, 정범인 甲의 권리행사방해죄가 인정되지 않는 이상 교사자인 피고인에 대하여 권리행사방해교사죄도 성립할 수 없다고 판단하여, 이와 달리 공소사실을 유죄로 인정한 원심판결을 파기 · 환송한 사례 (대판 2022.9.15. 2022도5827).

[사건의 경과]

피고인이, 자신이 관리하는 건물 5층에 거주하는 피해자를 내쫓을 목적으로 자신의 아들인 甲을 교사하여 그곳 현관문에 설치된 피고인 소유 디지털 도어락의 비밀번호를 변경하게 하였다는 권리행사방해교사의 공소사실로 기소된 사안임

[대법원의 판단]

대법원은, 甲이 자기의 물건이 아닌 위 도어락의 비밀번호를 변경하였다고 하더라도 권리행사방해죄가 성립할 수 없고, 정범인 甲의 권리행사방해죄가 인정되지 않는 이상 교사자인 피고인에 대하여 권리행사방해교사죄도 성립할 수 없다고 판단하여, 이와 달리 공소사실을 유죄로 인정한 원심판결을 파기 · 환송하였음

제4절 | 방조범

23. 〈금융계좌번호 알려 준 사건〉★

[사실관계]

피고인이 성명불상자로부터 불법 환전 업무를 도와주면 대가를 지급하겠다는 제안을 받고 자신의 금융계좌번호를 알려주었는데, 성명불상자가 전기통신금융사기 편취금을 은닉하기 위하여 피고인의 금융계좌로 편취금을 송금받았다.

Q 형법상 방조행위의 개념과 방조범의 고의의 내용은?

[1] 형법상 방조행위는 정범이 범행을 한다는 정을 알면서 그 실행행위를 용이하게 하는 직접 · 간접의 행위를 말하므로, 방조범은 정범의 실행을 방조한다는 이른바 방조의 고의와 정범의 행위가 구성요건에 해당하는 행위인 점에 대한 정범의 고의가 있어야 하나, 방조범에서 정범의 고의는 정범에 의하여 실현되는 범죄의 구체적 내용을 인식할 것을 요하는 것은 아니고 미필적 인식 또는 예견으로 족하다.

Q 정범이 목적범인 경우에 방조범에게도 정범의 목적에 대한 고의가 있어야 하는가?

[2] 구 금융실명법 제6조 제1항 위반죄는 이른바 초과주관적 위법요소로서 '탈법행위의 목적'을 범죄성립요건으로 하는 목적범이므로, 방조범에게도 정범이 위와 같은 탈법행위를 목적으로 타인 실명 금융거래를 한다는 점에 관한 고의가 있어야 하나, 그 목적의 구체적인 내용까지 인식할 것을 요하는 것은 아니다.

Q 위와 같은 사실관계를 전제로 할 때 피고인이 성명불상자의 탈법행위 목적 타인 실명 금융거래를 용이하게 하였다는 금융실명법위반죄의 방조범이 성립하는가?

[3] 피고인은 정범인 성명불상자가 이 사건 규정에서 말하는 '탈법행위'에 해당하는 무등록 환전영업을 하기 위하여 타인 명의로 금융거래를 하려고 한다고 인식하였음에도 이러한 범행을 돕기 위하여 자신 명의의 금융계좌 정보를 제공하였고, 정범인 성명불상자는 이를 이용하여 전기통신금융사기 범행을 통한 편취금을 송금받아 탈법행위를 목적으로 타인 실명의 금융거래를 하였다면, 피고인에게는 구 금융실명법 제6조 제1항 위반죄의 방조범이 성립하고, 피고인이 정범인 성명불상자가 목적으로 삼은 탈법행위의 구체적인 내용이 어떤 것인지를 정확히 인식하지 못하였다고 하더라도 범죄 성립에는 영향을 미치지 않는다고 판단하여, 공소사실을 무죄로 판단한 원심판결에 구 금융실명법 제3조 제3항에서 말하는 '탈법행위'의 의미와 방조범의 '정범의 고의'에 관한 법리를 오해하여 판결에 영향을 미친 잘못이 있다고 하여 파기 · 환송한 사례 (대판 2022.10.27. 2020도12563).

24. 〈방조행위와 정범의 범죄 실현 사이에는 인과관계가 필요하다는 판례〉★

Q 쟁의행위가 업무방해죄에 해당하는 경우 제3자가 그러한 정을 알면서 쟁의행위의 실행을 용이하게 한 경우에 업무방해방조죄가 성립할 수 있는가?

[1] 쟁의행위가 업무방해죄에 해당하는 경우 제3자가 그러한 정을 알면서 쟁의행위의 실행을 용이하게 한 경우에는 업무방해방조죄가 성립할 수 있다. 다만 헌법 제33조 제1항이 규정하고 있는 노동3권을 실질적으로 보장하기 위해서는 근로자나 노동조합이 노동3권을 행사할 때 제3자의 조력을 폭넓게 받을 수 있도록 할 필요가 있고, 나아가 근로자나 노동조합에 조력하는 제3자도 헌법 제21조에 따른 표현의 자유나 헌법 제10조에 내재된 일반적 행동의 자유를 가지고 있으므로, 위법한 쟁의행위에 대한 조력행위가 업무방해방조에 해당하는지 판단할 때는 헌법이 보장하는 위와 같은 기본권이 위축되지 않도록 업무방해방조죄의 성립 범위를 신중하게 판단하여야 한다.

Q 방조행위와 정범의 범죄 실현 사이에는 인과관계가 필요한가?

[2] 방조범은 정범에 종속하여 성립하는 범죄이므로 방조행위와 정범의 범죄 실현 사이에는 **인과관계가 필요하다**. 방조범이 성립하려면 방조행위가 정범의 범죄 실현과 밀접한 관련이 있고 정범으로 하여금 구체적 위험을 실현시키거나 범죄결과를 발생시킬 기회를 높이는 등으로 정범의 범죄 실현에 현실적인 기여를 하였다고 평가할 수 있어야 한다. 정범의 범죄 실현과 밀접한 관련이 없는 행위를 도와준 데 지나지 않는 경우에는 방조범이 성립하지 않는다(대판 2021.9.16. 2015도12632).

[사건의 경과]

○○노조 △△자동차 비정규직지회 조합원들이 △△자동차 생산라인을 점거하면서 쟁의행위를 한 것과 관련하여, ○○노조 미조직비정규국장인 피고인2가 ① △△자동차 정문 앞 집회에 참가하여 점거 농성을 지원하고, ② 점거 농성장에 들어가 비정규직지회 조합원들을 독려하고, ③ ○○노조 공문을 비정규직지회에 전달하는 등 역할을 수행한 사안임.

[대법원의 판단]

피고인2의 **농성현장 독려 행위**는 정범의 범행을 더욱 유지·강화시킨 행위에 해당하여 업무방해방조죄로 인정할 수 있지만, **집회 참가 및 공문 전달 행위**는 업무방해 정범의 실행행위에 해당하는 생산라인 점거로 인한 범죄 실현과 밀접한 관련성이 있다고 단정하기 어려워 방조범의 성립을 인정할 정도로 업무방해행위와 인과관계가 있다고 보기 어려움에도, 피고인2의 위 행위들을 모두 업무방해방조죄로 인정한 원심판결을 파기한 사례.

25. 〈위법한 쟁의행위에 조력하는 행위가 업무방해방조죄에 해당하는지 문제된 사건〉★

Q 철도노조 조합원 2인이 조명탑 대기장소에 올라가 농성을 벌이는 가운데, 그 아래에 천막을 설치하고, 지지 집회를 개최하고 음식물과 책 등 물품을 제공한 피고인들의 행위가 위 조합원들의 업무방해범죄의 실현과 인과관계가 인정되는가?

Q 방조범의 방조행위와 정범의 범죄 실현 사이에는 인과관계가 필요한가?

[1] 형법 제32조 제1항은 "타인의 범죄를 방조한 자는 종범으로 처벌한다."라고 정하고 있다. 방조란 정범의 구체적인 범행준비나 범행사실을 알고 그 실행행위를 가능·촉진·용이하게 하는 지원행위 또는 정범의 범죄행위가 종료하기 전에 정범에 의한 법익 침해를 강화·증대시키는 행위로서, 정범의 범죄 실현과 밀접한 관련이 있는 행위를 말한다. 방조범은 정범에 종속하여 성립하는 범죄이므로 방조행위와 정범의 범죄 실현 사이에는 인과관계가 필요하다. 방조범이 성립하려면 방조행위가 정범의 범죄 실현과 밀접한 관련이 있고 정범으로 하여금 구체적 위험을 실현시키거나 범죄 결과를 발생시킬 기회를 높이는 등으로 정범의 범죄 실현에 현실적인 기여를 하였다고 평가할 수 있어야 한다. 정범의 범죄 실현과 밀접한 관련이 없는 행위를 도와준 데 지나지 않는 경우에는 방조범이 성립하지 않는다.

Q 쟁의행위가 업무방해죄에 해당하는 경우 제3자가 그러한 정을 알면서 쟁의행위의 실행을 용이하게 한 경우에는 업무방해방조죄가 성립할 수 있는가?

[2] 쟁의행위가 업무방해죄에 해당하는 경우 제3자가 그러한 정을 알면서 쟁의행위의 실행을 용이하게 한 경우에는 업무방해방조죄가 성립할 수 있다. 다만 헌법 제33조 제1항이 규정하고 있는 노동3권을 실질적으로 보장하기 위해서는 근로자나 노동조합이 노동3권을 행사할 때 제3자의 조력을 폭넓게 받을 수 있도록 할 필요가 있고, 나아가 근로자나 노동조합에 조력하는 제3자도 헌법 제21조에 따른 표현의 자유나 헌법 제10조에 내재된 일반적 행동의 자유를 가지고 있으므로, 위법한 쟁의행위에 대한 조력행위가 업무방해방조에 해당하는지 판단할 때는 헌법이 보장하는 위와 같은 기본권이 위축되지 않도록 업무방해방조죄의 성립 범위를 신중하게 판단하여야 한다(대판 2023.6.29. 2017도9835).

[사건의 경과]

철도노조 조합원 2인이 한국철도공사의 순환전보방침에 반대하고자 높이 15m가량의 조명탑 중간 대기장소에 올라가 이를 점거함으로써 한국철도공사로 하여금 위 조합원들의 안전을 위해 조명탑의 전원을 차단하게 하여 위력으로 한국철도공사의 야간 입환업무를 방해하였고, 피고인들은 위 조합원들의 농성을 지지하고자 조명탑 아래 천막을 설치하고, 지지집회를 개최하고, 음식물 등 물품을 제공하여 위 업무방해범행을 용이하게 함으로써 이를 방조하였다는 공소사실(업무방해방조)로 기소되었음

[대법원의 판단]

대법원은, 위와 같은 법리를 재확인하면서 피고인들이 조명탑 점거농성 개시부터 관여한 것으로는 보이지 않는 점, 회사 인사 방침에 대한 의견을 표현하는 집회의 개최 등은 조합활동에 속하고, 농성자들에게 제공한 음식물 등은 생존을 위해 요구되는 것인 점 등의 사정을 들어 피고인들의 행위가 전체적으로 보아 조명탑 점거에 일부 도움이 된 측면이 있었다고 하더라도, 행위의 태양과 빈도, 경위, 장소적 특성 등에 비추어 농성자들의 업무방해범죄 실현과 밀접한 관련이 있는 행위로 보기 어렵다고 판단하여 방조죄에서 요구하는 인과관계를 부정하여, 이와 달리 공소사실을 모두 유죄로 인정한 원심을 파기·환송함

제5절 | 간접정범
제6절 | 공범과 신분

제1절 | 과실범
제2절 | 결과적 가중범
제3절 | 부작위범

26. 〈진정부작위범의 공동정범의 성립요건〉★

주권상장법인의 주식 등 대량보유·변동 보고의무 위반으로 인한 자본시장법 위반죄는 구성요건이 부작위에 의해서만 실현될 수 있는 진정부작위범에 해당한다. 진정부작위범인 주식 등 대량보유·변동 보고의무 위반으로 인한 자본시장법 위반죄의 공동정범은 그 의무가 수인에게 공통으로 부여되어 있는데도 수인이 공모하여 전원이 그 의무를 이행하지 않았을 때 성립할 수 있다(대판 2022.1.13. 2021도11110).

제8장 죄수론

제1절 | 죄수이론
제2절 | 일 죄

27. 〈허위 화재 신고 사건〉★

Q 허위 화재신고로 소방관 및 경찰관들이 출동하게 되었다면 경범죄처벌법 위반죄와 위계에 의한 공무집행방해죄의 죄수관계는 어떠한가?

[1] 경범죄처벌법 제3조 제3항 제2호의 거짓신고로 인한 경범죄처벌법위반죄는 '있지 아니한 범죄나 재해 사실을 공무원에게 거짓으로 신고'하는 경우에 성립하고, 형법 제137조의 위계에 의한 공무집행방해죄는 상대방의 오인, 착각, 부지를 일으키고 이를 이용하는 위계에 의하여 상대방으로 하여금 그릇된 행위나 처분을 하게 함으로써 공무원의 구체적이고 현실적인 직무집행을 방해하는 경우에 성립하는바, 전자는 사회공공의 질서유지를 보호법익으로 하는 반면, 후자는 국가기능으로서의 공무 그 자체를 보호법익으로 하는 등 양 죄는 직접적인 보호법익이나 규율대상 및 구성요건 등을 달리한다.

[2] 따라서 경범죄처벌법 제3조 제3항 제2호에서 정한 거짓신고 행위가 원인이 되어 상대방인 공무원이 범죄가 발생한 것으로 오인함으로 인하여 공무원이 그러한 사정을 알았더라면 하지 않았을 대응조치를 취하기에 이르렀다면, 이로써 구체적이고 현실적인 공무집행이 방해되어 위계에 의한 공무집행방해죄가 성립하지만, 이와 같이 경범죄처벌법 제3조 제3항 제2호의 **거짓신고가 '위계'의 수단, 방법, 태양의 하나가 된 경우에는 거짓신고로 인한 경범죄처벌법위반죄가 위계에 의한 공무집행방해죄에 흡수되는 법조경합 관계**에 있으므로, 위계에 의한 공무집행방해죄만 성립할 뿐 이와 별도로 거짓신고로 인한 경범죄처벌법위반죄가 성립하지는 않는다.

[3] 허위 화재신고로 소방관 및 경찰관들이 출동한 것에 대해 거짓신고에 의한 경범죄처벌법위반죄 및 위계에 의한 공무집행방해죄로 기소된 사안에서, 양 죄가 상상적 경합관계에 있다고 보아 모두 유죄를 인정한 원심의 판단에 죄수에 관한 법리오해가 있으나, **판결 결과에 영향을 미친 경우에 해당하지 않는다고 보아** 상고를 기각한 사례(대판 2022.10.27. 2022도10402).

28. 〈사기죄가 유사수신행위법위반죄의 불가벌적 사후행위에 해당하지 않는다는 판례〉

「유사수신행위의 규제에 관한 법률」(이하 '유사수신행위법'이라 한다) 제6조 제1항, 제3조를 위반한 행위는 그 자체가 사기행위에 해당한다거나 사기행위를 반드시 포함한다고 할 수 없고, 유사수신행위법위반죄가 형법 제347조 제1항의 사기죄와 구성요건을 달리하는 별개의 범죄로서 서로 보호법익이 다른 이상, 유사수신행위를 한 자가 출자자에게 별도의 기망행위를 하여 유사수신행위로 조달받은 자금의 전부 또는 일부를 다시 투자받는 행위는 유사수신행위법위반죄와 다른 새로운 보호법익을 침해하는 것으로서 유사수신행위법위반죄의 불가벌적 사후행위가 되는 것이 아니라 별죄인 사기죄를 구성한다(대판 2023.11.16. 2023도12424).

[대법원의 판단]

대법원은, 피고인의 2020. 7. 15.경 피해자 A에 대한 사기의 점에 관한 공소사실에 대하여, 유사수신행위법 제3조에서 금지하는 유사수신행위에는 기망행위가 포함되어 있지 않고 유사수신행위법위반죄와 사기죄는 구성요건을 달리하는 별개의 범죄로서 서로 행위의 태양이나 보호법익을 달리한다는 등의 이유로 불가벌적 사후행위에 해당하지 않는다고 본 원심판결을 수긍하여 상고를 기각함

제3절 ㅣ 수 죄

29. 〈중대재해 처벌 등에 관한 법률 위반(산업재해치사) 사건〉

[1] 상상적 경합은 1개의 행위가 수 개의 죄에 해당하는 경우를 말한다(형법 제40조). 여기에서 1개의 행위란 법적 평가를 떠나 사회관념상 행위가 사물자연의 상태로서 1개로 평가되는 것을 의미한다.

[2] 피고인 甲 주식회사의 대표이사로서 경영책임자이자 안전보건총괄책임자인 피고인 乙이, 산업재해 예방에 필요한 주의의무를 게을리하고 안전조치를 하지 아니하여 피고인 甲 회사와 도급계약을 체결한 관계수급인인 丙 사업체 소속 근로자 丁이 피고인 甲 회사의 야외작업장에서 중량물 취급 작업인 철제 방열판 보수 작업을 하던 중 크레인 섬유벨트가 끊어지고 방열판이 낙하하면서 丁을 덮쳐 사망에 이르게 함과 동시에, 재해예방을 위한 안전보건관리체계의 구축 및 그 이행에 관한 조치를 하지 아니하여 사업장의 종사자 丁이 사망하는 중대산업재해에 이르게 하였다는 내용의 업무상과실치사, 산업안전보건법 위반, 중대재해 처벌 등에 관한 법률 위반(산업재해치사)의 공소사실이 제1심 및 원심에서 모두 유죄로 인정된 사안에서, 위 각 법의 목적, 보호법익, 행위태양 등에 비추어 보면, 중대재해 처벌 등에 관한 법률 위반(산업재해치사)죄와 근로자 사망으로 인한 산업안전보건법 위반죄 및 업무상과실치사죄는 상호 간 사회관념상 1개의 행위가 수 개의 죄에 해당하는 경우로서 상상적 경합 관계에 있다고 한 사례(대판 2023.12.28. 2023도12316).

30. 〈중소기업협동조합법 위반죄와 업무상배임죄의 죄수관계는 실체적 경합관계라는 판례〉

피고인이 특정인을 중소기업중앙회장으로 당선되도록 할 목적으로 선거인에게 재산상 이익을 제공하면서 그 비용을 자신이 이사장으로 있었던 협동조합의 법인카드로 결제한 사안에서, 선거인에 대한 재산상 이익 제공으로 인한 중소기업협동조합법 위반죄와 협동조합에 재산상 손해를 가한 것으로 인한 업무상배임 죄의 죄수관계는 실체적 경합이라는 사안(대판 2023.2.23. 2020도12431).

31. 〈폭력행위처벌법 위반(단체 등의 구성·활동)죄와 개별적 범행은 실체적 경합이라는 판례〉★

[1] 「폭력행위 등 처벌에 관한 법률」(이하 '폭력행위처벌법'이라 한다) 제4조 제1항은 그 법에 규정된 범죄를 목적으로 하는 단체 등을 구성하거나 이에 가입하는 행위 또는 구성원으로 활동하는 행위를 처벌하도록 정하고 있고, 여기서 말하는 범죄단체 구성원으로서의 '활동'이란 범죄단체의 내부 규율 및 통솔 체계에 따른 조직적·집단적 의사 결정에 기초하여 행하는 범죄단체의 존속·유지를 지향하는 적극적인 행위를 의미한다.

[2] 한편, 범죄단체 등에 소속된 조직원이 저지른 폭력행위처벌법 위반(단체 등의 공동강요)죄 등의 개별적 범행과 폭력행위처벌법 위반(단체 등의 활동)죄는 범행의 목적이나 행위 등 측면에서 일부 중첩되는 부분이 있더라도, 일반적으로 구성요건을 달리하는 별개의 범죄로서 범행의 상대방, 범행 수단 내지 방법, 결과 등이 다를 뿐만 아니라 그 보호법익이 일치한다고 볼 수 없다. 또한 폭력행위처벌법 위반(단체 등의 구성·활동)죄와 위 개별적 범행은 특별한 사정이 없는 한 법률상 1개의 행위로 평가되는 경우로 보기 어려워 상상적 경합이 아닌 실체적 경합관계에 있다고 보아야 한다(대판 2022.9.7. 2022도6993).

32. 〈재심판결에서 금고 이상의 형이 확정된 경우, 재심대상판결 이전 범죄와 재심대상판결 이후 범죄 사이에 형법 제37조 전단의 경합범 관계가 성립하지 않는다는 판례〉★

재심의 대상이 된 범죄(이하 '선행범죄'라 한다)에 관한 유죄 확정판결(이하 '재심대상판결'이라 한다)에 대하여 재심이 개시되어 재심판결에서 다시 금고 이상의 형이 확정되었다면, 재심대상판결 이전 범죄와 재심대상판결 이후 범죄 사이에는 형법 제37조 전단의 경합범 관계가 성립하지 않으므로, 그 각 범죄에 대해 별도로 형을 정하여 선고하여야 한다.

그 이유는 다음과 같다.

(1) 형법 제37조 후단 경합범은 금고 이상의 형에 처한 판결이 확정되기 이전에 범한 죄가 이미 판결이 확정된 죄와 동시에 판결을 받아 하나의 형을 선고받을 수 있었던 경우에 한하여 성립하고, 그에 대하여는 형법 제39조 제1항에 따라 판결이 확정된 죄와 동시에 판결할 경우와의 형평을 고려하여 하나의 형이 선고되어야 한다.

재심대상판결 이전 범죄는 재심판결이 확정되기 이전에 범한 죄일 뿐만 아니라 재심대상판결이 확정되기 이전까지 선행범죄와 함께 기소되거나 이에 병합되어 동시에 판결을 받아 하나의 형을 선고받을 수 있었다. 따라서 재심대상판결 이전 범죄는 선행범죄와 형법 제37조 후단의 경합범 관계에 있고, 형법 제39조 제1항에 따라 하나의 형이 선고되어야 한다.

(2) 반면, 재심대상판결 이후 범죄는 비록 재심판결 확정 전에 범하여졌더라도 재심판결이 확정된 선행범죄와 사이에 형법 제37조 후단의 경합범이 성립하지 않는다. 재심대상판결 이후 범죄가 종료하였을 당시 선행범죄에 대하여 이미 재심대상판결이 확정되어 있었고, 그에 관한 비상구제절차인 재심심판절차에서는 별개의 형사사건인 재심대상판결 이후 범죄 사건을 병합하여 심리하는 것이 허용되지 아니하여, 재심대상판결 이후 범죄는 처음부터 선행범죄와 함께 심리하여 동시에 판결을 받음으로써 하나의 형을 선고받을 수 없기 때문이다.

(3) 결국 재심대상판결 이전 범죄는 선행범죄와 형법 제37조 후단의 경합범 관계에 있지만, 재심대상판결 이후 범죄는 선행범죄와 형법 제37조 후단의 경합범 관계에 있지 아니하므로, 재심대상판결 이전 범죄와 재심대상판결 이후 범죄는 형법 제37조 전단의 경합범 관계로 취급할 수 없어 형법 제38조가 적용될 수 없는 이상 별도로 형을 정하여 선고하여야 한다. 다만, 이러한 결론은 재심판결이 확정되더라도 재심대상판결이 여전히 유효하다거나 선행범죄에 대하여 두 개의 확정판결이 인정된다는 의미는 아니다. 재심판결이 '금고 이상의 형에 처한 판결'에 해당하는 경우, 재심대상판결 이전 범죄는 선행범죄와 형법 제37조 후단 경합범 관계에 해당하므로 하나의 형이 선고되어야 하고, 그렇지 않은 재심대상판결 이후 범죄에 대하여는 별도의 형이 선고되어야 한다는 의미일 뿐이다.

(4) 한편, 재심대상판결이 '금고 이상의 형에 처한 판결'이었더라도, 재심판결에서 무죄 또는 금고 미만의 형이 확정된 경우에는, 재심대상판결 이전 범죄가 더 이상 '금고 이상의 형에 처한 판결'의 확정 이전에 범한 죄에 해당하지 않아 선행범죄와 사이에 형법 제37조 후단 경합범에 해당하지 않는다. 이 경우에는 재심대상판결 이전 범죄와 재심대상판결 이후 범죄 중 어느 것도 이미 재심판결이 확정된 선행범죄와 사이에 형법

<u>제37조 후단 경합범 관계에 있지 않아 형법 제37조 전단의 '판결이 확정되지 아니한 수개의 죄'에 해당하므로, 형법 제38조의 경합범 가중을 거쳐 하나의 형이 선고되어야 한다</u>(대판 2023.11.16. 2023도10545).

[원심의 판단]

원심은, 재심대상판결 이전 범행에 대하여는 선행범죄와 형법 제37조 후단 경합범 관계를 인정하여 형법 제39조 제1항에 따라 선행범죄와 동시에 판결할 경우와의 형평을 고려하여 형을 정한 제1심 판결을 그대로 유지하였고, 재심대상판결 이후 범행에 대하여는 선행범죄와 형법 제37조 후단 경합범 관계 및 재심대상판결 이전 범죄와 형법 제37조 전단 경합범 관계를 모두 인정하지 않은 채 별도로 형을 정하여 선고하였음

[대법원의 판단]

대법원은, 위와 같은 법리를 설시하고, 원심의 판단을 수긍하여 상고를 기각함

33. 〈공직선거법 위반죄와 제39조 제1항의 관계〉

Q 아직 판결을 받지 아니한 죄가 이미 판결이 확정된 죄와 동시에 판결할 수 없었던 경우에도 제39조 제1항을 적용할 수 있는가?

Q 피고인에 관하여 공소제기된 손괴죄에 대하여 유죄를 인정하여 형을 선고할 때, 사후적 경합범 관계에 있는 판결이 확정된 죄가 공직선거법 제18조 제3항에 따라 분리 선고되어야 하는 공직선거법 위반죄인 경우, 형법 제39조 제1항에 따라 동시에 판결할 경우와 형평을 고려하여 형을 선고하거나 형을 감경 또는 면제할 수 있는가?

[1] 형법 제37조 후단 및 제39조 제1항의 문언, 입법 취지 등에 비추어 보면, 아직 판결을 받지 아니한 죄가 이미 판결이 확정된 죄와 동시에 판결할 수 없었던 경우에는 형법 제39조 제1항에 따라 동시에 판결할 경우와 형평을 고려하여 형을 선고하거나 그 형을 감경 또는 면제할 수 없다. 한편 공직선거법 제18조 제1항 제3호에서 '선거범'이라 함은 공직선거법 제16장 벌칙에 규정된 죄와 국민투표법 위반의 죄를 범한 자를 말하는데(공직선거법 제18조 제2항), 공직선거법 제18조 제1항 제3호에 규정된 죄와 다른 죄의 경합범에 대하여는 이를 분리 선고하여야 한다(공직선거법 제18조 제3항 전단). 따라서 **판결이 확정된 선거범죄와 확정되지 아니한 다른 죄는 동시에 판결할 수 없었던 경우에 해당**하므로 형법 제39조 제1항에 따라 동시에 판결할 경우와의 형평을 고려하여 형을 선고하거나 그 형을 감경 또는 면제할 수 없다고 해석함이 타당하다.

[2] (재물손괴죄를 범한) 피고인에 관하여 각각 이미 판결이 확정된 업무방해죄 및 공직선거법 위반죄 중 공직선거법 위반죄는 경합범의 관계에 있었더라도 공직선거법 제18조 제3항에 따라 이 사건 범행과 분리 선고되어야 하는 이상, 이 사건 공소사실과 동시에 판결할 수 없었던 경우에 해당하여 형법 제39조 제1항에 따라 동시에 판결할 경우와의 형평을 고려하여 형을 선고하거나 그 형을 감경 또는 면제할 수 없다고 본 원심판결을 수긍한 사례(대판 2021.10.14. 2021도8719).

34. 〈구 공인중개사법 제10조의2 사건〉

Q. 경합범에 대한 벌금형 선고 시 분리 선고를 규정한 구 공인중개사법 제10조의2를 경합범에 대하여 징역형을 선고하거나, 상상적 경합범과 같이 처벌할 경우에도 유추적용할 수 있는가?

[1] 구 공인중개사법 제10조의2 규정 취지는 공인중개사법 위반죄와 다른 죄의 경합범에 대하여 벌금형을 선고하는 경우 중개사무소 개설등록 결격사유의 기준이 되는 300만 원 이상의 벌금형에 해당하는지 여부

를 명확하게 하기 위하여 형법 제38조의 적용을 배제하고 분리 심리하여 형을 따로 선고하여야 한다는 것으로 보아야 한다. 따라서 **공인중개사법 위반죄와 다른 죄의 경합범에 대하여 징역형을 선고하는 경우에** 는 중개사무소 개설등록 결격사유에 해당함이 분명하므로, 구 공인중개사법 제10조의2를 유추적용하여 형법 제38조의 적용을 배제하고 분리 선고하여야 한다고 볼 수 없다.

[2] 그리고 위와 같은 구 공인중개사법 제10조의2 규정취지에 비추어 보면, 공인중개사법 위반죄와 상상적 경합관계에 있는 다른 범죄에 대하여는 여전히 형법 제40조에 의하여 그중 가장 무거운 죄에 정한 형으로 처벌하여야 하므로, **그 처벌받는 가장 무거운 죄가 공인중개사법 위반죄인지 여부를 묻지 않고 이와 상상적 경합관계에 있는 모든 죄를 통틀어 하나의 형을 선고하여야 한다**(대판 2022.1.13. 2021도14471).

[원심의 판단]

제1심은 주택법 위반과 공인중개사법 위반을 모두 유죄로 인정하면서 상상적 경합 관계에 있는 각 주택법 위반죄와 공인중개사법 위반죄에 대하여 하나의 형(징역 1년 2월 집행유예 2년 및 사회봉사명령 80시간)을 선고하였는데, 공인중개사법 제10조의2에서는 공인중개사법 제48조, 제49조에 규정된 죄와 다른 죄의 경합범에 대하여 벌금형을 선고하는 경우에는 분리 선고하도록 규정하고 있음. 원심은 피고인의 항소를 기각함

[대법원의 판단]

피고인은 원심판결에 대하여 상고하면서 징역형을 선고하는 경우나 상상적 경합 관계에 있는 경우에도 분리선고 규정을 유추적용하여야 한다고 주장하였으나, 대법원은 공인중개사법 규정의 해석상 공인중개사법 위반죄와 다른 죄의 경합범에 대하여 징역형을 선고하는 경우와 상상적 경합 관계에 있어 가장 무거운 죄에 정한 형으로 처벌하는 경우에는 분리선고 규정이 유추적용되지 않는다고 보아, 하나의 형을 선고한 원심을 수긍함

35. 〈수 개의 범죄사실이 별도로 공소제기되어 그 중 일부가 먼저 확정된 사건〉★

[1] 동일한 피고인에 대한 수 개의 범죄사실 중 일부에 대하여 먼저 공소가 제기되고 나머지 범죄사실에 대하여 별도로 공소가 제기됨으로써 이를 심리한 각 제1심법원이 공소제기된 사건별로 별개의 형을 선고하였는데, 이 중 어느 한 사건이 항소심법원에 계속되는 동안에 금고 이상의 형에 처한 다른 사건의 판결이 별개의 절차에서 확정되었다면, 그 수 개의 범죄는 형법 제37조 후단의 경합범 관계에 있게 되므로 항소심법원은 형법 제39조 제1항에 따라 이를 동시에 판결할 경우와의 형평을 고려하여 형을 선고하고 이 경우 형의 감경 또는 면제 여부까지 검토한 후에 형을 정하여야 하므로, 이러한 조치를 취하지 아니한 해당 제1심판결에는 사후적으로 **직권조사사유가 발생**하였다고 보아야 한다.

[2] 따라서 이와 같은 피고인이 해당 사건에 대하여 적법한 기간 내에 항소이유서를 제출하지 않았다고 하더라도, 항소심법원은 형사소송법 제361조의4 제1항 단서, 제364조 제2항에 따라 제1심판결을 파기하고 피고인에게 형법 제37조 후단의 경합범에 관한 처벌례를 적용하여야 한다(대결 2020.5.18. 2020모1425).

제3편

형벌론

제1절 | 형벌의 의의와 종류

몰수와 추징 관련 판례

36. 〈범죄행위에 이용한 웹사이트 매각 대금 사건〉★

Q 형법 제48조 제1항의 '물건'은 범죄수익이나 범죄행위로 취득한 재산상 이익과 구별되는가?

[1] 형법 제48조 제1항은 '범죄행위로 인하여 생(生)하였거나 이로 인하여 취득한 물건'으로서 범인 이외의 자의 소유에 속하지 아니하거나 범죄 후 범인 이외의 자가 정을 알면서 취득한 물건의 전부 또는 일부를 몰수할 수 있다고 규정하면서(제2호), 제2항에서는 제1항에 기재한 물건을 몰수하기 불능한 때에는 그 가액을 추징하도록 규정하고 있다. 이와 같이 **형법 제48조는 몰수의 대상을 '물건'으로 한정**하고 있다. 이는 범죄행위에 의하여 생긴 재산 및 범죄행위의 보수로 얻은 재산을 범죄수익으로 몰수할 수 있도록 한 「범죄수익은닉의 규제 및 처벌 등에 관한 법률」이나 범죄행위로 취득한 재산상 이익의 가액을 추징할 수 있도록 한 형법 제357조 등의 규정과는 구별된다.

Q 형법 제48조 제1항의 '물건'의 의미는 민법 제98조의 '물건'의 의미와 동일한가?

[2] 민법 제98조는 물건에 관하여 '유체물 및 전기 기타 관리할 수 있는 자연력'을 의미한다고 정의하는데, 형법이 민법이 정의한 '물건'과 다른 내용으로 '물건'의 개념을 정의하고 있다고 볼 만한 사정도 존재하지 아니한다.

Q 피고인이 범죄행위에 이용한 웹사이트는 형법 제48조 제1항 제2호에서 몰수의 대상으로 정한 '범죄행위로 인하여 생(生)하였거나 이로 인하여 취득한 물건'에 해당하는가?

[3] 피고인이 범죄행위에 이용한 웹사이트는 형법 제48조 제1항 제2호에서 몰수의 대상으로 정한 '범죄행위로 인하여 생(生)하였거나 이로 인하여 취득한 물건'에 해당하지 않으므로, 그 웹사이트 매각을 통해 취득한 대가는 형법 제48조 제1항 제2호, 제2항이 규정한 추징의 대상에 해당하지 않는다는 이유로 원심판결을 파기자판한 사례(대판 2021.10.14. 2021도7168).

37. 〈형법상 몰수에 비례의 원칙에 따른 제한이 적용된다는 판례〉★

Q 제48조 제1항 제1호의 '범죄행위에 제공한 물건'은 범죄의 실행행위 자체에 사용한 물건만 의미하는 것이 아니라 실행행위 착수 전 또는 실행행위 종료 후 행위에 사용한 물건 중 범죄행위의 수행에 실질적으로 기여하였다고 인정되는 물건까지도 포함하는가?

[1] 구 형법(2020. 12. 8. 법률 제17571호로 일부 개정되기 전의 것, 이하 같다) 제48조 제1항 제1호의 '범죄행위에 제공한 물건'은 범죄의 실행행위 자체에 사용한 물건만 의미하는 것이 아니라 실행행위 착수 전 또는 실행행위 종료 후 행위에 사용한 물건 중 범죄행위의 수행에 실질적으로 기여하였다고 인정되는 물건까지도 포함한다.

Q 제48조 제1항의 몰수에는 형법 일반에 적용되는 비례의 원칙이 적용되는가?

[2] 한편, 위 조항에 따른 몰수는 임의적인 것이어서 그 요건에 해당되더라도 실제로 이를 몰수할 것인지 여부는 법원의 재량에 맡겨져 있지만 형벌 일반에 적용되는 비례의 원칙에 따른 제한을 받는데, 몰수가 비례의 원칙에 위반되는 여부를 판단하기 위해서는, 몰수 대상 물건이 범죄 실행에 사용된 정도와 범위 및 범행에서의 중요성, 물건의 소유자가 범죄 실행에서 차지하는 역할과 책임의 정도, 범죄 실행으로 인한 법익 침해의 정도, 범죄 실행의 동기, 범죄로 얻은 수익, 물건 중 범죄 실행과 관련된 부분의 별도 분리 가능성, 물건의 실질적 가치와 범죄와의 상관성 및 균형성, 물건이 행위자에게 필요불가결한 것인지 여부, 몰수되지 아니할 경우 행위자가 그 물건을 이용하여 다시 동종 범죄를 실행할 위험성 유무 및 그 정도 등 제반 사정이 고려되어야 한다.

Q 휴대전화의 동영상 촬영기능을 이용하여 피해자를 촬영한 행위 자체가 범죄에 해당하는 경우, 휴대전화는 '범죄행위에 제공된 물건', 촬영되어 저장된 동영상은 휴대전화에 저장된 전자기록으로서 '범죄행위로 인하여 생긴 물건'에 각각 해당하고 이러한 경우 법원이 휴대전화를 몰수하지 않고 동영상만을 몰수하는 것도 가능한가?

[3] 또한, 전자기록은 일정한 저장매체에 전자방식이나 자기방식에 의하여 저장된 기록으로서 저장매체를 매개로 존재하는 물건이므로 위 조항에 정한 사유가 있는 때에는 이를 몰수할 수 있는바, 가령 휴대전화의 동영상 촬영기능을 이용하여 피해자를 촬영한 행위 자체가 범죄에 해당하는 경우, 휴대전화는 '범죄행위에 제공된 물건', 촬영되어 저장된 동영상은 휴대전화에 저장된 전자기록으로서 '범죄행위로 인하여 생긴 물건'에 각각 해당하고 이러한 경우 법원이 휴대전화를 몰수하지 않고 동영상만을 몰수하는 것도 가능하다 (대판 2024.1.4. 2021도5723).

[원심의 판단]

원심은, 대마 관련 범행 시 문자메시지를 몇 차례 주고받고 필로폰 관련 범행 시 통화를 1회할 때 사용한 휴대전화를 '범죄행위에 제공된 물건'에 해당된다고 보아 몰수를 명한 제1심 판결을 유지하였음

[대법원의 판단]

대법원은, ① 타인 명의 휴대전화의 개통 경위·목적·사용기간·사용내역, ② 마약 등의 수수 및 흡연(투약)을 본질로 하는 이 사건 범죄의 실행행위 자체 또는 범행의 직접적 도구로 사용된 것은 아닌 점, ③ 이 사건 범행으로 체포되기까지 약 1년 6개월 동안 이 사건 휴대전화를 일상적인 생활도구로 사용하던 중 이 사건 범죄사실과 관련하여 상대방과의 연락 수단으로 일시적으로 이용한 것일 뿐 이 사건 범행의 직접적이고 실질적인 목적·수단·도구로 사용하기 위하여 또는 그 과정에서 범행·신분 등을 은폐하기 위한 부정한 목적으로 타인 명의로 개통하여 사용한 것으로 보이지는 않는 등 이 사건 범죄와의 상관성은 매우 낮은 편이어서 이를 몰수되지 않으면 다시 이를 직접적이고 실질적인 범행의 목적·수단·도구로 이용하여 동종 범행을 저지를 가능성이나 위험성이 높다고 보기 어려운 점, ④ 이 사건 휴대전화의 증거

가치 혹은 관련·동종의 범행 예방 차원에서 피고인의 점유 내지 소유권을 박탈할 필요성이 높아 보이지 않는 점, ⑤ 이 사건 휴대전화는 단순히 금전적·경제적 가치를 넘어 해외에 거주하는 가족과 연락할 수 있는 수단이자 지인의 연락처·금융거래 및 각종 계정 등 다수의 개인정보와 전자정보가 저장된 장치로서 피고인에게는 일상생활과 경제활동 등에 필수불가결한 물건으로 보이는 점 등을 종합하여, <u>이 사건 휴대전화는 비록 최초 압수 당시에는 몰수 요건에 형식적으로 해당한다고 볼 수 있었다 하더라도 몰수로 인하여 피고인에게 미치는 불이익의 정도가 지나치게 큰 편이라는 점에서 비례의 원칙상 몰수가 제한되는 경우에 해당한다고 볼 여지가 많다고 보아, 이와 달리 판단한 원심판결을 파기·환송함</u>

38. 〈수인의 의사들이 공동으로 불법 리베이트를 수취한 사건〉★

Q 수인의 의사들이 공동으로 의료법상 불법 리베이트를 수수하여 이익을 얻었다면 추징은 어떻게 하여야 하는가?

구 의료법(2019. 8. 27. 법률 제16555호로 개정되기 전의 것, 이하 같다) 제88조 제2호의 규정에 의한 추징은 구 의료법 제23조의3에서 금지한 불법 리베이트 수수 행위의 근절을 위하여 그 범죄행위로 인한 부정한 이익을 필요적으로 박탈하여 이를 보유하지 못하게 하는 데 목적이 있는 것이므로, 수인이 공동으로 불법 리베이트를 수수하여 이익을 얻은 경우 그 범죄로 얻은 금품 그 밖의 경제적 이익을 몰수할 수 없을 때에는 **공범자 각자가 실제로 얻은 이익의 가액**, 즉 실질적으로 귀속된 이익만을 개별적으로 추징하여야 한다. 만일 개별적 이득액을 확정할 수 없다면 **전체 이득액을 평등하게 분할하여 추징**하여야 한다(대판 2022.9.7. 2022도7911).

[원심의 판단]
원심은 의사인 피고인이 원심 공동피고인과 공모하여 제약회사 영업사원으로부터 의약품의 판매촉진을 목적으로 제공되는 병원 홍보물품 구입비용 상당의 부당한 경제적 이익(이하 '이 사건 이익'이라 한다)을 수수하였다고 보면서, <u>피고인에게만 해당 금액 전액의 추징을 선고하였고</u>, 원심 공동피고인에 대하여는 이 사건 이익의 수수와 관련하여 별도로 추징을 선고하지 않은 사안임

[대법원의 판단]
대법원은 피고인과 원심 공동피고인이 이 사건 이익을 공동으로 수수한 것이 명백하나, 피고인이 실제로 취득하거나 분배받은 금액을 증거에 의하여 확정할 수 없는 경우에 해당한다고 보고, 이 사건 이익을 평등하게 분할한 금액만을 피고인으로부터 추징하여야 한다는 이유로 원심판결 중 피고인에 대한 추징 부분만을 파기하고 자판하였음

39. 〈카지노 칩 사건〉

Q 외국환거래 신고 없이 미국 호텔 카지노 운영진으로부터 미화 100만 달러 상당의 칩을 대여받아 신고의무를 위반한 경우 칩 대금 상당액을 구 외국환거래법(2017. 1. 17. 법률 제14525호로 개정되기 전의 것) 제30조에 따라 추징할 수 있는가?

<u>외국환거래법상의 대외지급수단으로 인정되기 위해서는 현실적으로 대외거래에서 채권·채무의 결제 등을 위한 지급수단으로 사용할 수 있고 그 사용이 보편성을 가지고 있어야 할 것</u>인데 피고인이 미국 호텔 카지노에서 외화차용행위로 인하여 취득한 '칩'에는 미화로 표시된 금액과 호텔의 로고가 기재되어 있을 뿐 지급받을 수 있는 내용이 표시된 문구는 전혀 기재되어 있지 않으므로, <u>이는 단순히 '칩'에 표시된 금액</u>

상당을 카지노에서 보관하고 있다는 증표에 지나지 않는다고 보아, **이 사건 '칩'은 외국환거래법상의 몰수·추징의 대상이 되는 대외지급수단으로 볼 수 없다**고 판단하여 추징을 선고하지 않은 원심을 수긍한 사례(피고인이 미신고 자본거래로 인한 외국환거래법 위반죄에 해당하지만, 그 범행으로 취득한 카지노 칩 상당액은 동법이 정한 추징 대상에 해당하지 않는다는 취지임)(대판 2022.5.26. 2022도2570).

40. 〈'도박죄'와 '도박공간개설죄' 추징 사건〉★

Q 별도의 공소제기가 없어도 공소가 제기된 공소사실과 관련성이 있는 경우에는 몰수·추징을 선고할 수 있는가?

[1] 형법 제49조 단서는 '행위자에게 유죄의 재판을 하지 아니할 때에도 몰수의 요건이 있는 때에는 몰수만을 선고할 수 있다.'라고 규정하고 있으므로, 몰수는 물론 이에 갈음하는 추징도 위 규정에 근거하여 선고할 수 있으나, 우리 법제상 공소제기 없이 별도로 몰수·추징만을 선고할 수 있는 제도가 마련되어 있지 아니하므로, 위 규정에 근거하여 몰수·추징을 선고하려면 몰수·추징의 요건이 공소가 제기된 공소사실과 관련되어 있어야 하고, 공소가 제기되지 아니한 별개의 범죄사실을 법원이 인정하여 그에 관하여 몰수·추징을 선고하는 것은 불고불리의 원칙에 위배되어 허용되지 않는다. 이러한 법리는 형법 제48조의 몰수·추징 규정에 대한 특별규정인 「범죄수익은닉의 규제 및 처벌 등에 관한 법률」 제8조 내지 제10조의 규정에 따른 몰수·추징의 경우에도 마찬가지로 적용된다.

Q '도박공간개설죄'로만 기소된 피고인에 대하여 직접 도박에 참가하여 얻은 수익을 범죄수익으로 추징을 명할 수 있는가?

[2] 피고인이 영리의 목적으로 도박공간을 개설하였다는 공소사실이 제1심 및 원심에서 유죄로 인정되었는데, 그로 인한 범죄수익의 추징과 관련하여 피고인이 직접 도박에 참가하여 얻은 수익 부분에 대한 추징 여부가 문제 된 사안에서, 형법 제247조의 도박개장죄는 영리의 목적으로 스스로 주재자가 되어 그 지배 아래 도박장소를 개설함으로써 성립하는 범죄로서 도박죄와 별개의 독립된 범죄이고, 도박공간을 개설한 자가 도박에 참가하여 얻은 수익은 도박공간개설을 통하여 간접적으로 얻은 이익에 당연히 포함된다고 보기도 어려워 도박공간을 개설한 자가 도박에 참가하여 얻은 수익을 도박공간개설로 얻은 범죄수익으로 몰수하거나 추징할 수 없다는 이유로, 전체 범죄수익 중 피고인이 직접 도박에 참가하여 얻은 수익을 도박공간개설의 범죄로 인한 추징 대상에서 제외하고 그 차액만을 추징한 원심의 판단이 정당하다고 한 사례(대판 2022.12.29. 2022도8592).

41. 〈마약류 관리에 관한 법률에 따른 추징액 산정 관련 판례〉

Q 피고인이 필로폰을 무상으로 교부받아 수수한 후 그 중 일부를 투약, 매도, 무상 교부한 사안에서 추징액 산정 방법은 어떠한가?

[1] 마약류 관리에 관한 법률 제67조에 따른 추징에서 추징할 메스암페타민의 가액은 매매알선 범행에 대하여는 실제 거래된 가격을, 교부범행에 대하여는 소매가격을, 투약범행에 대하여는 1회 투약분 가격을 기준으로 삼아 산정하는 것이 타당하다.

[2] 피고인이 필로폰을 무상으로 교부받아 수수한 후 그 중 일부는 투약, 일부는 매도, 일부는 무상으로 교부하고, 소지하던 필로폰이 압수되고 일부가 미회수된 사안에서 원심이 그 판시와 같은 방법으로 추징액을 산정한 것을 수긍한 사례(대판 2021.4.29. 2021도1946).

제2절 | 형의 양정

42. 〈임의적 감경 사건〉★★

Q 임의적 감경사유의 존재가 인정되고 법관이 그에 따라 징역형에 대해 법률상 감경을 하는 경우 형법 제55조 제1항 제3호에 따라 상한과 하한을 모두 2분의 1로 감경하여야 하는가?

[1] 형의 양정은 법정형 확인, 처단형 확정, 선고형 결정 등 단계로 구분된다. 법관은 형의 양정을 할 때 법정형에서 형의 가중·감경 등을 거쳐 형성된 처단형의 범위 내에서만 양형의 조건을 참작하여 선고형을 결정해야 한다.

[2] 형법 제25조는 범죄의 실행에 착수하여 행위를 종료하지 못하였거나 결과가 발생하지 아니한 때에는 미수범으로 처벌하고(제1항), 미수범의 형은 기수범보다 감경할 수 있다(제2항)고 규정하고 있다. 형법 제25조 제2항에 따른 형의 감경은 법률상 감경의 일종으로서 재판상 감경인 작량감경(형법 제53조)과 구별된다. 법률상 감경에 관하여 형법 제55조 제1항은 형벌의 종류에 따른 감경의 방법을 규정하고 있다. 법률상 감경사유가 무엇인지와 그 사유가 인정될 때 반드시 감경을 하여야 하는지는 형법과 특별법에 개별적이고 구체적으로 규정되어 있다. 이와 같은 감경 규정들은 법문상 형을 '감경한다'라거나 형을 '감경할 수 있다'라고 표현되어 있는데, '감경한다'라고 표현된 경우를 필요적 감경, '감경할 수 있다'라고 표현된 경우를 임의적 감경이라 한다. 형법 제25조 제2항에 따른 형의 감경은 임의적 감경에 해당한다.

[3] 필요적 감경의 경우에는 감경사유의 존재가 인정되면 반드시 형법 제55조 제1항에 따른 법률상 감경을 하여야 함에 반해, 임의적 감경의 경우에는 감경사유의 존재가 인정되더라도 법관이 형법 제55조 제1항에 따른 법률상 감경을 할 수도 있고 하지 않을 수도 있다. 나아가 임의적 감경사유의 존재가 인정되고 법관이 그에 따라 징역형에 대해 법률상 감경을 하는 이상 형법 제55조 제1항 제3호에 따라 상한과 하한을 모두 2분의 1로 감경한다. 이러한 현재 판례와 실무의 해석은 여전히 타당하다(대판 2021.1.21. 2018도5475 전합).

[원심의 판단]

피고인이 위험한 물건으로 피해자를 상해하려다 미수에 그쳤다는 공소사실에 대하여 제1심은 특수상해미수죄를 인정하여 형법 제25조 제2항, 제55조 제1항 제3호에 따라 감경한 뒤 경합범가중을 거쳐 처단형을 정하였고, 원심은 이러한 제1심을 그대로 유지하였음.

[대법원의 판단]

피고인이 상고하였으나, 대법원은 위와 같은 원심의 판단에 잘못이 없다고 보아 상고를 기각함. 이러한 다수의견에 대하여, 임의적 감경의 처단형은 형을 감경한 범위와 감경하지 않은 범위를 모두 합한 범위로 봄이 타당하고, 이는 결국 법정형의 하한만 2분의 1로 감경한 것으로 '당연확정'된다는 대법관 이기택의 별개의견과 별개의견에 대한 대법관 이기택의 보충의견이 있음.

제3절 ㅣ 누 법
제4절 ㅣ 집행유예와 선고유예 및 가석방

43. 〈집행유예의 선고 취소는 '집행유예 기간 중'에만 가능하다는 판례〉★

Q 집행유예의 선고 취소는 '집행유예 기간 중'에만 가능한가?

[1] 검사는 보호관찰이나 사회봉사 또는 수강을 명한 집행유예를 받은 자가 준수사항이나 명령을 위반하고 그 정도가 무거운 경우 보호관찰소장의 신청을 받아 집행유예의 선고 취소청구를 할 수 있는데(보호관찰 등에 관한 법률 제47조 제1항, 형법 제64조 제2항), 그 심리 도중 집행유예 기간이 경과하면 형의 선고는 효력을 잃기 때문에 더 이상 집행유예의 선고를 취소할 수 없고 취소청구를 기각할 수밖에 없다. 집행유예의 선고 취소결정에 대한 즉시항고 또는 재항고 상태에서 집행유예 기간이 경과한 때에도 같다. 이처럼 집행유예의 선고 취소는 '집행유예 기간 중'에만 가능하다는 시간적 한계가 있다.

[2] 법원은 집행유예 취소 청구서 부본을 지체 없이 집행유예를 받은 자에게 송달하여야 하고(형사소송규칙 제149조의3 제2항), 원칙적으로 집행유예를 받은 자 또는 그 대리인의 의견을 물은 후에 결정을 하여야 한다(형사소송법 제335조 제2항). 항고법원은 항고인이 그의 항고에 관하여 이미 의견진술을 한 경우 등이 아니라면 원칙적으로 항고인에게 소송기록접수통지서를 발송하고 그 송달보고서를 통해 송달을 확인한 다음 항고에 관한 결정을 하여야 한다.

[3] 이와 같이 집행유예 선고 취소결정이 가능한 시적 한계와 더불어 제1심과 항고심법원은 각기 당사자에게 의견 진술 및 증거제출 기회를 실질적으로 보장하여야 한다는 원칙이 적용되는 결과, 법원은 관련 절차를 신속히 진행함으로써 당사자의 절차권 보장과 집행유예 판결을 통한 사회 내 처우의 실효성 확보 및 적정한 형벌권 행사를 조화롭게 달성하도록 유의할 필요가 있다(대결 2023.6.29. 2023모1007).

제5절 ㅣ 형의 시효와 형의 소멸

합격을 꿈꾼다면, 해커스변호사

law.Hackers.com

제4편

개인적 법익에 관한 범죄

제1장 생명·신체에 관한 범죄

제1절 | 살인의 죄
제2절 | 상해와 폭행의 죄

> **특수상해 관련 판례**

44. 〈특수상해죄, 특수협박죄에서 위험한 물건을 '휴대하여'의 의미〉★

[1] 형법 제258조의2 제1항, 제257조 제1항, 제284조, 제283조 제1항은 위험한 물건을 휴대하여 사람의 신체를 상해한 자를 특수상해죄로, 사람을 협박한 자를 특수협박죄로 각 처벌하도록 규정하고 있다. 여기서 위험한 물건을 '휴대하여'는 범행 현장에서 사용하려는 의도 아래 위험한 물건을 소지하거나 몸에 지니는 경우를 의미한다.

[2] 범행 현장에서 위험한 물건을 사용하려는 의도가 있었는지는 피고인의 범행 동기, 위험한 물건의 휴대 경위 및 사용 방법, 피고인과 피해자와의 인적 관계, 범행 전후의 정황 등 모든 사정을 합리적으로 고려하여 판단하여야 한다.

[3] 피고인이 범행 현장에서 범행에 사용하려는 의도 아래 위험한 물건을 소지하거나 몸에 지닌 이상 피고인이 이를 실제로 범행에 사용하였을 것까지 요구되지는 않는다.

[4] 또한 위험한 물건을 휴대하였다고 하기 위하여는, 피고인이 범행 현장에 있는 위험한 물건을 사실상 지배하면서 언제든지 그 물건을 곧바로 범행에 사용할 수 있는 상태에 두면 충분하고, 피고인이 그 물건을 현실적으로 손에 쥐고 있는 등 피고인과 그 물건이 반드시 물리적으로 부착되어 있어야 하는 것은 아니다(대판 2024.6.13. 2023도18812).

[사건의 경과]
피고인이 위험한 물건인 칼을 휴대하여 사실혼 관계인 피해자를 협박하고 상해를 가하였으며 약 4시간 30분 동안 피해자를 감금하였다는 특수상해, 특수협박 등으로 기소된 사안임

[원심의 판단]
원심은, 사건 현장의 주방의자에 칼을 이용하여 위에서 아래로 찢은 듯한 손상이 관찰되나, 피고인의 주장과 같이 피고인이 주방 근처에서 넘어져 자신의 복부 쪽으로 쏟아진 칼을 짚고 일어나는 과정에서 주방의자가 손상되었을 가능성을 배제하기 어렵고, 피고인이 칼을 가지러 간 경위, 칼을 이용하여 보인 행동 등에 관한 피해자의 진술이 일관되지 아니하므로 위험한 물건을 이용하여 피해자를 폭행하거나 협박하였

다고 보기 어렵다는 이유로, 특수상해, 특수협박 부분에 대하여 이유에서 무죄로 판단하고 위 공소사실에 포함된 축소사실인 상해죄, 협박죄를 유죄로 인정하였음

[대법원의 판단]

대법원은 위와 같은 법리를 설시하면서, 사건 발생 장소 및 시기, 피고인의 범행 전후 행동, 피고인과 피해자의 관계, 사건 당시 피해자의 취약한 지위, 칼에 대한 피고인의 근접성과 사실상 지배 정도 및 칼의 사용에 관한 피고인의 언행 등을 종합하면, 피고인이 위험한 물건인 칼을 휴대하여 피해자를 협박하고 피해자에게 상해를 가하였다고 평가할 여지가 충분하다고 보아, 이와 달리 판단한 원심을 파기·환송함

폭행 관련 판례

45. 〈주한미군의 기지에서 발생한 군인 사이의 폭행은 반의사불벌죄가 아니라는 판례〉

군인 등이 대한민국의 국군이 군사작전을 수행하기 위한 근거지에서 군인 등을 폭행했다면 그곳이 대한민국의 영토 내인지, 외국군의 군사기지인지 등과 관계없이 군형법 제60조의6 제1호에 따라 형법 제260조 제3항이 적용되지 않는다(대판 2023.6.15. 2020도927).

46. 〈피고인들 중 1인이 피해자를 폭행하고 나머지는 이를 휴대전화로 촬영하거나 지켜본 사건〉★★

Q 고등학생인 피고인 A, B, C가 피해자를 아파트 놀이터로 불러내어 그중 A가 피해자를 폭행하고 B는 이를 휴대전화로 촬영하였으며 C는 옆에서 싸움과정을 지켜보았다면, A, B, C에게 폭처법상의 공동폭행죄가 성립하는가?

「폭력행위 등 처벌에 관한 법률」(이하 '폭력행위처벌법'이라고 한다) 제2조 제2항 제1호의 '2명 이상이 공동하여 폭행의 죄를 범한 때'라고 함은 그 수인 사이에 공범관계가 존재하고, 수인이 동일 장소에서 동일 기회에 상호 다른 자의 범행을 인식하고 이를 이용하여 폭행의 범행을 한 경우임을 요한다. 따라서 폭행 실행범과의 공모사실이 인정되더라도 그와 공동하여 범행에 가담하였거나 범행장소에 있었다고 인정되지 아니하는 경우에는 공동하여 죄를 범한 때에 해당하지 않고, 여러 사람이 공동하여 범행을 공모하였다면 그중 2인 이상이 범행장소에서 실제 범죄의 실행에 이르렀어야 나머지 공모자에게도 공모공동정범이 성립할 수 있을 뿐이다(대판 2023.8.31. 2023도6355).

[사건의 경과]

고등학생인 피고인 A, B, C가 피해자를 아파트 놀이터로 불러내어 그중 A가 피해자를 폭행하고 B는 이를 휴대전화로 촬영하였으며 C는 옆에서 싸움과정을 지켜봄으로써 폭력행위처벌법위반(공동폭행)으로 기소된 사안임

[대법원의 판단]

대법원은, 피고인들 상호 간에 공동으로 피해자를 폭행하자는 공동가공의 의사를 인정할 증거가 없고, 피고인들 중 1인만 실제 폭행의 실행행위를 하였고 나머지는 이를 인식하고 이용하여 피해자의 신체에 대한 유형력을 행사하는 폭행의 실행행위에 가담한 것이 아니라 단순히 지켜보거나 동영상으로 촬영한 것에 불과하여 2명 이상이 공동하여 피해자를 폭행한 경우 성립하는 폭력행위처벌법위반(공동폭행)죄의 죄책을 물을 수 없다고 보아, 이를 유죄로 판단한 원심판결을 파기·환송함

제3절 | 과실치사상죄

47. 〈골프 경기보조원 사건〉★

Q 업무상과실치상죄의 '업무'의 개념은 무엇인가?

[1] 업무상과실치상죄의 '업무'란 사람의 사회생활면에서 하나의 지위로서 계속적으로 종사하는 사무로, 수행하는 직무 자체가 위험성을 갖기 때문에 안전배려를 의무의 내용으로 하는 경우는 물론 사람의 생명·신체의 위험을 방지하는 것을 의무의 내용으로 하는 업무도 포함한다.

Q 골프와 같은 개인 운동경기에서 경기에 참가하는 자는 주의의무를 부담하는가? 그리고 경기보조원은 생명·신체의 위험을 방지할 업무상 주의의무를 부담하는가?

[2] 골프와 같은 개인 운동경기에서, **경기에 참가하는 자**는 자신의 행동으로 인해 다른 사람이 다칠 수도 있으므로 경기규칙을 준수하고 주위를 살펴 상해의 결과가 발생하는 것을 미연에 방지해야 할 주의의무가 있고, **경기보조원**은 그 업무의 내용상 기본적으로는 골프채의 운반·이동·취급 및 경기에 관한 조언 등으로 골프경기 참가자를 돕는 역할을 수행하면서 아울러 경기 진행 도중 위와 같이 경기 참가자의 행동으로 다른 사람에게 상해의 결과가 발생할 위험성을 고려해 예상할 수 있는 사고의 위험을 미연에 방지하기 위한 조치를 취함으로써 경기 참가자들의 안전을 배려하고 그 생명·신체의 위험을 방지할 업무상 주의의무를 부담한다(대판 2022.12.1. 2022도11950).

48. 〈운전의 시기에 대하여 발진조작완료설을 따른 판례〉★

Q 운전의 시기는 언제인가?

구 도로교통법(2017. 3. 21. 법률 제14617호로 개정되기 전의 것) 제2조 제26호에 따르면, '운전'이란 도로에서 차를 '그 본래의 사용방법'에 따라 사용하는 것을 말한다. 이때 자동차를 '그 본래의 사용방법'에 따라 사용하였다고 하기 위하여는 단지 엔진을 시동시켰다는 것만으로는 부족하고 이른바 발진조작의 완료를 요한다. 통상 자동차 엔진을 시동시키고 기어를 조작하며 제동장치를 해제하는 등 일련의 조치를 취하면 위와 같은 발진조작을 완료하였다고 할 것이지만, 애초부터 자동차가 고장이나 결함 등의 원인으로 객관적으로 발진할 수 없었던 상태에 있었던 경우라면 그와 같이 볼 수는 없다(대판 2021.1.14. 2017도10815).

49. 〈혈중알코올농도의 감소기(위드마크 제2공식, 하강기)의 기산점 관련 판례〉

혈중알코올농도 측정 없이 위드마크 공식을 사용해 피고인이 마신 술의 양을 기초로 피고인의 운전 당시 혈중알코올농도를 추산하는 경우로서 알코올의 분해소멸에 따른 혈중알코올농도의 감소기(위드마크 제2 공식, 하강기)에 운전이 이루어진 것으로 인정되는 경우에는 피고인에게 가장 유리한 음주 시작 시점부터 곧바로 생리작용에 의하여 분해소멸이 시작되는 것으로 보아야 한다. 이와 다르게 음주 개시 후 특정 시점부터 알코올의 분해소멸이 시작된다고 인정하려면 알코올의 분해소멸이 시작되는 시점이 다르다는 점에 관한 과학적 증명 또는 객관적인 반대 증거가 있거나, 음주 시작 시점부터 알코올의 분해소멸이 시작된다고 보는 것이 그렇지 않은 경우보다 피고인에게 불이익하게 작용되는 특별한 사정이 있어야 한다(대판 2022.5.12. 2021도14074).

50. 〈음주운전이 의심되는 운전자가 혈중알코올농도 측정 직전에 추가로 음주를 한 사건〉★

[1] 음주하고 운전한 직후에 운전자의 혈액이나 호흡 등 표본을 검사하여 혈중알코올농도를 측정할 수 있는 경우가 아니라면 이른바 위드마크(Widmark) 공식을 사용하여 수학적 방법에 따른 계산결과로 운전 당시의 혈중알코올농도를 추정할 수 있다.

[2] 운전시부터 일정한 시간이 경과한 후에 음주측정기 또는 혈액채취 등에 의하여 측정한 혈중알코올농도는 운전시가 아닌 측정시의 수치에 지나지 아니하므로 운전시의 혈중알코올농도를 구하기 위하여는 여기에 운전시부터 측정시까지의 알코올분해량을 더하는 방식이 사용된다.

[3] 일반적으로 범죄구성요건 사실의 존부를 알아내기 위하여 위와 같은 과학공식 등의 경험칙을 이용하는 경우에는 그 법칙 적용의 전제가 되는 개별적이고 구체적인 사실에 관하여 엄격한 증명을 요한다고 할 것이다.

[4] 시간의 경과에 의한 알코올의 분해소멸에 관해서는 평소의 음주정도, 체질, 음주속도, 음주 후 신체활동의 정도 등이 시간당 알코올분해량에 영향을 미칠 수 있으므로, 특별한 사정이 없는 한 해당 운전자의 시간당 알코올분해량이 평균인과 같다고 쉽게 단정할 것이 아니라 증거에 의하여 명확히 밝혀야 하고, 증명을 위하여 필요하다면 전문적인 학식이나 경험이 있는 사람들의 도움 등을 받아야 하며, 만일 공식을 적용할 때 불확실한 점이 남아 있고 그것이 피고인에게 불이익하게 작용한다면 그 계산결과는 합리적인 의심을 품게 하지 않을 정도의 증명력이 있다고 할 수 없다.

[5] 그러나 시간당 알코올분해량에 관하여 알려져 있는 신빙성 있는 통계자료 중 피고인에게 가장 유리한 것을 대입하여 위드마크 공식을 적용하여 운전시의 혈중알코올농도를 계산하는 것은 피고인에게 실질적인 불이익을 줄 우려가 없으므로 그 계산결과는 유죄의 인정자료로 사용할 수 있다고 하여야 한다(대판 2023.12.28. 2020도6417).

51. 〈운전면허 취소처분의 원인이 된 교통사고 또는 법규 위반에 대하여 범죄사실의 증명이 없는 때에 해당한다는 이유로 무죄판결이 확정된 사건〉★

[1] 구 도로교통법(2020. 6. 9. 법률 제17371호로 개정되기 전의 것) 제93조 제1항 제1호에 의하면, 지방경찰청장은 운전면허를 받은 사람이 같은 법 제44조 제1항을 위반하여 술에 취한 상태에서 자동차를 운전한 경우 행정안전부령으로 정하는 기준에 따라 운전면허를 취소하거나 1년 이내의 범위에서 운전면허의 효력을 정지시킬 수 있다. 그러나 자동차 운전면허가 취소된 사람이 그 처분의 원인이 된 교통사고 또는 법규 위반에 대하여 혐의없음 등으로 불기소처분을 받거나 무죄의 확정판결을 받은 경우 지방경찰청장은 구 도로교통법 시행규칙(2020. 12. 10. 행정안전부령 제217호로 개정되기 전의 것) 제91조 제1항 [별표 28] 1. 마.항 본문에 따라 즉시 그 취소처분을 취소하고, 같은 규칙 제93조 제6항에 따라 도로교통공단에 그 내용을 통보하여야 하며, 도로교통공단도 즉시 취소당시의 정기적성검사기간, 운전면허증 갱신기간을 유효기간으로 하는 운전면허증을 새로이 발급하여야 한다.

[2] 그리고 행정청의 자동차 운전면허 취소처분이 직권으로 또는 행정쟁송절차에 의하여 취소되면, 운전면허 취소처분은 그 처분 시에 소급하여 효력을 잃고 운전면허 취소처분에 복종할 의무가 원래부터 없었음이 확정되므로, 운전면허 취소처분을 받은 사람이 운전면허 취소처분이 취소되기 전에 자동차를 운전한 행위는 도로교통법에 규정된 무면허운전의 죄에 해당하지 아니한다.

[3] 위와 같은 관련 규정 및 법리, 헌법 제12조가 정한 적법절차의 원리, 형벌의 보충성 원칙을 고려하면, 자동차 운전면허 취소처분을 받은 사람이 자동차를 운전하였으나 운전면허 취소처분의 원인이 된 교통사고 또는 법규 위반에 대하여 범죄사실의 증명이 없는 때에 해당한다는 이유로 무죄판결이 확정된 경우에는 그 취소처분이 취소되지 않았더라도 도로교통법에 규정된 무면허운전의 죄로 처벌할 수는 없다고 보아야 한다 (대판 2021.9.16. 2019도11826).

52. 〈운전면허 취소사실을 알지 못하고 사다리차를 운전한 사건〉

도로교통법 위반(무면허운전)죄는 도로교통법 제43조를 위반하여 운전면허를 받지 아니하고 자동차를 운전하는 경우에 성립하는 범죄로, 유효한 운전면허가 없음을 알면서도 자동차를 운전하는 경우에만 성립하는 고의범이다. 교통사고처리 특례법 제3조 제2항 단서 제7호는 도로교통법 위반(무면허운전)죄와 동일하게 도로교통법 제43조를 위반하여 운전면허를 받지 아니하고 자동차를 운전하는 행위를 대상으로 교통사고 처벌 특례를 적용하지 않도록 하고 있다. 따라서 위 단서 제7호에서 말하는 '도로교통법 제43조를 위반'한 행위는 도로교통법 위반(무면허운전)죄와 마찬가지로 유효한 운전면허가 없음을 알면서도 자동차를 운전하는 경우만을 의미한다고 보아야 한다(대판 2023.6.29. 2021도17733).

53. 〈무면허운전의 죄수 관계〉★

Q 피고인이 저녁 시간에 회사에서 퇴근하면서 무면허인 상태로 차량을 운전하여 인근 식당까지 이동하고, 약 3시간이 경과 후 식당 인근에서 술이 취한 상태에서 다시 운전을 하였다면 피고인의 무면허운전죄의 죄수는 어떠한가?

[1] 무면허운전으로 인한 도로교통법 위반죄에 관해서는 어느 날에 운전을 시작하여 다음 날까지 동일한 기회에 일련의 과정에서 계속 운전을 한 경우 등 특별한 경우를 제외하고는 사회통념상 운전한 날을 기준으로 운전한 날마다 1개의 운전행위가 있다고 보는 것이 상당하므로 운전한 날마다 무면허운전으로 인한 도로교통법 위반의 1죄가 성립한다고 보아야 한다.

[2] 한편 같은 날 무면허운전 행위를 여러 차례 반복한 경우라도 그 법의의 단일성 내지 계속성이 인정되지 않거나 범행 방법 등이 동일하지 않은 경우 각 무면허운전 범행은 실체적 경합 관계에 있다고 볼 수 있으나, 그와 같은 특별한 사정이 없다면 각 무면허운전 행위는 동일 죄명에 해당하는 수 개의 동종 행위가 동일한 의사에 의하여 반복되거나 접속·연속하여 행하여진 것으로 봄이 상당하고 그로 인한 피해법익도 동일한 이상, 각 무면허운전 행위를 통틀어 포괄일죄로 처단하여야 한다(대판 2022.10.27. 2022도8806).

54. 〈횡단보도 앞 주의의무〉

자동차의 운전자는 횡단보행자용 신호기의 지시에 따라 횡단보도를 횡단하는 보행자가 있을 때에는 횡단보도에의 진입 선후를 불문하고 일시정지하는 등의 조치를 취함으로써 보행자의 통행이 방해되지 않도록 하여야 하고, 다만 자동차가 횡단보도에 먼저 진입한 경우로서 그대로 진행하더라도 보행자의 횡단을 방해하지 않거나 통행에 위험을 초래하지 않을 상황이라면 그대로 진행할 수 있는 것으로 해석되고, 이러한 법리는 그 보호의 정도를 달리 볼 이유가 없는 횡단보행자용 신호기가 설치되지 않은 횡단보도를 횡단하는 보행자에 대하여도 마찬가지로 적용된다. 따라서 모든 차의 운전자는 보행자보다 먼저 횡단보행자용 신호기가 설치되지 않은 횡단보도에 진입한 경우에도, 보행자의 횡단을 방해하지 않거나 통행에 위험을 초래하지 않을 상황이 아니고서는, 차를 일시정지하는 등으로 보행자의 통행이 방해되지 않도록 할 의무가 있다(대판 2022.4.14. 2020도17724).

55. 〈백색실선 관련 전합 판례〉

[공소사실의 요지]

피고인은 2021. 7. 9. 승용차를 운전하여 편도 4차로 도로의 1차로를 진행하다가 진로변경을 제한하는 안전표지인 백색실선이 설치되어 있어 진로를 변경하지 아니할 업무상 주의의무가 있음에도 1차로에서 2차로로 진로를 변경하였다. 당시 2차로를 라 진행하던 개인택시의 운전자가 추돌을 피하기 위해 갑자기 정지하였고, 이로 인하여택시 승객인 피해자가 약 2주간의 치료가 필요한 경추의 염좌 및 긴장 등의 상해를 입었다.

[사건의 쟁점]

이 사건의 쟁점은 도로상에 안전표지로 표시한 노면표시 중 진로변경제한선 표시인 백색실선이 단서 제1호에서 정하고 있는 '통행금지를 내용으로 하는 안전표지'에 해당하여 이를 침범하여 교통사고를 일으킨 운전자에 대하여 교통사고처리법 제3조 제2항 본문의 반의사불벌죄 규정 및 제4조 제1항의 종합보험 가입특례 규정(이하 위 각 규정을 합하여 '처벌특례'라 한다)의 적용이 배제되는지 여부이다.

[원심의 판단]

원심은 도로면의 백색실선이 「교통사고처리 특례법」(이하 '교통사고처리법'이라 한다) 제3조 제2항 단서 제1호(이하 단서 각호의 규정을 '처벌특례 배제사유'라 하고 그중 제1호를 '단서 제1호'라 한다)에서 정한 '통행금지를 내용으로 하는 안전표지'에 해당하지 않으며, 피고인이 운전한 승용차가 자동차종합보험에 가입되어 있었으므로 이사건 공소제기의 절차가 법률의 규정을 위반하여 무효인 때에 해당한다고 보아 검사의공소를 기각한 제1심판결을 그대로 유지하였다.

[대법원의 법리]

진로변경을 금지하는 안전표지인 백색실선은 단서 제1호에서 정하고 있는 '통행금지를 내용으로 하는 안전표지'에 해당하지 않으므로, 이를 침범하여 교통사고를 일으킨 운전자에 대하여는 처벌특례가 적용된다고 보아야 한다.

구체적인 이유는 다음과 같다.

가. 단서 제1호는 '안전표지' 위반의 경우 '통행금지 또는 일시정지'를 내용으로 하는 안전표지를 위반하는 경우로 그 적용 범위를 한정하고 있다. 그런데 도로교통법 시행 규칙 제8조 제2항 [별표 6] Ⅱ. 개별기준 제5호 중 일련번호 506(진로변경제한선 표시) 에 따르면 백색실선은 교차로 또는 횡단보도 등 차의 진로변경을 금지하는 도로구간에 설치하여 통행하고 있는 차의 진로변경을 제한하는 것을 표시하는 안전표지이다.

도로교통법 제6조는 시·도경찰청장이나 경찰서장은 각 요건에 따라 보행자, 차마 또는 노면전차의 통행을 금지하거나 제한할 수 있고, 그 경우에는 도로관리청에 그 사실을 알리고 도로관리자와 협의하며, 통행금지·제한 사실을 공고하도록 규정하고 있다. 도로교통법 시행규칙 제10조 제1항 [별표 8]을 비롯하여 같은 규칙 제10조는 그공고의 구체적인 방법을 규정하고 있으며, 차마의 통행이 금지되는 경우에 관한 안전표지를 만드는 방식, 규격, 설치기준 및 장소, 통행금지구간·기간 및 이유를 명시한 보조표지에 대하여는 도로교통법 시행규칙 제8조 제2항 [별표 6]이 구체적으로 규정하고 있다(위 별표 Ⅱ. 개별기준 제2호 나목 일련번호 201 내지 207, 210 등). 그런데 진로변경금지의 경우 그 금지 사실을 도로관리청에 알리거나 공고하도록 하는 등의 규정을 두고 있지 않다. 진로변경을 금지하는 안전표지인 백색실선은 도로교통법 시행규칙 제8조 제2항 [별표 6]에 안전표지의 하나로 규정되어 있기는 하나, 통행금지 안전표지와 달리 규제표지가 아닌 노면표시 항목(위 별표 II. 개별기준 제5호 중 일련번호 506)에 규정되어 있을 뿐만 아니라, 금지구간·기간 및 이유를 명시한 보조표지에 관한 규정이 존재하지 않으며, '도로표지의 종류', '표시하는 뜻', '설치기준 및 장소'에 '진로변경을 제한 또는 금지한다'는 취지의 기재가 있을 뿐 '통행을 금지한다'는 취지가 기재되어 있지 않아 일반적인 통행금지 안전표지와는 달리 취급되고 있다.

나. 도로교통법 제6조 제1항은 '도로에서의 위험을 방지하고 교통의 안전과 원활한 소통을 확보하기 위하여 필요하다고 인정한 때'에는 '구간을 정하여 통행을 금지하거나 제한'할 수 있도록 규정하는 한편, 통행금지 또는 제한을 위반한 행위를 같은 법 제156조 제2호에 따라 처벌하고 있다. 반면 도로교통법 제14조 제5항 본문은 '안전표지가 설치되어 특별히 진로변경이 금지된 곳에서는 차마의 진로를 변경하여서는 아니 된다.'고 규정하는 한편, 진로변경금지나 제한을 위반한 행위를 같은 법 제156조 제1호에 따라 처벌하고 있다. 도로교통법 제156조가 제1호와 제2호의 위반 행위에 대하여 동일한 형을 정하고 있기는 하나, 도로교통법은 통행금지와 진로변경금지를 구분하여 규율하면서 처벌 체계를 달리하고 있으므로, 통행금지와 진로변경금지에 관하여 서로 다른 금지규범을 규정한 것으로 보아야 한다. 따라서 진로변경금지 위반을 통행금지 위반으로 보아 단서 제1호에 해당한다고 보는 것은 문언의 객관적인 의미를 벗어나 피고인에게 불리한 해석을 하는 것이다.

다. 단서 제1호가 규율하는 것은 크게 신호위반, 통행금지를 내용으로 하는 안전표지 지시위반, 일시정지를 내용으로 하는 안전표지 지시위반의 세 가지이다. 신호위반이나 일시정지 지시위반의 경우에는 도로교통법규의 문언만으로도 비교적 명확하게 그 해당 여부를 알 수 있다. 통행금지의 경우에도, 도로교통법(제15조 제3항)이 직접 정해진 차종 이외의 통행을 금지하고 있는 전용차로 구분선이나, 도로교통법 시행규칙 제8조 제2항 [별표 6] II. 개별기준 제2호 나목 일련번호 201 내지 207, 210, 211 등과 같이 위별표의 도로표지 도안이나 '표시하는 뜻', '설치기준 및 장소' 등에 '통행금지' 또는 '진입금지'라는 문언이 사용된 경우에는 단서 제1호에 포함된다고 볼 수 있다. 반면 이 사건에서 문제가 된 진로변경제한선과 같이 해당 표지에 위반하여 진로를 변경하는 것 자체는 금지되어 있으나, 진로를 변경한 이후 해당 방향으로의 계속 진행이 가능한 경우 그 위반행위를 '통행방법제한'을 위반한 것으로 볼 수는 있어도, 법문언에서 말하는 '통행금지위반'으로 볼 수는 없다.

라. 교통사고처리법 제정 당시부터 현재까지 단서 제1호의 문언은 거의 변동이 없다. 그런데 교통사고처리법 제정 당시 시행되고 있던 구 도로교통법 시행규칙(1982. 6. 21. 내무부령 제376호로 개정되기 전의 것)은 노면표시의 하나로 진로변경제한선을 규정하고 있지 않았다. 그렇다면 입법자는 교통사고처리법을 제정하면서 진로변경을 금지하는 백색실선을 단서 제1호의 '통행금지를 내용으로 하는 안전표지'로 고려하지 않았다고 보는 것이 합리적이다.

마. 진로변경을 금지하는 안전표지인 백색실선이 설치된 교량이나 터널에서 백색실선을 넘어 앞지르기를 하는 경우에는 별도의 처벌특례 배제사유가 규정되어 있으므로(교통사고처리법 제3조 제2항 단서 제4호), 백색실선을 '통행금지를 내용으로 하는 안전표지'로 보지 않는다고 하여 중대 교통사고의 발생 위험이 크게 증가한다고 보기는 어렵다.

바. 청색실선으로 전용차로가 구분되어 있는 경우, 전용차로 표시에 관한 도로교통법시행규칙 제8조 제2항 [별표 6] II. 개별기준 제5호 중 일련번호 504에 따르면, 전용차로제가 시행되지 않는 시간대에는 전용차로와 일반차로를 구분하는 청색실선을 위 제5호 중 일련번호 503의 차선표시로 보게 되므로 이 시간대에는 백색실선과 동일한 의미를 가진다. 그런데 백색실선을 단서 제1호에서 규정하는 '통행금지를 내용으로 하는 안전표지'로 볼 경우, 전용차로제가 시행되는 시간대는 물론 전용차로제가 시행되지 않는 시간대에도 일반 차량의 운전자가 청색실선을 넘어 진로를 변경하는 과정에서 교통사고가 발생하면 처벌특례의 적용을 받을 수 없는 문제가 있다.

이와 달리 도로교통법 제14조 제5항에 따라 통행하고 있는 차의 진로변경을 금지하는 안전표지인 백색실선이 단서 제1호에서 규정하는 '통행금지를 내용으로 하는 안전표지'에 해당한다고 판단한 대법원 2004. 4. 28. 선고 2004도1196 판결 등은 이 판결의 견해에 배치되는 범위 내에서 변경하기로 한다.

이 사건 공소사실을 앞서 본 법리에 따라 살펴보면, 피고인이 진로변경을 금지하는 안전표지인 백색실선을 넘어 주행한 것은 단서 제1호에서 규정한 '통행금지를 내용으로 하는 안전표지'를 위반하여 운전한 경우에 해당하지 않으므로 이로 인한 업무상과 실치상죄에 대하여는 처벌특례가 적용된다. 그런데 이 사건 당시 피고인이 운전한 승용차가 자동차종합보험에 가입되어 있었음은 원심이 인정한 바와 같으므로, 처벌특례에 따라 검사의 공소제기는 그 절차가 법률의 규정을 위반하여 무효인 때에 해당한다. 같은 취지의 원심판단은 정당하고, 거기에 상고이유 주장과 같은 교통사고처리법상 처벌특례 배제사유에 관한 법리를 오해한 잘못이 없다(대판 2024.6.20. 2022도12175 전합).

56. 〈전동킥보드와 같은 개인형 이동장치가 구「특정범죄 가중처벌 등에 관한 법률」 제5조의11 제1항의 '원동기장치자전거'에 해당한다는 판례〉★

[1] 구 특정범죄 가중처벌 등에 관한 법률(2022. 12. 27. 법률 제19104호로 개정되기 전의 것, 이하 '구 특정범죄가중법'이라 한다) 제5조의3 제1항, 제5조의11 제1항은 음주 또는 약물의 영향으로 정상적인 운전이 곤란한 상태에서 도로교통법 제2조에 규정된 자동차 또는 원동기장치자전거를 운전하여 사람을 상해에 이르게 한 사람을 처벌하도록 규정하고 있다. 구 도로교통법(2020. 6. 9. 법률 제17371호로 개정되기 전의 것, 이하 '구 도로교통법'이라 한다) 제2조 제19호 (나)목은 '배기량 50시시 미만(전기를 동력으로 하는 경우에는 정격출력 0.59킬로와트 미만)의 원동기를 단 차(자전거 이용 활성화에 관한 법률 제2조 제1호의2에 따른 전기자전거는 제외한다)'를 원동기장치자전거 중 일부로 규정하였고, 전동킥보드는 위 규정에 따라 원동기장치자전거에 해당하였다. 그런데 구 도로교통법이 2020. 6. 9. 법률 제17371호로 개정되어 2020. 12. 10. 개정 도로교통법이 시행되면서 제2조 제19호의2 및 제21호의2에서 전동킥보드와 같은 "개인형 이동장치"와 이를 포함하는 "자전거 등"에 관한 정의규정을 신설하였다. 이에 따라 개인형 이동장치는 개정 도로교통법 제2조 제21호의 "자동차 등"이 아닌 같은 조 제21호의2의 "자전거 등"에 해당하게 되었다.

[2] 그러나 개정 도로교통법 제2조 제19호의2는 "개인형 이동장치"란 제19호 (나)목의 원동기장치자전거 중 시속 25킬로미터 이상으로 운행할 경우 전동기가 작동하지 아니하고 차체 중량이 30킬로그램 미만인 것으로서 행정안전부령으로 정하는 것을 말한다고 규정함으로써 그 문언상 원동기장치자전거 내에 개인형 이동장치가 포함되어 있음을 알 수 있다. 또한 개정 도로교통법 제17조 제1항, 제50조 제3항 등 여러 규정을 보더라도 개인형 이동장치가 원동기장치자전거 내에 포함됨을 전제로 이를 위 각 규정의 적용대상에서 제외하는 방식을 취하고 있고, 개정 도로교통법 제13조의2, 제15조의2 등 기존의 자전거의 통행방법 등에 관한 규정에 개인형 이동장치까지 포함하도록 정하고 있다. 이러한 점을 고려하면 전동킥보드와 같은 개인형 이동장치는 원동기장치자전거와는 다른 별개의 개념이 아니라 원동기장치자전거에 포함되고, 다만 개정 도로교통법은 통행방법 등에 관하여 개인형 이동장치를 자전거에 준하여 규율하면서 입법기술상의 편의를 위해 이를 "자전거 등"으로 분류하였다고 보는 것이 타당하다.

[3] 이러한 개정 도로교통법의 문언·내용·체계에다가 도로교통법 및 특정범죄가중법의 입법 목적과 보호법익, 전동킥보드와 같은 개인형 이동장치에 대한 특정범죄가중법상의 규율 및 처벌의 필요성 등을 고려해 보면, 구 특정범죄가중법 제5조의11 제1항에서의 '원동기장치자전거'에는 전동킥보드와 같은 개인형 이동장치도 포함된다고 판단되고, 비록 개정 도로교통법이 전동킥보드와 같은 개인형 이동장치에 관한 규정을 신설하면서 이를 "자동차 등"이 아닌 "자전거 등"으로 분류하였다고 하여 이를 형법 제1조 제2항의 '범죄 후 법률이 변경되어 그 행위가 범죄를 구성하지 아니하게 된 경우'라고 볼 수는 없다(대판 2023.6.29. 2022도13430).

57. 〈의료행위로 인한 업무상과실치사상죄의 성립 요건에 대한 판례〉★

Q 의료사고에서 의사의 업무상과실은 어떠한 기준에 따라 판단하여야 하는가?

[1] 의료사고에서 의사의 과실을 인정하기 위해서는, 의사가 결과 발생을 예견할 수 있었음에도 이를 예견하지 못하였거나 결과 발생을 회피할 수 있었음에도 이를 회피하지 못하였는지 여부를 검토하여야 하고, 과실 유무를 판단할 때에는 같은 업무ㆍ직무에 종사하는 일반적 평균인의 주의 정도를 표준으로 하여 사고 당시의 일반적 의학의 수준과 의료 환경 및 조건, 의료행위의 특수성 등을 고려하여야 한다.

Q 의료사고에서 의사의 과실과 결과 발생 사이에 인과관계의 판단 기준은 무엇인가? 그리고 증명의 정도는 어떠해야 하는가?

[2] 의료사고에서 의사의 과실과 결과 발생 사이에 인과관계를 인정하기 위해서는, 주의의무 위반이 없었더라면 그러한 결과가 발생하지 않았을 것임이 증명되어야 한다.

[3] 그러므로 의사에게 의료행위로 인한 업무상과실치사상죄를 인정하기 위해서는, 의료행위 과정에서 공소사실에 기재된 업무상과실의 존재는 물론 그러한 업무상과실로 인하여 환자에게 상해ㆍ사망 등 결과가 발생한 점에 대하여도 엄격한 증거에 따라 합리적 의심의 여지가 없을 정도로 증명이 이루어져야 한다.

[4] 설령 의료행위와 환자에게 발생한 상해ㆍ사망 등 결과 사이에 인과관계가 인정되는 경우에도, 검사가 공소사실에 기재한 바와 같은 업무상과실로 평가할 수 있는 행위의 존재 또는 그 업무상과실의 내용을 구체적으로 증명하지 못하였다면, 의료행위로 인하여 환자에게 상해ㆍ사망 등 결과가 발생하였다는 사정만으로 의사의 업무상과실을 추정하거나 단순한 가능성ㆍ개연성 등 막연한 사정을 근거로 함부로 이를 인정할 수는 없다(대판 2023.1.12. 2022도11163).

[공소사실 요지]

피고인은 2019. 7. 29. 17:30경 의사로서 환자인 피해자의 어깨부위에 주사를 시행하는 과정에서 손ㆍ주사기ㆍ환자의 피부를 충분히 소독하는 등 상당한 주의를 기울여 감염이 발생하지 않도록 해야 할 업무상 주의의무를 소홀히 하여, 주사부위에 메티실린 내성 황색포도상구균(MRSA)을 감염시켜 피해자에게 약 4주간의 치료가 필요한 우측 견관절, 극상근 및 극하근의 세균성 감염 등의 상해를 입게 하였다.

[원심 판단]

원심은 판시와 같은 이유로, 피고인의 맨손 주사 또는 알코올 솜 미사용ㆍ재사용 등의 사실이 인정되지는 않으나, 피고인이 시행한 주사치료와 피해자의 상해 사이에는 상당인과관계가 인정되고, 피고인의 시술과 피해자의 상해 발생 및 그 관련성, 시기 등의 사정을 종합하여, 이 사건 공소사실을 유죄로 인정한 제1심을 그대로 유지하였다.

[대법원의 판단]

(1) 원심판결 이유를 관련 법리 및 원심이 적법하게 채택한 증거에 비추어 보면, 피고인이 시행한 주사치료로 인하여 피해자에게 상해가 발생하였다는 점은 어느 정도 인정되나, 공소사실에 기재된 바와 같이 주사치료 과정에서 피고인이 맨손으로 주사하였다거나 알코올 솜의 미사용ㆍ재사용, 오염된 주사기의 사용 등 비위생적 조치를 취한 사실에 대한 증명이 합리적 의심을 배제할 정도로 이루어졌다고 볼 수 없고, 달리 공소사실에 기재된 바와 같은 피고인의 업무상과실로 평가될 만한 행위의 존재나 업무상과실의 내용이 구체적으로 증명되었다고 보기도 어렵다.

(2) 그럼에도 원심은 피고인의 주사치료와 피해자의 상해 발생 사이에 인과관계가 인정된다는 등의 사정만을 이유로 피고인의 업무상과실은 물론 그것과 피해자의 상해 사이의 인과관계까지도 쉽게 인정하였는바, 이러한 원심의 판단에는 의료행위로 인한 업무상과실치상죄에서 '업무상과실'의 인정 기준과 증명책임에 대한 법리를 오해함으로써 판결에 영향을 미친 잘못이 있다.

58. 〈장폐색이 있는 환자 사망 사건〉★

Q 의료사고에서 의사의 업무상과실은 어떠한 기준에 따라 판단하여야 하는가?

[1] 의사가 진찰·치료 등의 의료행위를 함에 있어서는 사람의 생명·신체·건강을 관리하는 업무의 성질에 비추어 환자의 구체적인 증상이나 상황에 따라 위험을 방지하기 위하여 요구되는 최선의 조치를 취하여야 할 주의의무가 있는바, 의료사고가 발생한 경우에 의사의 과실을 인정하기 위해서는 의사가 결과 발생을 예견할 수 있었음에도 불구하고 그 결과 발생을 예견하지 못하였고, 그 결과 발생을 회피할 수 있었음에도 불구하고 그 결과 발생을 회피하지 못한 과실이 검토되어야 한다. 의사의 이와 같은 주의의무의 내용과 정도 및 과실의 유무는 의료행위를 할 당시 의료기관 등 임상의학 분야에서 실천되고 있는 의료행위의 수준을 기준으로 삼되 그 의료수준은 같은 업무와 직무에 종사하는 통상의 의사에게 의료행위 당시 일반적으로 알려져 있고 또 시인되고 있는 의학의 수준, 진료환경과 조건, 의료행위의 특수성 등을 고려하여 규범적인 수준으로 파악되어야 한다.

Q 어떠한 의료행위가 의사들 사이의 분업적인 진료행위를 통하여 이루어지는 경우에 의사의 업무상과실은 어떠한 기준에 따라 판단하여야 하는가?

Q 의사가 환자에 대하여 주된 의사의 지위에서 진료하는 경우라도 서로 대등한 지위에서 각자의 의료영역을 나누어 환자 진료의 일부를 분담하였다면, 진료를 분담받은 다른 의사의 전적인 과실로 환자에게 발생한 결과에 대하여는 주된 의사의 책임을 인정할 수 있는가?

[2] 어떠한 의료행위가 의사들 사이의 분업적인 진료행위를 통하여 이루어지는 경우에도 그 의료행위 관련 임상의학 분야의 현실과 수준을 포함하여 구체적인 진료환경 및 조건, 해당 의료행위의 특수성 등을 고려한 규범적인 기준에 따라 해당 의료행위에 필요한 주의의무의 준수 내지 위반이 있었는지 여부가 판단되어야 함은 마찬가지이다.

따라서 의사가 환자에 대하여 **주된 의사의 지위에서 진료하는 경우라도**, 자신은 환자의 수술이나 시술에 전념하고 마취과 의사로 하여금 마취와 환자 감시 등을 담당토록 하거나, 특정 의료영역에 관한 진료 도중 환자에게 나타난 문제점이 자신이 맡은 의료영역 내지 전공과목에 관한 것이 아니라 그에 선행하거나 병행하여 이루어진 다른 의사의 의료영역 내지 전공과목에 속하는 등의 사유로 다른 의사에게 그 관련된 협의진료를 의뢰한 경우처럼 **서로 대등한 지위에서 각자의 의료영역을 나누어 환자 진료의 일부를 분담하였다면**, 진료를 분담받은 다른 의사의 전적인 과실로 환자에게 발생한 결과에 대하여는 책임을 인정할 수 없다.

Q 수련병원의 전문의와 전공의 등의 관계와 같은 수직적 분업의 경우에 전문의가 전공의에게 특정 의료행위를 위임하였다면, 위임한 의사는 위임받은 의사의 과실로 환자에게 발생한 결과에 대하여 항상 책임을 져야 하는가?

Q 의료행위에 앞서 환자에게 그로 인하여 발생할 수 있는 위험성 등을 구체적으로 설명하여야 하는 주체는 주된 지위에서 진료하는 의사만 할 수 있는가?

[3] 수련병원의 전문의와 전공의 등의 관계처럼 의료기관 내의 직책상 주된 의사의 지위에서 지휘·감독 관계에 있는 다른 의사에게 특정 의료행위를 위임하는 **수직적 분업의 경우**에는, 그 다른 의사에게 전적으로 위임된 것이 아닌 이상 주된 의사는 자신이 주로 담당하는 환자에 대하여 다른 의사가 하는 의료행위의 내용이 적절한 것인지 여부를 확인하고 감독하여야 할 업무상 주의의무가 있고, 만약 의사가 이와 같은 업무상 주의의무를 소홀히 하여 환자에게 위해가 발생하였다면 주된 의사는 그에 대한 과실 책임을 면할 수 없다. 이때 그 의료행위가 지휘·감독 관계에 있는 다른 의사에게 전적으로 위임된 것으로 볼 수 있는지 여부는 위임받은 의사의 자격 내지 자질과 평소 수행한 업무, 위임의 경위 및 당시 상황, 그 의료행위가 전문적인 의료영역 및 해당 의료기관의 의료 시스템 내에서 위임하에 이루어질 수 있는 성격의 것이고 실제로도 그와 같이 이루어져 왔는지 여부 등 **여러 사정에 비추어 해당 의료행위가 위임을 통해 분담 가능한 내용의 것이고 실제로도 그에 관한 위임이 있었다면**, 그 위임 당시 구체적인 상황하에서 위임의 합리성을 인정하기 어려운 사정이 존재하고 이를 인식하였거나 인식할 수 있었다고 볼 만한 다른 사정에 대한 증명이 없는 한, **위임한 의사는 위임받은 의사의 과실로 환자에게 발생한 결과에 대한 책임이 있다고 할 수 없다.** 나아가, 의료행위에 앞서 환자에게 그로 인하여 발생할 수 있는 위험성 등을 구체적으로 설명하여야 하는 주체는 원칙적으로 주된 지위에서 진료하는 의사라 할 것이나 **특별한 사정이 없는 한 다른 의사를 통한 설명으로도 충분하다.** 따라서 이러한 경우 다른 의사에게 의료행위와 함께 그로 인하여 발생할 수 있는 위험성에 대한 설명까지 위임한 주된 지위의 의사의 주의의무 위반에 따른 책임을 인정하려면, 그 위임사실에도 불구하고 위임하는 의사와 위임받는 의사의 관계 및 지위, 위임하는 의료행위의 성격과 그 당시의 환자 상태 및 그에 대한 각자의 인식 내용, 위임받은 의사가 그 의료행위 수행에 필요한 경험과 능력을 보유하였는지 여부 등에 비추어 위임의 합리성을 인정하기 어려운 경우에 해당하여야 한다(대판 2022.12.1. 2022도1499).

[사실관계]

장폐색이 있는 피해자의 치료를 담당하였던 대학병원 내과 교수의 대장내시경 준비지시를 받은 내과 전공의 2년차가 대장내시경을 위해 투여하는 장정결제를 감량하지 않고 일반적인 용법으로 투여하며 별도로 배변양상을 관찰할 것을 지시하지 않고 관련 설명을 제대로 하지 않은 업무상과실로 피해자의 장이 파열되고 결국 사망하였음.

[원심의 판단]

원심은 내과 교수가 전공의를 지휘·감독하는 지위에 있다는 사정만으로 직접 수행하지 않은 장정결제 처방과 장정결로 발생할 수 있는 위험성에 관한 설명에 대하여 책임이 있다고 유죄로 판단함

[대법원의 판단]

(1) 전공의가 분담한 의료행위에 관하여 내과 교수에게도 주의의무 위반에 따른 책임을 인정하려면, 부분 장폐색 환자에 대한 장정결 시행의 빈도와 처방 내용의 의학적 난이도, 내과 2년차 전공의임에도 소화기 내과 위장관 부분 업무를 담당한 경험이 미흡하였거나 기존 경력에 비추어 보아 적절한 업무수행을 기대하기 어렵다는 등의 특별한 사정이 있었는지 여부 등을 구체적으로 심리하여 전공의에게 장정결 처방 및 그에 관한 설명을 위임한 것이 합리적이지 않았다는 사실에 대한 증명이 있었는지를 판단하였어야 함.

(2) 대법원은 원심에 의사의 의료행위 분담에 관한 법리를 오해하고 필요한 심리를 제대로 하지 아니함으로써 판결에 영향을 미친 잘못이 있다는 취지로 파기·환송하였음

59. 〈의사인 피고인이 간호사에게 환자 감시 업무를 맡기고 수술실을 이탈한 후 피해자인 환자에게 심정지가 발생하여 사망한 사건〉

Q 의사에게 의료행위로 인한 업무상과실치사상죄를 인정하기 위한 요건 중 '업무상과실과 상해·사망 등 결과 발생 사이에 인과관계가 있음'에 대한 증명책임 소재는 누구에게 있고, 증명의 정도는 어떠한가?

Q 형사재판에서의 인과관계에 관한 판단이 동일 사안의 민사재판과 달라질 수 있는가?

[1] 의사에게 의료행위로 인한 업무상과실치사상죄를 인정하기 위해서는, 의료행위 과정에서 공소사실에 기재된 업무상과실의 존재는 물론 그러한 업무상과실로 인하여 환자에게 상해·사망 등 결과가 발생한 점에 대하여도 엄격한 증거에 따라 합리적 의심의 여지가 없을 정도로 증명이 이루어져야 한다. 따라서 검사는 공소사실에 기재한 업무상과실과 상해·사망 등 결과 발생 사이에 인과관계가 있음을 합리적인 의심의 여지가 없을 정도로 증명하여야 하고, 의사의 업무상과실이 증명되었다는 사정만으로 인과관계가 추정되거나 증명 정도가 경감되는 것은 아니다. 이처럼 형사재판에서는 인과관계 증명에 있어서 '합리적인 의심이 없을 정도'의 증명을 요하므로 그에 관한 판단이 동일 사안의 민사재판과 달라질 수 있다.

[2] 마취통증의학과 의사인 피고인이 수술실에서 환자인 피해자 甲(73세)에게 마취시술을 시행한 다음 간호사 乙에게 환자의 감시를 맡기고 수술실을 이탈하였는데, 이후 甲에게 저혈압이 발생하고 혈압 회복과 저하가 반복됨에 따라 乙이 피고인을 수회 호출하자, 피고인은 수술실에 복귀하여 甲이 심정지 상태임을 확인하고 마취해독제 투여, 심폐소생술 등의 조치를 취하였으나, 甲이 심정지 등으로 사망에 이르게 된 사안에서, 피고인에게 업무상과실치사죄를 인정한 원심판단에 의사의 업무상과실과 피해자의 사망 사이의 인과관계 증명 등에 관한 법리오해의 잘못이 있다고 한 사례(대판 2023.8.31. 2021도1833).

[사건의 경과]

마취통증의학과 의사인 피고인은 피해자에 대하여 마취를 시행한 후 간호사에게 환자 감시를 맡긴 뒤 수술실을 이탈하였음. 이후 피해자는 저혈압이 발생하며 혈압 회복과 저하가 반복되었고 이에 간호사는 피고인을 몇 차례 호출하였으나, 피고인이 피해자의 심정지 발생 후에야 수술실에 복귀하여 심폐소생술 등의 조치를 취하였고 피해자는 사망에 이르게 된 사안임

[대법원의 판단]

대법원은, 마취유지 중 환자감시 등의 업무상 과실은 인정된다고 할 수 있으나, 마취과 간호사는 피고인이나 다른 마취과의사의 구두지시를 받아 반복적인 혈압상승제 투여를 하였음에도 불구하고 피해자는 알 수 없는 원인으로 계속적으로 혈압 저하 증상을 보이다가 사망하였는데, 검사가 제출한 증거만으로는 피고인이 직접 피해자를 관찰하거나 간호사의 호출을 받고 신속히 수술실에 가서 대응하였다면 구체적으로 어떤 조치를 더 할 수 있는지, 그러한 조치를 취하였다면 피해자가 심정지에 이르지 않았을 것인지 알기 어려운 점, 피해자에게 심정지가 발생하였을 때 피고인이 피해자를 직접 관찰하고 있다가 심폐소생술 등의 조치를 하였더라면 피해자가 사망하지 않았을 것이라는 점에 대한 증명도 부족한 점, 피해자의 부검이 이루어졌음에도 피해자의 사인이 명확히 밝혀지지 않은 사정 등을 고려하면 피고인의 업무상 과실로 피해자가 사망하게 되었다는 점이 합리적인 의심의 여지가 없을 정도로 증명되었다고 보기는 어렵다고 판단하여, 업무상과실치사를 유죄로 인정한 원심판결을 파기·환송함

제4절 ｜ 유기와 학대의 죄

제1절 | 협박의 죄

60. 〈사임제안서 사건〉

[사실관계]

피고인들을 비롯한 직원들의 임금이 체불되고, 사무실 임대료를 내지 못할 정도로 재정 상태가 좋지 않는 등의 이유로 회사의 경영상황이 우려되고 대표이사 겸 최대주주인 피해자의 경영능력이 의심받던 상황에서, 직접적 이해당사자인 피고인들이 2015. 11. 23. 동료 직원들과 함께 피해자를 만나 '사임제안서'만 전달하였을 뿐 별다른 말을 하지 않았고, 피해자도 약 5분 동안 이를 읽은 후 바로 그 자리를 떠났다.

Q 협박죄의 협박의 개념은 무엇인가?

[1] 협박죄에서 '협박'은 일반적으로 보아 <u>사람으로 하여금 공포심을 일으킬 수 있는 정도의 해악을 고지하는 것을 의미하고</u>, 주관적 구성요건으로서의 고의는 행위자가 그러한 정도의 해악을 고지한다는 것을 인식·용인하는 것을 내용으로 하는바, 협박죄가 성립되려면 고지된 해악의 내용이 행위자와 상대방의 성향, 고지 당시의 주변 상황, 행위자와 상대방 사이의 친숙의 정도 및 지위 등의 상호관계 등 행위 전후의 여러 사정을 종합하여 볼 때에 <u>일반적으로 사람으로 하여금 공포심을 일으키기에 충분한 것이어야 한다.</u>

Q 권리행사의 일환으로 상대방에게 일정한 해악을 고지한 경우에는 항상 범죄가 성립하는가?

[2] 권리행사의 일환으로 상대방에게 일정한 해악을 고지한 경우에도, 그러한 해악의 고지가 사회의 관습이나 윤리관념 등에 비추어 사회통념상 용인할 수 있는 정도이거나 정당한 목적을 위한 상당한 수단에 해당하는 등 <u>사회상규에 반하지 아니하는 때에는 협박죄가 성립하지 아니한다.</u>

Q 위와 같은 사실관계를 전제로 할 때 피고인들에게 (공동)협박죄가 성립하는가?

[3] 따라서 민사적 법률관계 하에서 이해관계가 상충되는 당사자 사이에 권리의 실현·행사 과정에서 이루어진 상대방에 대한 불이익이나 해악의 고지가 일반적으로 보아 공포심을 일으킬 수 있는 정도로서 협박죄의 '협박'에 해당하는지 여부와 그것이 사회상규에 비추어 용인할 수 있는 정도를 넘어선 것인지 여부를 판단할 때에는, 행위자와 상대방의 관계 및 사회경제적 위상의 차이, 고지된 불이익이나 해악의 내용이 당시 상황에 비추어 이해관계가 대립되는 당사자의 권리 실현·행사의 내용으로 통상적으로 예견·수용할 수 있는 범위를 현저히 벗어난 정도에 이르렀는지, 해악의 고지 방법과 그로써 추구하는 목적 사이에 합리적 관련성이 존재하는지 등 여러 사정을 세심히 살펴보아야 한다.

[4] 이 사건 공소사실에 기재된 피고인들의 <u>'사임제안서' 전달 행위를 협박죄에서의 '협박'으로 볼 수 없고, 설령 '협박'에 해당하더라도 사회통념상 용인할 수 있는 정도이거나 이 사건 회사의 경영 정상화라는 정당한 목적을 위한 상당한 수단에 해당하여 사회상규에 반하지 아니한다고 봄이 타당하다</u>고 보아 협박죄를 인정한 원심판결을 파기환송한 사례(대판 2022.12.19. 2022도9187).

제2절 | 체포와 감금의 죄
제3절 | 약취와 유인의 죄

약취죄 관련 판례

---

61. 〈면접교섭권 사건〉

[사실관계]

이혼소송 중 비양육친인 피고인(남, 한국인)이 면접교섭권을 행사하기 위하여 프랑스에서 양육친(여, 프랑스인)과 함께 생활하던 피해아동(만 5세)을 대한민국으로 데려온 후 면접교섭 기간이 종료하였음에도 프랑스에 있는 양육친에게 데려다 주지 않고 양육친과 연락을 두절한 후 가정법원의 유아인도명령 등에도 불응하였다.

Q 미성년자약취죄의 구성요건요소인 약취의 개념은?

[1] 형법 제287조의 미성년자약취죄의 구성요건요소로서 <u>약취란 폭행, 협박 또는 불법적인 사실상의 힘을 수단으로 사용하여 피해자를 그 의사에 반하여 자유로운 생활관계 또는 보호관계로부터 이탈시켜 자기 또는 제3자의 사실상 지배하에 옮기는 행위를 의미하고</u>, 구체적 사건에서 어떤 행위가 약취에 해당하는지 여부는 행위의 목적과 의도, 행위 당시의 정황, 행위의 태양과 종류, 수단과 방법, 피해자의 상태 등 관련 사정을 종합하여 판단하여야 한다.

Q 미성년자를 보호·감독하는 사람이라도 미성년자에 대한 약취죄의 주체가 될 수 있는가?

[2] <u>미성년자를 보호·감독하는 사람이라고 하더라도 다른 보호감독자의 보호·양육권을 침해하거나 자신의 보호·양육권을 남용하여 미성년자 본인의 이익을 침해하는 때에는 미성년자에 대한 약취죄의 주체가 될 수 있으므로</u>, 부모가 이혼하였거나 별거하는 상황에서 미성년의 자녀를 부모의 일방이 평온하게 보호·양육하고 있는데, 상대방 부모가 폭행, 협박 또는 불법적인 사실상의 힘을 행사하여 그 보호·양육 상태를 깨뜨리고 자녀를 자기 또는 제3자의 사실상 지배하에 옮긴 경우 그와 같은 행위는 특별한 사정이 없는 한 미성년자에 대한 약취죄를 구성한다.

Q 위와 같은 사실관계를 전제로 할 때 피고인에게 미성년자약취죄가 성립하는가?

[3] <u>이혼소송 중 비양육친인 피고인(남, 한국인)이 면접교섭권을 행사하기 위하여 프랑스에서 양육친(여, 프랑스인)과 함께 생활하던 피해아동(만 5세)을 대한민국으로 데려온 후 면접교섭 기간이 종료하였음에도 프랑스에 있는 양육친에게 데려다 주지 않고 양육친과 연락을 두절한 후 가정법원의 유아인도명령 등에도 불응한 사안에서</u>, 피고인의 행위는 그 목적과 의도, 행위 당시의 정황과 피해자의 상태, 결과적으로 피해아동의 자유와 복리를 침해한 점, 법원의 확정된 심판 등의 실효성을 확보할 수 없도록 만든 점 등을 종합해 보면, 불법적인 사실상의 힘을 수단으로 피해아동을 그 의사와 복리에 반하여 자유로운 생활 및 보호관계로부터 이탈시켜 자기의 사실상 지배하에 옮긴 적극적 행위와 형법적으로 같은 정도의 행위로 평가할 수 있으므로, 형법 제287조 미성년자약취죄의 약취행위에 해당한다고 봄이 타당하다고 한 사례(대판 2021.9.9. 2019도16421).

제4절 | 강요죄

강요죄 관련 판례
---

62. 〈주택 대문 바로 앞에 차량을 주차한 사건〉★

[사실관계]

피고인은 이 사건 도로의 소유자인데, 피해자를 포함한 이 사건 도로 인접 주택 소유자들에게 도로 지분을 매입할 것을 요구하였음에도 피해자 등이 이를 거부하자, 피해자 주택 대문 바로 앞에 피고인의 차량을 주차하여 피해자가 자신의 차량을 주차장에 출입할 수 없도록 하였다.

Q 강요죄의 폭행의 정도는 어느 정도인가?

[1] 강요죄는 폭행 또는 협박으로 사람의 권리행사를 방해하거나 의무 없는 일을 하게 하는 범죄이다(형법 제324조 제1항). 여기에서 폭행은 사람에 대한 직접적인 유형력의 행사뿐만 아니라 간접적인 유형력의 행사도 포함하며, 반드시 사람의 신체에 대한 것에 한정되지 않는다. 사람에 대한 간접적인 유형력의 행사를 강요죄의 폭행으로 평가하기 위해서는 피고인이 유형력을 행사한 의도와 방법, 피고인의 행위와 피해자의 근접성, 유형력이 행사된 객체와 피해자의 관계 등을 종합적으로 고려해야 한다.

Q 위와 같은 사실관계를 전제로 할 때 피고인에게 강요죄가 성립하는가?

[2] 피고인은 이 사건 도로의 소유자인데, 피해자를 포함한 이 사건 도로 인접 주택 소유자들에게 도로 지분을 매입할 것을 요구하였음에도 피해자 등이 이를 거부하자, 피해자 주택 대문 바로 앞에 피고인의 차량을 주차하여 피해자가 자신의 차량을 주차장에 출입할 수 없도록 한 사안에서, 피고인이 피해자에 대하여 어떠한 유형력을 행사하였다고 보기 어려울 뿐만 아니라, 피해자는 주택 내부 주차장에 출입하지 못하는 불편을 겪는 외에 차량을 용법에 따라 정상적으로 사용할 수 있었다는 이유로, 강요죄의 성립을 인정한 원심을 파기한 사례(대판 2021.11.25. 2018도1346).

제5절 | 강간과 추행의 죄

강제추행죄 관련 판례
---

63. 〈강제추행죄에서 '폭행 또는 협박'의 의미를 변경한 전합 판례〉★★

Q 강제추행죄의 '폭행 또는 협박'은 어느 정도이어야 하는가?

[1] **[다수의견]**
(가) 형법 및 성폭력범죄의 처벌 등에 관한 특례법(이하 '성폭력처벌법'이라 한다)은 강제추행죄의 구성요건으로 '폭행 또는 협박'을 규정하고 있는데, 대법원은 강제추행죄의 '폭행 또는 협박'의 의미에 관하여

이를 두 가지 유형으로 나누어, 폭행행위 자체가 곧바로 추행에 해당하는 경우(이른바 기습추행형)에는 상대방의 의사를 억압할 정도의 것임을 요하지 않고 상대방의 의사에 반하는 유형력의 행사가 있는 이상 그 힘의 대소강약을 불문한다고 판시하는 한편, 폭행 또는 협박이 추행보다 시간적으로 앞서 그 수단으로 행해진 경우(이른바 폭행 · 협박 선행형)에는 상대방의 항거를 곤란하게 하는 정도의 폭행 또는 협박이 요구된다고 판시하여 왔다(이하 폭행 · 협박 선행형 관련 판례 법리를 '종래의 판례 법리'라 한다).

(나) 강제추행죄의 범죄구성요건과 보호법익, 종래의 판례 법리의 문제점, 성폭력범죄에 대한 사회적 인식, 판례 법리와 재판 실무의 변화에 따라 해석 기준을 명확히 할 필요성 등에 비추어 강제추행죄의 '폭행 또는 협박'의 의미는 다시 정의될 필요가 있다. 강제추행죄의 '폭행 또는 협박'은 상대방의 항거를 곤란하게 할 정도로 강력할 것이 요구되지 아니하고, 상대방의 신체에 대하여 불법한 유형력을 행사(폭행)하거나 일반적으로 보아 상대방으로 하여금 공포심을 일으킬 수 있는 정도의 해악을 고지(협박)하는 것이라고 보아야 한다.

(다) 요컨대, 강제추행죄는 상대방의 신체에 대해 불법한 유형력을 행사하거나 상대방으로 하여금 공포심을 일으킬 수 있는 정도의 해악을 고지하여 상대방을 추행한 경우에 성립한다. 어떠한 행위가 강제추행죄의 '폭행 또는 협박'에 해당하는지 여부는 행위의 목적과 의도, 구체적인 행위태양과 내용, 행위의 경위와 행위 당시의 정황, 행위자와 상대방과의 관계, 그 행위가 상대방에게 주는 고통의 유무와 정도 등을 종합하여 판단하여야 한다.

[2] 피고인이 자신의 주거지 방안에서 4촌 친족관계인 피해자 甲(女, 15세)의 학교 과제를 도와주던 중 甲을 양팔로 끌어안은 다음 침대에 쓰러뜨린 후 甲의 가슴을 만지는 등 강제로 추행하였다는 성폭력범죄의 처벌 등에 관한 특례법 위반(친족관계에의한강제추행)의 주위적 공소사실로 기소된 사안에서, 당시 피고인은 방안에서 甲의 숙제를 도와주던 중 甲의 왼손을 잡아 자신의 성기 쪽으로 끌어당겼고, 이를 거부하고 자리를 이탈하려는 甲의 의사에 반하여 甲을 끌어안은 다음 침대로 넘어져 甲의 위에 올라탄 후 甲의 가슴을 만졌으며, 방문을 나가려는 甲을 뒤따라가 끌어안았는바, 이러한 피고인의 행위는 甲의 신체에 대하여 불법한 유형력을 행사하여 甲을 강제추행한 것에 해당한다고 볼 여지가 충분하다는 이유로, 이와 달리 피고인의 행위가 甲의 항거를 곤란하게 할 정도의 폭행 또는 협박에 해당하지 않는다고 보아 위 공소사실을 무죄로 판단한 원심의 조치에 강제추행죄의 폭행에 관한 법리오해 등의 잘못이 있다고 한 사례(대판 2023.9.21. 2018도13877 전합).

64. 〈놀이터 소변 사건〉★

[공소사실]
피고인은 2019. 11. 25. 22:46경 천안시 (주소 생략)에 있는 아파트 놀이터에서 나무의자에 앉아 휴대전화로 통화를 하고 있는 피해자(여, 18세)의 뒤로 몰래 다가가 피해자의 머리카락 및 입고 있는 후드티와 패딩점퍼 위에 소변을 보아 피해자를 강제로 추행하였다.

Q 추행의 개념은 무엇인가?

[1] 추행이라 함은 **객관적으로 일반인에게 성적 수치심이나 혐오감을 일으키게 하고 선량한 성적 도덕관념에 반하는 행위로서 피해자의 성적 자유를 침해하는 것**으로, 이에 해당하는지 여부는 피해자의 의사, 성별, 연령, 행위자와 피해자의 이전부터의 관계, 그 행위에 이르게 된 경위, 구체적 행위태양, 주위의 객관적 상황과 그 시대의 성적 도덕관념 등을 종합적으로 고려하여 신중히 결정되어야 한다. 성적 자유를 침해당했을 때 느끼는 성적 수치심은 부끄럽고 창피한 감정만으로 나타나는 것이 아니라 다양한 형태로 나타날 수 있다.

Q 추행에 해당하기 위해서는 대상자가 성적 수치심이나 혐오감을 반드시 실제로 느껴야 하는가?

[2] 추행 행위에 해당하기 위해서는 **객관적으로 일반인에게 성적 수치심이나 혐오감을 일으키게 할 만한 행위로서 선량한 성적 도덕관념에 반하는 행위**를 행위자가 대상자를 상대로 실행하는 것으로 충분하고, 그 행위로 말미암아 대상자가 성적 수치심이나 혐오감을 **반드시 실제로 느껴야 하는 것은 아니다**(공중밀집장소 추행죄에 관한 대법원 2020. 6. 25. 선고 2015도7102 판결 참조).

Q 위와 같은 공소사실을 전제로 할 때 피고인에게 강제추행죄가 성립하는가?

[3] 피고인은 처음 보는 여성인 피해자의 뒤로 몰래 접근하여 성기를 드러내고 피해자를 향한 자세에서 피해자의 등 쪽에 소변을 보았는바, 그 행위를 앞서 본 법리에 비추어 평가하면 객관적으로 일반인에게 성적 수치심이나 혐오감을 일으키게 하고 선량한 성적 도덕관념에 반하는 행위로서 피해자의 성적 자기결정권을 침해하는 추행행위에 해당한다고 볼 여지가 있고, 피고인의 행위가 객관적으로 추행행위에 해당한다면 그로써 행위의 대상이 된 피해자의 성적 자기결정권은 침해되었다고 보아야 하며, 행위 당시에 피해자가 이를 인식하지 못하였다고 하여 추행에 해당하지 않는다고 볼 것은 아니라는 이유로, 이와 달리 공소사실을 무죄로 판단한 원심판결에는 형법 제298조의 '추행'에 관한 법리를 오해한 나머지 필요한 심리를 다하지 않은 잘못이 있다고 하여 파기환송 한 사례(대판 2021.10.28. 2021도7538).

준강간죄등 관련 판례

65. 〈준강제추행죄와 피해자의 블랙아웃 상태가 문제되는 사건〉★

Q 피해자가 깊은 잠에 빠져 있거나 술·약물 등에 의해 일시적으로 의식을 잃은 상태 또는 완전히 의식을 잃지는 않았더라도 그와 같은 사유로 정상적인 판단능력과 대응·조절능력을 행사할 수 없는 상태에 있었다면 준강간죄 또는 준강제추행죄에서의 심신상실 또는 항거불능 상태에 해당하는가?

Q 준강제추행죄의 보호법익은 무엇인가?

[1] 형법 제299조는 '사람의 심신상실 또는 항거불능의 상태를 이용하여 추행을 한 자'를 처벌하도록 규정한다. 이러한 준강제추행죄는 정신적·신체적 사정으로 인하여 성적인 자기방어를 할 수 없는 사람의 성적 자기결정권을 보호해 주는 것을 보호법익으로 하며, 그 성적 자기결정권은 원치 않는 성적 관계를 거부할 권리라는 소극적 측면을 말한다.

Q 준강간죄와 준강제추행죄에서의 '심신상실'과 '항거불능'의 의미는 무엇인가?

[2] **준강간죄**에서 '심신상실'이란 정신기능의 장애로 인하여 성적 행위에 대한 정상적인 판단능력이 없는 상태를 의미하고, '**항거불능**'의 상태라 함은 심신상실 이외의 원인으로 심리적 또는 물리적으로 반항이 절대적으로 불가능하거나 현저히 곤란한 경우를 의미한다. 이는 **준강제추행죄의 경우에도 마찬가지**이다. 피해자가 깊은 잠에 빠져 있거나 술·약물 등에 의해 일시적으로 의식을 잃은 상태 또는 완전히 의식을 잃지는 않았더라도 그와 같은 사유로 정상적인 판단능력과 대응·조절능력을 행사할 수 없는 상태에 있었다면 준강간죄 또는 준강제추행죄에서의 심신상실 또는 항거불능 상태에 해당한다.

Q 의학적 개념으로서의 '알코올 블랙아웃(black out)'과 '의식상실(passing out)'은 구별되는 개념인가?

[3] ㈎ 의학적 개념으로서의 **'알코올 블랙아웃(black out)'**은 중증도 이상의 알코올 혈중농도, 특히 단기간 폭음으로 알코올 혈중농도가 급격히 올라간 경우 그 알코올 성분이 외부 자극에 대하여 기록하고 해석하는 인코딩 과정(기억형성에 관여하는 뇌의 특정 기능)에 영향을 미침으로써 **행위자가 일정한 시점에 진행되었던 사실에 대한 기억을 상실하는 것**을 말한다.

㈏ 알코올 블랙아웃은 인코딩 손상의 정도에 따라 단편적인 블랙아웃과 전면적인 블랙아웃이 모두 포함한다. 그러나 알코올의 심각한 독성화와 전형적으로 결부된 형태로서의 의식상실의 상태, 즉 알코올의 최면진정작용으로 인하여 **수면에 빠지는 의식상실(passing out)과 구별되는 개념**이다.

㈐ 따라서 음주 후 준강간 또는 준강제추행을 당하였음을 호소한 피해자의 경우, 범행당시 알코올이 위의 기억형성의 실패만을 야기한 알코올 **블랙아웃** 상태였다면 피해자는 기억장애 외에 인지기능이나 의식상태의 장애에 이르렀다고 인정하기 어렵지만, 이에 비하여 피해자가 술에 취해 수면상태에 빠지는 등 의식을 상실한 **패싱아웃** 상태였다면 심신상실의 상태에 있었음을 인정할 수 있다.

㈑ 또한 앞서 본 '준강간죄 또는 준강제추행죄에서의 심신상실·항거불능'의 개념에 비추어, 피해자가 의식상실 상태에 빠져 있지는 않지만 알코올의 영향으로 의사를 형성할 능력이나 성적 자기결정권 침해행위에 맞서려는 저항력이 현저하게 저하된 상태였다면 '항거불능'에 해당하여, 이러한 피해자에 대한 성적 행위 역시 준강간죄 또는 준강제추행죄를 구성할 수 있다.

㈒ 그런데 법의학 분야에서는 알코올 블랙아웃이 '술을 마시는 동안에 일어난 중요한 사건에 대한 기억상실'로 정의되기도 하며, 일반인 입장에서는 '음주 후 발생한 광범위한 인지기능 장애 또는 의식상실'까지 통칭하기도 한다.

㈓ 따라서 음주로 심신상실 상태에 있는 피해자에 대하여 준강간 또는 준강제추행을 하였음을 이유로 기소된 피고인이 '피해자가 범행 당시 의식상실 상태가 아니었고 그 후 기억하지 못할 뿐이다.'라는 취지에서 알코올 블랙아웃을 주장하는 경우, 법원은 피해자의 범행 당시 음주량과 음주 속도, 경과한 시간, 피해자의 평소 주량, 피해자가 평소 음주 후 기억장애를 경험하였는지 여부 등 피해자의 신체 및 의식상태가 범행 당시 알코올 블랙아웃인지 아니면 패싱아웃 또는 행위통제능력이 현저히 저하된 상태였는지를 구분할 수 있는 사정들과 더불어 CCTV나 목격자를 통하여 확인되는 당시 피해자의 상태, 언동, 피고인과의 평소 관계, 만나게 된 경위, 성적 접촉이 이루어진 장소와 방식, 그 계기와 정황, 피해자의 연령·경험 등 특성, 성에 대한 인식 정도, 심리적·정서적 상태, 피해자와 성적 관계를 맺게 된 경위에 대한 피고인의 진술 내용의 합리성, 사건 이후 피고인과 피해자의 반응을 비롯한 제반 사정을 면밀하게 살펴 범행 당시 피해자가 심신상실 또는 항거불능 상태에 있었는지 여부를 판단해야 한다.

㈔ 또한 피해사실 전후의 객관적 정황상 피해자가 심신상실 등이 의심될 정도로 비정상적인 상태에 있었음이 밝혀진 경우 혹은 피해자와 피고인의 관계 등에 비추어 피해자가 정상적인 상태하에서라면 피고인과 성적 관계를 맺거나 이에 수동적으로나마 동의하리라고 도저히 기대하기 어려운 사정이 인정되는데도, 피해자의 단편적인 모습만으로 피해자가 단순히 '알코올 블랙아웃'에 해당하여 심신상실 상태에 있지 않았다고 단정하여서는 안된다(대판 2021.2.4. 2018도9781).

[사건의 경과]

⑴ 피해자와 일면식 없던 28세의 피고인이 술에 취한 18세의 피해자를 모텔에 데리고 가 추행을 한 사안.

⑵ 지인과 노래방에 갔던 피해자는 취기가 올라 화장실로 가 토한 이후 자신의 일행이나 소지품이 어디에 있는지 기억을 하지 못하여 노래방으로 돌아가지 못한 채로 건물 주변을 배회하던 중 피고인을 만났고, 알코올 블랙아웃 현상으로 인하여 화장실에 간 이후의 상황을 기억하지 못함.

⑶ 피고인은 피해자가 '모텔에서 한숨 자고 싶다'고 말하는 것을 '원나잇'으로 이해하고 피해자와 함께 모텔에 갔고, 피해자가 모텔까지 스스로 걸어갔으며, 피해자가 키스를 하고 가슴을 만지는 것에 동의하

였다는 취지로 주장하였음.

(4) 한편 피해자의 지인과 모친의 실종 신고를 받은 경찰이 피해자를 찾기 위해 모텔 방으로 갔을 때 피해자는 상의를 모두 벗고 하의는 치마만 입은 채로 누워있었음.

(5) 원심은 CCTV상 당시 피해자가 몸을 가누지 못할 정도로 비틀거리지는 않았고, 모텔 인터폰을 통해 자신의 이름을 또박또박 말하였으며, 피해자가 의식이 있는 상태에서 스스로 행동한 부분도 기억하지 못할 가능성이 있다는 등의 이유로 준강제추행죄를 유죄로 인정한 제1심을 파기하고 무죄를 선고하였음

(6) 이에 대하여 대법원은 위와 같은 법리 및 ① 피해자가 '음주 후 필름이 끊겼다.'고 진술한 경우 음주량과 음주속도 등 앞서 본 사정들을 심리하지 않은 채 알코올 블랙아웃의 가능성을 쉽사리 인정하여서는 안 되고, ② 알코올의 영향은 개인적 특성 및 상황에 따라 다르게 나타날 수 있으므로, 피해자가 어느 순간 몸을 가누지 못할 정도로 비틀거리지는 않고 스스로 걸을 수 있다거나, 자신의 이름을 대답하는 등의 행동이 가능하였다는 점만을 들어 범행 당시 심신상실 등 상태에 있지 않았다고 섣불리 단정할 것은 아니며, ③ 피해자와 피고인의 관계, 연령 차이, 피해자가 피고인을 만나기 전까지의 상황, 함께 모텔에 가게 된 경위 등 사정에 비추어 볼 때 피해자가 피고인과 성적 관계를 맺는 것에 동의하였다고 볼 정황을 확인할 수 없고, 이러한 제반 사정에 대한 고려 없이, 블랙아웃이 발생하여 피해자가 당시 상황을 기억하지 못한다는 이유만으로 바로 피해자가 동의를 하였을 가능성이 있다고 보아 이를 합리적 의심의 근거로 삼는 것은 타당하지 않다는 등의 이유를 들어 법리오해 및 심리미진 취지로 원심을 파기하였음.

성폭법 관련 판례

66. 〈모텔 객실에 침입한 후 강제추행한 사건 – 주거침입강제추행죄 위헌결정 반영 판례〉★

피고인이 모텔 객실의 문이 살짝 열려 있는 것을 발견하고 객실에 침입한 후 불을 끈 상태로 침대에 누워 있던 갑(여)의 가슴, 허리 및 엉덩이를 만져 갑을 강제추행하였다는 성폭력범죄의 처벌 등에 관한 특례법(이하 '성폭력처벌법'이라 한다) 위반(주거침입강제추행)의 공소사실에 대하여, 원심이 성폭력처벌법 제3조 제1항, 형법 제319조 제1항, 제298조를 적용하여 유죄로 인정하였는데, 원심판결 선고 후 헌법재판소가 성폭력처벌법(2020. 5. 19. 법률 제17264호로 개정된 것) 제3조 제1항 중 '형법 제319조 제1항(주거침입)의 죄를 범한 사람이 같은 법 제298조(강제추행), 제299조(준강제추행) 가운데 제298조의 예에 의하는 부분의 죄를 범한 경우에는 무기징역 또는 7년 이상의 징역에 처한다.'는 부분에 대하여 위헌결정을 선고한 사안에서, 위 법률조항 부분은 헌법재판소법 제47조 제3항 본문에 따라 소급하여 효력을 상실하였고, 위헌결정으로 인하여 형벌에 관한 법률 또는 법률조항이 소급하여 효력을 상실한 경우 해당 법조를 적용하여 기소한 피고사건은 범죄로 되지 아니하는 때에 해당하므로, 공소사실을 유죄로 인정한 원심판결은 그대로 유지될 수 없게 되었다고 한 사례(대판 2023.4.13. 2023도162).

[공소사실의 요지]
'피고인이 ○○○모텔 102호의 문이 살짝 열려 있는 것을 발견하고 문을 열고 안으로 들어간 후 불을 끈 상태로 침대에 누워 있는 피해자 공소외인(여, 27세)에게 다가가 피해자의 가슴, 허리 및 엉덩이를 만짐으로써 피해자가 점유하는 방실에 침입하여 피해자를 강제로 추행하였다.'

[원심의 판단]
원심은 이에 대하여 「성폭력범죄의 처벌 등에 관한 특례법」(이하 '성폭력처벌법'이라 한다) 제3조 제1항, 형법 제319조 제1항, 제298조를 적용하여 유죄를 선고한 제1심판결을 그대로 유지하였다.

[헌재 결정]

그런데 헌법재판소는 2023. 2. 23. 성폭력처벌법(2020. 5. 19. 법률 제17264호로 개정된 것) 제3조 제1항 중 '형법 제319조 제1항(주거침입)의 죄를 범한 사람이 같은 법 제298조(강제추행), 제299조(준강제추행) 가운데 제298조의 예에 의하는 부분의 죄를 범한 경우에는 무기징역 또는 7년 이상의 징역에 처한다.'는 부분에 대하여 위헌결정을 선고하였으므로(헌법재판소 2023. 2. 23. 선고 2021헌가9 등 전원재판부 결정 참조), 위 법률조항 부분은 헌법재판소법 제47조 제3항 본문에 따라 소급하여 그 효력을 상실하였다.

[대법원의 판단]

위헌결정으로 인하여 형벌에 관한 법률 또는 법률조항이 소급하여 효력을 상실한 경우 해당 법조를 적용하여 기소한 피고사건은 범죄로 되지 아니하는 때에 해당하므로, 이 사건 공소사실에 대하여 성폭력처벌법 제3조 제1항, 형법 제319조 제1항, 제298조를 적용하여 유죄로 인정한 원심판결은 그대로 유지될 수 없게 되었다.

67. 〈주점 화장실 강제추행 사건〉★

[사실관계]

피고인은 피해자에 대하여 유사강간죄의 실행행위에 착수한 후에 피해자를 주점의 여자화장실로 끌고 가 여자화장실의 문을 잠근 후 강제로 입맞춤을 하고 유사강간하려고 하였다.

Q 주거침입강제추행죄 및 주거침입강간죄는 신분범인가? 그리고 실행의 착수시기는 언제인가?

[1] 주거침입강제추행죄 및 주거침입강간죄 등은 사람의 주거 등을 침입한 자가 피해자를 간음, 강제추행 등 성폭력을 행사한 경우에 성립하는 것으로서, 주거침입죄를 범한 후에 사람을 강간하는 등의 행위를 하여야 하는 **일종의 신분범**이고, 선후가 바뀌어 강간죄 등을 범한 자가 그 피해자의 주거에 침입한 경우에는 이에 해당하지 않고 강간죄 등과 주거침입죄 등의 실체적 경합범이 된다. 그 실행의 착수시기는 주거침입 행위 후 **강간죄 등의 실행행위에 나아간 때**이다.

Q 강간죄의 실행의 착수시기는 언제인가?

[2] 한편, 강간죄는 사람을 강간하기 위하여 피해자의 항거를 불능하게 하거나 현저히 곤란하게 할 정도의 폭행 또는 협박을 개시한 때에 그 실행의 착수가 있다고 보아야 할 것이지, 실제 간음행위가 시작되어야만 그 실행의 착수가 있다고 볼 것은 아니다. 유사강간죄의 경우도 이와 같다.

Q 위와 같은 사실관계를 전제로 할 때 피고인에게 성폭력범죄의 처벌 등에 관한 특례법위반(주거침입유사강간)죄가 성립하는가?

[3] 피해자를 주점의 여자화장실로 끌고 가 여자화장실의 문을 잠근 후 강제로 입맞춤을 하고 유사강간하려고 하였으나 미수에 그친 사안에서 **피고인은 여자화장실에 들어가기 전에 이미 유사강간죄의 실행행위에 착수하였으므로** 구 「성폭력범죄의 처벌 등에 관한 특례법」 위반(주거침입유사강간)죄를 범할 수 있는 지위 즉, '주거침입죄를 범한 자'에 해당되지 아니한다는 이유로 이 부분을 유죄로 판단한 원심을 파기한 사례(대판 2021.8.12. 2020도17796).

68. 〈성폭력처벌법위반(카메라등이용촬영)죄의 보호법익〉

카메라 기타 이와 유사한 기능을 갖춘 기계장치를 이용하여 성적 욕망 또는 수치심을 유발할 수 있는 타인의 신체를 그 의사에 반하여 촬영하는 행위를 처벌하는 성폭력처벌법 제14조 제1항은 **인격체인 피해자의 성적 자유 및 함부로 촬영당하지 않을 자유를 보호하기 위한 것이다**(대판 2022.4.28. 2021도9041).

69. 〈청바지를 입은 여성을 촬영한 사건〉

[1] 「성폭력범죄의 처벌 등에 관한 특례법」(이하 '성폭력처벌법'이라고 한다) 제14조 제1항은 '카메라나 그 밖에 이와 유사한 기능을 갖춘 기계장치를 이용하여 성적 욕망 또는 수치심을 유발할 수 있는 다른 사람의 신체를 그 의사에 반하여 촬영'하는 행위를 처벌하도록 규정한다. 성폭력처벌법 제14조 제1항에서 정한 '카메라등이용촬영죄'는 이른바 '몰래카메라'의 폐해가 사회문제가 되면서 촬영대상자의 의사에 반하는 촬영 및 반포 등의 행위를 처벌하기 위하여 신설된 조항으로서, 피해자의 성적 자기결정권 및 일반적 인격권 보호, 사회의 건전한 성풍속 확립을 그 보호법익으로 하며(헌법재판소 2016. 12. 20. 선고 2016헌바 153 결정 등 참조), 구체적으로 인격체인 피해자의 성적 자유와 함부로 촬영당하지 아니할 자유를 보호하기 위한 것이다. 여기에서 '성적 자유'는 소극적으로 자기 의사에 반하여 성적 대상화가 되지 않을 자유를 의미한다.

[2] 촬영한 대상이 '성적 욕망 또는 수치심을 유발할 수 있는 다른 사람의 신체'에 해당하는지는 객관적으로 피해자와 같은 성별, 연령대의 일반적이고 평균적인 사람들의 관점에서 성적 욕망 또는 수치심을 유발할 수 있는 신체에 해당하는지를 고려함과 아울러, 피해자의 옷차림, 노출의 정도 등은 물론, 촬영자의 의도와 촬영에 이르게 된 경위, 촬영 장소와 촬영 각도 및 촬영 거리, 촬영된 원판의 이미지, 특정 신체 부위의 부각 여부 등을 종합적으로 고려하여 구체적·개별적으로 결정하여야 한다.

[3] 피고인이 같은 의도를 가지고 유사한 옷차림을 한 여성에 대한 촬영을 오랜 기간 지속한 경우에도, 피고인의 행위가 카메라등이용촬영죄에 해당하는지 여부는 개개의 촬영행위별로 촬영 장소와 촬영 각도 및 촬영 거리, 촬영된 원판의 이미지, 특정 신체 부위의 부각 여부 등을 종합적으로 고려하여 구체적·개별적으로 결정되어야 한다.

[4] 이 사건 엑셀 파일에 정리된 사진 중 피고인이 청바지를 입은 여성을 따라다니면서 계단을 오르는 모습을 바로 뒤에서 **엉덩이를 부각하여 촬영한 경우**는 성적 수치심을 유발할 수 있다고 볼 여지가 있다. 그러나 **특별히 엉덩이를 부각하지 않고 일상복인 청바지를 입은 여성의 뒷모습 전신을 어느 정도 떨어진 거리에서 촬영하였을 뿐이라면** 일반적이고 평균적인 사람들의 관점에서 성적 욕망이 유발될 수 있다거나 그와같은 촬영을 당하였을 때 성적 수치심을 유발할 수 있는 경우에 해당한다고 단정하기 어렵다(대판 2022.3.17. 2021도 13203).

[사건의 경과]

(1) 피고인은 2019. 9. 5.부터 2021. 3. 19.까지 엉덩이 부분이 딱 맞는 청바지를 입은 여성의 뒷모습을 5,000장 이상 촬영하였는데, 피고인이 촬영한 사진 중에는, 청바지를 입은 여성을 따라다니면서 계단을 오르는 모습을 바로 뒤에서 엉덩이를 부각하여 촬영한 사진도 있지만, 특별히 엉덩이를 부각하지 않고 청바지를 입은 여성의 뒷모습 전신을 어느 정도 떨어진 거리에서 촬영한 사진도 있음.

(2) 검사는 사진 파일 전부와 이를 엑셀파일로 정리한 목록을 제출하였으나, 범죄일람표 기재만으로는 어떠한 사진 몇 장에 대하여 공소제기가 된 것인지가 불분명함.

(3) 원심은 공소사실 전부를 유죄로 인정하였음.

(4) 그러나 대법원은, 피고인이 같은 의도를 가지고 유사한 옷차림을 한 여성에 대한 촬영을 오랜 기간 지속한 경우에도 피고인의 행위가 카메라등이용촬영죄에 해당하는지 여부는 개개의 촬영행위별로 구체적·개별적으로 결정되어야 하고, 이 사건 엑셀 파일 중 엉덩이를 부각하여 촬영한 경우는 성적 수치심을 유발할 수 있다고 볼 여지가 있으나 특별히 엉덩이를 부각하지 않고 일상복인 청바지를 입은 여성의 뒷모습 전신을 어느 정도 떨어진 거리에서 촬영하였을 뿐이라면 카메라등이용촬영죄 성립을 단정하기 어려우며, 따라서 원심으로서는 공소제기의 대상을 명확히 한 다음, 피고인의 그와 같은 촬영이 성적 욕망 또는 수치심을 유발할 수 있는 신체를 촬영한 경우에 해당하는지 여부를 구체적·개별적으로 심리·판단하였어야 했다는 이유로, 원심을 파기함.

70. 〈휴대전화로 화장실 칸 촬영하려고 한 사건〉★★

[1] 「성폭력범죄의 처벌 등에 관한 특례법」(이하 '성폭력처벌법'이라고 한다) 위반(카메라등이용촬영)죄는 카메라 등을 이용하여 성적 욕망 또는 수치심을 유발할 수 있는 타인의 신체를 그 의사에 반하여 촬영함으로써 성립하는 범죄이고, 여기서 '촬영'이란 카메라나 그 밖에 이와 유사한 기능을 갖춘 기계장치 속에 들어 있는 필름이나 저장장치에 피사체에 대한 영상정보를 입력하는 행위를 의미한다.

[2] 따라서 범인이 피해자를 촬영하기 위하여 육안 또는 캠코더의 줌 기능을 이용하여 **피해자가 있는지 여부를 탐색하다가 피해자를 발견하지 못하고 촬영을 포기한 경우에는 촬영을 위한 준비행위에 불과**하여 성폭력처벌법위반(카메라등이용촬영)죄의 실행에 착수한 것으로 볼 수 없다.

[3] 이에 반하여 **범인이 카메라 기능이 설치된 휴대전화를 피해자의 치마 밑으로 들이밀거나, 피해자가 용변을 보고 있는 화장실 칸 밑 공간 사이로 집어넣는 등 카메라 등 이용 촬영 범행에 밀접한 행위를 개시한 경우**에는 성폭력처벌법위반(카메라등이용촬영)죄의 실행에 착수하였다고 볼 수 있다(대판 2021.3.25. 2021도749).

[사건의 경위]

피고인이 성폭력처벌법위반(카메라등이용촬영)죄의 미수로 기소된 사안에서, 원심은 휴대전화를 든 피고인의 손이 피해자가 용변을 보고 있던 화장실 칸 너머로 넘어온 점, 카메라 기능이 켜진 위 휴대전화의 화면에 피해자의 모습이 보인 점 등에 비추어 그 실행의 착수가 인정된다고 보아 유죄로 판단하였고, 대법원은 원심의 판단을 수긍함.

71. 〈「성폭력범죄의 처벌 등에 관한 특례법」 위반(카메라등이용촬영)죄의 실행의 착수시기〉

[1] (위 판례 [1], [2]와 동일한 내용 생략)

[2] 편의점에서 카메라 기능이 설치된 휴대전화를 손에 쥔 채 **치마를 입은 피해자들을 향해 쪼그려 앉아 피해자의 치마 안쪽을 비추는 등 행위**를 한 피고인에 대해 성폭력처벌법위반(카메라등이용촬영)죄의 실행의 착수를 인정한 사례(대판 2021.8.12. 2021도7035).

72. 〈성폭법 제14조 제2항의 '공공연한 전시'의 의미 및 기수시기〉

[1] 구 성폭력범죄의 처벌 등에 관한 특례법(2020. 5. 19. 법률 제17264호로 개정되기 전의 것, 이하 '구 성폭력처벌법'이라 한다)은 제14조 제1항에서 '카메라나 그 밖에 이와 유사한 기능을 갖춘 기계장치를 이용하여 성적 욕망 또는 수치심을 유발할 수 있는 사람의 신체를 촬영대상자의 의사에 반하여 촬영'하는 행위를 처벌하면서, 같은 조 제2항에서 '제1항에 따른 촬영물 또는 복제물을 반포·판매·임대·제공 또는 공공연하게 전시·상영한 자'뿐만 아니라 '제1항의 촬영이 촬영 당시에는 촬영대상자의 의사에 반하지

아니한 경우에도 사후에 그 촬영물 또는 복제물을 촬영대상자의 의사에 반하여 반포·판매·임대·제공 또는 공공연하게 전시·상영한 자'도 5년 이하의 징역 또는 3천만 원 이하의 벌금에 처하도록 규정하고 있다. 이는 성적 욕망 또는 수치심을 유발할 수 있는 타인의 신체를 촬영한 촬영물 또는 복제물(이하 '촬영물 등'이라 한다)이 인터넷 등 정보통신망을 통하여 급속도로 광범위하게 유포됨으로써 피해자에게 엄청난 피해와 고통을 초래하는 사회적 문제를 감안하여, 죄책이나 비난 가능성이 촬영 행위 못지않게 크다고 할 수 있는 촬영물 등의 반포 등 유포 행위를 한 자에 대해서도 촬영자와 동일하게 처벌하기 위함이다.

[2] 이러한 법률 규정의 내용 및 입법 취지 등에 비추어 볼 때 구 성폭력처벌법 제14조 제2항에서 유포 행위의 한 유형으로 열거하고 있는 '공공연한 전시'란 불특정 또는 다수인이 촬영물 등을 인식할 수 있는 상태에 두는 것을 의미하고, 촬영물 등의 '공공연한 전시'로 인한 범죄는 불특정 또는 다수인이 전시된 촬영물 등을 실제 인식하지 못했다고 하더라도 촬영물 등을 위와 같은 상태에 둠으로써 성립한다(대판 2022.6.9. 2022도1683).

73. 〈성폭법 제14조 제2항에서 말하는 촬영대상자의 의사에 반하는 촬영물의 반포의 의미〉

[1] 「성폭력범죄의 처벌 등에 관한 특례법」(이하 '성폭력처벌법'이라 한다)은 제14조 제1항에서 '카메라나 그 밖에 이와 유사한 기능을 갖춘 기계장치를 이용하여 성적 욕망 또는 수치심을 유발할 수 있는 사람의 신체를 촬영대상자의 의사에 반하여 촬영'하는 행위를 처벌하면서, 같은 조 제2항에서 '그 촬영물 또는 복제물(이하 '촬영물 등'이라 한다)을 반포·판매·임대·제공 또는 공공연하게 전시·상영(이하 '반포등'이라 한다)하거나 촬영 당시에는 촬영대상자의 의사에 반하지 아니한 경우에도 사후에 그 촬영물 등을 촬영대상자의 의사에 반하여 반포등'을 하는 행위도 처벌대상으로 정하고 있다.

[2] 이와 같이 성폭력처벌법 제14조 제2항 위반죄는 반포등 행위 시를 기준으로 촬영대상자의 의사에 반하여 그 행위를 함으로써 성립하고, 촬영이 촬영대상자의 의사에 반하지 아니하였더라도 그 성립에 지장이 없다. 촬영대상자의 신원이 파악되지 않는 등 촬영대상자의 의사를 명확히 확인할 수 없는 경우 촬영대상자의 의사에 반하여 반포등을 하였는지 여부는, 촬영물 등을 토대로 확인할 수 있는 촬영대상자와 촬영자의 관계 및 촬영 경위, 그 내용이 성적 욕망 또는 수치심을 유발하는 정도, 촬영대상자의 특정가능성, 촬영물 등의 취득·반포등이 이루어진 경위 등을 종합하여 판단하여야 한다. 이때 해당 촬영물 등이 인터넷 등 정보통신망을 통하여 급속도로 광범위하게 유포될 경우 피해자에게 심각한 피해와 고통을 초래할 수 있다는 점도 아울러 고려하여야 한다(대판 2023.6.15. 2022도15414).

[공소사실의 요지]

피고인이 휴대전화를 이용하여 인터넷 커뮤니티사이트에 '한국야동'이라는 제목의 글과 함께 불상의 남녀가 나체모습으로 침대에 앉아있는 모습을 촬영한 사진 파일 1개(이하 '이 사건 사진')를 게시하여 성적 욕망 또는 수치심을 유발할 수 있는 사람의 신체를 촬영한 촬영물의 복제물을 촬영 사후에 촬영대상자의 의사에 반하여 반포하였다

[원심의 판단]

원심은, 이 사건 사진이 이에 등장하는 남녀의 성적 욕망 또는 수치심을 유발할 수 있는 신체를 촬영한 것에 해당한다고 보면서도, 위 남녀에 관한 조사가 이루어지지 아니하였고 이 사건 사진이 반포를 전제로 위 남녀의 의사에 따라 촬영되었을 가능성을 배제할 수 없다는 등의 이유로 피고인이 촬영대상자들의 의사에 반하여 이 사건 사진을 반포하였음에 관한 증명이 부족하다고 보아, 쟁점 공소사실을 무죄로 판단하였음

[대법원의 판단]

대법원은, ① 이 사건 사진은 남녀의 성관계를 촬영한 원본동영상 중 일부를 캡처한 것인데 원본동영상은 남성이 여성의 동의 없이 몰래 촬영한 것으로 보이고 이 사건 사진에서도 촬영 각도, 남녀의 자세 및 시선 등을 통해 그러한 사정을 확인할 수 있는 점, ② 이 사건 사진의 내용은 나체의 남성과 짧은 치마를 입고 있는 여성이 침대 위에 나란히 앉아 있는 것으로 남성의 나신과 여성의 허벅지 부분이 적나라하게

드러나 있고 성관계 직전 또는 직후를 암시하는 모습을 담고 있어 상당한 성적 욕망 또는 수치심을 유발하는 점, ③ 이 사건 사진에 나타난 남녀의 얼굴이나 신체적 특징으로 촬영대상자들의 특정이 가능하므로 이 사건 사진이 이들의 의사에 반하여 반포될 경우 피해와 고통을 야기할 가능성이 상당한 점, ④ 피고인은 이 사건 사진에 등장하는 남녀를 전혀 알지 못하고 이들로부터 위 사진의 반포에 관하여 어떠한 동의나 양해를 받은 사실도 없이 인터넷 검색을 통해 위 사진을 취득한 다음 불특정다수인이 쉽게 접근할 수 있는 인터넷 사이트에 이를 게시하였던 점 등에 비추어 볼 때, 이 사건 사진의 촬영대상자들, 적어도 여성이 그 반포에 동의하리라고는 도저히 기대하기 어려우므로, 피고인의 이 사건 사진 반포는 촬영대상자들의 의사에 반하여 이루어졌고 피고인도 그러한 사정을 인식하고 있었다고 볼 여지가 충분하다고 판단하여, 원심판결을 파기·환송함

아청법 관련 판례

74. 〈연예기획사 매니저와 사진작가의 1인 2역 사건〉★

[공소사실의 요지]

피고인이 랜덤채팅 애플리케이션을 통해 알게 된 피해자(여, 15세)에게 연예기획사에서 일하는 매니저와 사진작가의 1인 2역을 하면서 거짓말을 하여 피해자로 하여금 모델이 되기 위한 연기 연습 및 사진 촬영 연습의 일환으로 성관계를 한다는 착각에 빠지게 한 후, 마치 자신이 위 매니저가 소개한 사진작가인 것처럼 행세하면서 피해자를 간음한 것을 비롯해, 같은 방법으로 10회에 걸쳐 위계로써 아동·청소년인 피해자를 간음하였다는 것이다.

[판결 요지]

[1] 위계에 의한 간음죄에 있어서는 행위자가 간음의 목적으로 피해자에게 오인, 착각, 부지를 일으키고 피해자의 그러한 심적 상태를 이용하여 간음의 목적을 달성하였다면 위계와 간음행위 사이의 인과관계를 인정할 수 있다. 왜곡된 성적 결정에 기초하여 성행위를 하였다면 왜곡이 발생한 지점이 성행위 그 자체인지 성행위에 이르게 된 동기인지는 성적 자기결정권에 대한 침해가 발생한 것은 마찬가지라는 점에서 핵심적인 부분이라고 하기 어렵다. 피해자가 오인, 착각, 부지에 빠지게 되는 대상은 간음행위 자체일 수도 있고, 간음행위에 이르게 된 동기이거나 간음행위와 결부된 금전적·비금전적 대가와 같은 요소일 수도 있다. 위와 같은 인과관계를 판단함에 있어서는 피해자의 연령 및 행위자와의 관계, 범행에 이르게 된 경위, 범행 당시와 전후의 상황 등 여러 사정을 종합적으로 고려하여야 한다.

[2] 법원은 공소사실의 동일성이 인정되는 범위 내에서 심리의 경과에 비추어 피고인의 방어권 행사에 실질적인 불이익을 초래할 염려가 없다고 인정되는 때에는, 공소장이 변경되지 않았더라도 직권으로 공소장에 기재된 공소사실과 다른 범죄사실을 인정할 수 있고, 이와 같은 경우 공소가 제기된 범죄사실과 대비하여 볼 때 실제로 인정되는 범죄사실의 사안이 가볍지 아니하여 공소장이 변경되지 않았다는 이유로 이를 처벌하지 않는다면 적정절차에 의한 신속한 실체적 진실의 발견이라는 형사소송의 목적에 비추어 현저히 정의와 형평에 반하는 것으로 인정되는 경우라면 법원으로서는 직권으로 그 범죄사실을 인정하여야 한다.

[3] 카메라 기타 이와 유사한 기능을 갖춘 기계장치를 이용하여 성적 욕망 또는 수치심을 유발할 수 있는 타인의 신체를 그 의사에 반하여 촬영하는 행위를 처벌하는 성폭력처벌법 제14조 제1항은 인격체인 피해자의 성적 자유 및 함부로 촬영당하지 않을 자유를 보호하기 위한 것이다(대판 2022.4.28. 2021도9041).

[원심의 판단]

이 부분 공소사실은 피고인이 간음행위 자체에 대한 기망을 하였음을 전제로 한 것인데, 피해자가 피고인의 위계에 의해서가 아니라 스스로의 판단에 따른 성적 자기결정권을 행사하여 성관계를 하였을 가능성을 배제할 수 없어 피고인이 간음행위 자체에 대하여 기망하거나 피해자가 간음행위 자체에 대한 착오에 빠져 성관계를 하였다는 점의 증명이 부족하다고 보아 이 부분 공소사실을 무죄로 판단하였다.

[대법원의 판단]

(1) 대법원은 피고인이 '간음행위에 이르게 된 동기' 내지 '간음행위와 결부된 비금전적 대가'에 관한 위계로 피해자를 간음한 것으로 볼 수 있는데, 이는 공소사실에 적시된 위계의 내용과 정확히 일치하지는 않으나, 공소사실의 동일성의 범위 내에 있고, 피고인의 방어권 행사에 실질적인 불이익을 초래할 염려도 없을뿐더러, 원심이 대법원 2020. 8. 27. 선고 2015도9436 전원합의체 판결의 결과를 장기간 기다려 왔고 위 2015도9436 판결의 법리에 따르면 피고인의 행위는 위계에 의한 간음죄를 구성하는 등 판시와 같은 사정을 들어 원심의 결론이 법원의 직권심판의무에 반한다고 판단하였음.

(2) 피고인이 위와 같이 위계로 피해자를 간음하는 과정에서 카메라로 피해자의 나체를 촬영하여 성폭력처벌법위반(카메라등이용촬영)죄로 기소된 부분에 관하여, 대법원은 판시와 같은 사정을 들어 피고인의 행위는 피해자의 의사에 반한다고 볼 여지가 충분하다고 보아, 이 부분 공소사실을 무죄로 판단한 원심을 파기환송함.

75. 〈아동·청소년을 협박하여 그들로 하여금 스스로 음란물을 촬영하게 한 사건〉★

Q 아동·청소년으로 하여금 스스로 자신을 대상으로 한 음란물을 촬영하게 한 경우 아동·청소년의성보호에관한법률위반(음란물제작·배포등)죄가 성립하는가?

[1] 피고인이 아동·청소년으로 하여금 스스로 자신을 대상으로 하는 음란물을 촬영하게 한 경우 피고인이 직접 촬영행위를 하지 않았더라도 그 영상을 만드는 것을 기획하고 촬영행위를 하게 하거나 만드는 과정에서 구체적인 지시를 하였다면, 특별한 사정이 없는 한 아동·청소년이용음란물 '제작'에 해당하고, 이러한 촬영을 마쳐 재생이 가능한 형태로 저장이 된 때에 제작은 기수에 이른다.

[2] 피고인이 공범들과 공모하여 아동·청소년인 피해자들의 비공개 정보를 수집한 후 이를 빌미로 피해자들을 협박하여 피해자들로 하여금 스스로 자신을 대상으로 한 음란 사진 및 동영상을 촬영하게 한 사안에서 아동·청소년의성보호에관한법률위반(음란물제작·배포등)죄의 성립을 인정한 원심을 수긍한 사례(대판 2021.3.25. 2020도18285).

제3장 명예와 신용에 관한 죄

제1절 ㅣ 명예에 관한 죄

공연성 관련 판례
---

76. 〈빌라 누수 공사 사건〉

[1] 명예훼손죄와 모욕죄에서 전파가능성을 이유로 공연성을 인정하는 경우에는 적어도 범죄구성요건의 주관적 요소로서 미필적 고의가 필요하므로, 전파가능성에 대한 인식이 있음은 물론 나아가 위험을 용인하는 내심의 의사가 있어야 한다. 친밀하고 사적인 관계뿐만 아니라 공적인 관계에서도 조직 등의 업무와 관련하여 사실의 확인 또는 규명 과정에서 발언하게 된 것이거나, 상대방의 가해에 대하여 대응하는 과정에서 발언하게 된 경우와 수사·소송 등 공적인 절차에서 당사자 사이에 공방을 하던 중 발언하게 된 경우 등이라면 발언자의 전파가능성에 대한 인식과 위험을 용인하는 내심의 의사를 인정하는 것은 신중하여야 한다. 공연성의 존부는 발언자와 상대방 또는 피해자 사이의 관계나 지위, 대화를 하게 된 경위와 상황, 사실적시의 내용, 적시의 방법과 장소 등 행위 당시의 객관적 사정에 관하여 심리한 다음, 그로부터 상대방이 불특정인 또는 다수인에게 전파할 가능성이 있는지를 검토하여 종합적으로 판단해야 한다.

[2] 빌라를 관리하고 있는 피고인들이 빌라 아랫집에 거주하는 갑으로부터 누수 문제로 공사 요청을 받게 되자, 갑과 전화통화를 하면서 빌라를 임차하여 거주하고 있는 피해자들에 대하여 누수 공사 협조의 대가로 과도하고 부당한 요구를 하거나 막말과 욕설을 하였다는 취지로 발언하고, '무식한 것들', '이중인격자' 등으로 말하여 명예훼손죄와 모욕죄로 기소된 사안에서, 위 발언들은 신속한 누수 공사 진행을 요청하는 갑에게 임차인 피해자들의 협조 문제로 공사가 지연되는 상황을 설명하는 과정에서 나온 것으로서, 이에 관한 피고인들의 진술내용을 종합해 보더라도 피고인들이 전파가능성에 대한 인식과 위험을 용인하는 내심의 의사에 기하여 위 발언들을 하였다고 단정하기 어려운 점, 위 발언들이 불특정인 또는 다수인에게 전파되지 않은 것은 비록 위 발언들 이후의 사정이기는 하지만 공연성 여부를 판단할 때 소극적 사정으로 고려될 수 있는 점, 위 발언들이 피해자 본인에게 전달될 가능성이 높다거나 실제 전달되었다는 사정만으로는 불특정인 또는 다수인에게 전파될 가능성이 있었다고 볼 수 없는 점 등을 종합하면, 피고인들이 갑에게 한 위 발언들이 불특정인 또는 다수인에게 전파될 가능성이 있었고 피고인들에게 이에 대한 인식과 위험을 용인하는 내심의 의사가 있었다고 본 원심판단에 법리오해의 잘못이 있다고 한 사례(대판 2022.7.28. 2020도8336).

사실의 적시 관련 판례
---

77. 〈'갑은 이혼했다는 사람이 왜 당산제에 왔는지 모르겠다.'라고 발언한 사건〉★

[사실관계]

동장인 피고인이 동 주민자치위원에게 전화를 걸어 '어제 열린 당산제(마을제사) 행사에 남편과 이혼한 갑도 참석을 하여, 이에 대해 행사에 참여한 사람들 사이에 안 좋게 평가하는 말이 많았다.'는 취지로 말하고, 동 주민들과 함께한 저녁식사 모임에서 '갑은 이혼했다는 사람이 왜 당산제에 왔는지 모르겠다.'는 취지로 말하였다.

Q 판단할 진술이 사실인지 아니면 의견인지를 구별할 때에는 무엇을 기준으로 판단해야 하는가?

[1] 명예훼손죄가 성립하려면 사실의 적시가 있어야 하고 적시된 사실은 특정인의 사회적 가치나 평가가 침해될 가능성이 있을 정도로 구체성을 띠어야 한다. 사실의 적시란 가치판단이나 평가를 내용으로 하는 의견표현에 대치되는 개념으로서 시간과 공간적으로 구체적인 과거 또는 현재의 사실관계에 관한 보고나 진술을 뜻하며, 표현내용이 증거에 의한 증명이 가능한 것을 말한다. 판단할 진술이 사실인지 아니면 의견인지를 구별할 때에는 언어의 통상적 의미와 용법, 증명가능성, 문제 된 말이 사용된 문맥, 표현이 이루어진 사회적 상황 등 전체적 정황을 고려하여 판단해야 한다.

Q 위와 같은 사실관계를 전제로 할 때 피고인에게 명예훼손죄가 성립하는가?

[2] 동장인 피고인이 동 주민자치위원에게 전화를 걸어 '어제 열린 당산제(마을제사) 행사에 남편과 이혼한 갑도 참석을 하여, 이에 대해 행사에 참여한 사람들 사이에 안 좋게 평가하는 말이 많았다.'는 취지로 말하고, 동 주민들과 함께한 저녁식사 모임에서 '갑은 이혼했다는 사람이 왜 당산제에 왔는지 모르겠다.'는 취지로 말하여 갑의 명예를 훼손하였다는 내용으로 기소된 사안에서, 피고인이 위 발언을 통해 갑에 관하여 적시하고 있는 사실은 '갑이 이혼하였다.'는 사실과 '갑이 당산제에 참여하였다.'는 것으로, 이혼에 대한 부정적인 인식과 평가가 점차 사라지고 있음을 감안하면 피고인이 갑의 이혼 경위나 사유, 혼인관계 파탄의 책임 유무를 언급하지 않고 이혼 사실 자체만을 언급한 것은 갑의 사회적 가치나 평가를 떨어뜨린다고 볼 수 없고, 또한 '갑이 당산제에 참여하였다.'는 것도 그 자체로는 가치중립적인 사실로서 갑의 사회적 가치나 평가를 침해한다고 보기 어려운 점, 피고인은 주민 사이에 '이혼한 사람이 당산제에 참여하면 부정을 탄다.'는 인식이 있음을 전제로 하여 발언을 한 것으로서, 발언 배경과 내용 등에 비추어 이는 갑에 관한 과거의 구체적인 사실을 진술하기 위한 것이 아니라 당산제 참석과 관련하여 갑이 이혼한 사람이기 때문에 '부정적 영향'을 미칠 수 있음을 언급한 것으로서 갑의 당산제 참석에 대한 부정적인 가치판단이나 평가를 표현하고 있을 뿐이라고 보아야 하는 점을 종합하면, 피고인의 위 발언은 갑의 사회적 가치나 평가를 침해하는 구체적인 사실의 적시에 해당하지 않고 갑의 당산제 참여에 관한 의견표현에 지나지 않는다는 이유로, 이와 달리 보아 공소사실을 유죄로 인정한 원심판결에 명예훼손죄에서 사실의 적시와 의견표현의 구별에 관한 법리오해의 잘못이 있다고 한 사례(대판 2022.5.13. 2020도15642).

78. 〈'과태료 부과처분을 받게 된 상황이 억울하다' 사건〉★

[1] 회의 자리에서 상급자로부터 책임을 추궁당하며 질문을 받게 되자 이에 대답하는 과정에서 타인의 명예를 훼손하는 듯한 사실을 발설하게 된 것이라면, 그 발설 내용과 경위·동기 및 상황 등에 비추어 **명예훼손의 고의를 인정하기 어려울 수 있고**, 또한 질문에 대하여 단순한 확인 취지의 답변을 소극적으로 한 것에 불과하다면 이를 명예훼손에서 말하는 **사실의 적시라고 단정할 수도 없다.**

[2] 회의에서 상급자로부터 경과보고를 요구받으면서 과태료 처분에 관한 책임을 추궁 받게 되자, 이에 대답하면서 피해자와 관련한 명예훼손적 언급을 한 경우, 발설의 내용과 경위·동기 및 상황에 비추어 명예훼손의 고의를 가지고 발언을 하였다기보다는 자신의 책임에 대한 변명을 겸하여 단순한 확인 취지의 답변을 소극적으로 하는 과정에서 '과태료 부과처분을 받게 된 상황이 억울하다'는 취지의 주관적 심경이나 감정을 표출한 것이어서 명예훼손죄에서 말하는 사실의 적시라고 단정할 수 없다고 보아, 유죄를 인정한 원심을 파기환송한 사례(대판 2022.4.14. 2021도17744).

79. 〈'제국의 위안부' 명예훼손 사건 – 학문적 표현물에 대한 명예훼손죄의 '사실의 적시' 인정 기준〉★

Q 학문적 표현행위는 원칙적으로 학문적 연구를 위한 정당한 행위로 보는 것이 타당하지만, 어떠한 경우에는 정당행위가 되지 않는가?

[1] 정신적 자유의 핵심인 학문의 자유는 기존의 인식과 방법을 답습하지 아니하고 끊임없이 문제를 제기하거나 비판을 가함으로써 새로운 인식을 얻기 위한 활동을 보장하는 데에 그 본질이 있다(대법원 2018. 7. 12. 선고 2014도3923 판결 참조). 학문적 표현의 자유는 학문의 자유의 근간을 이룬다. 학문적 표현행위는 연구 결과를 대외적으로 공개하고 학술적 대화와 토론을 통해 새롭고 다양한 비판과 자극을 받아들여 연구 성과를 발전시키는 행위로서 그 자체가 진리를 탐구하는 학문적 과정이며 이러한 과정을 자유롭게 거칠 수 있어야만 궁극적으로 학문이 발전할 수 있다. 헌법 제22조 제1항이 학문의 자유를 특별히 보호하는 취지에 비추어 보면, 학문적 표현의 자유에 대한 제한은 필요 최소한에 그쳐야 한다. 따라서 학문적 표현행위는 기본적 연구윤리를 위반하거나 해당 학문 분야에서 통상적으로 용인되는 범위를 심각하게 벗어나 학문적 과정이라고 보기 어려운 행위의 결과라거나, 논지나 맥락과 무관한 표현으로 타인의 권리를 침해하는 등의 특별한 사정이 없는 한 원칙적으로 학문적 연구를 위한 정당한 행위로 보는 것이 타당하다.

[2] 한편 헌법 제10조는 인간의 존엄과 가치를 규정하고 있고, 인격권에 대한 보호 근거도 같은 조항에서 찾을 수 있다. 학문 연구도 헌법질서 내에서 이루어질 때에 보호받을 수 있으므로, 인간의 존엄성 및 그로부터 도출되는 인격권에 대한 존중에 바탕을 두어야 한다. 따라서 연구자들은 연구 주제의 선택, 연구의 실행뿐만 아니라 연구 결과 발표에 이르기까지 타인의 명예를 보호하고, 개인의 자유와 자기결정권을 존중하며, 사생활의 비밀을 보호하는 것을 소홀히 하여서는 안 된다. 특히 사회적 약자나 소수자와 같이, 연구에 대한 의견을 표출하거나 연구 결과를 반박하는 데에 한계가 있는 개인이나 집단을 대상으로 한 연구를 하는 경우에는, 연구의 전 과정에 걸쳐 이들의 권리를 존중하여야 할 특별한 책임을 부담한다.

[3] 대법원은 명예훼손죄에서 '사실의 적시'에 관하여, 객관적으로 피해자의 사회적 평가를 저하시키는 사실에 관한 발언이 보도, 소문이나 제3자의 말을 인용하는 방법으로 단정적인 표현이 아닌 전문 또는 추측의 형태로 표현되었더라도, 표현 전체의 취지로 보아 사실이 존재할 수 있다는 것을 암시하는 방식으로 이루어진 경우에는 사실의 적시로 인정하여 왔다(대법원 2008. 11. 27. 선고 2007도5312 판결 등 참조).

[4] 하지만 학문적 표현의 자유를 실질적으로 보장하기 위해서는, 학문적 연구 결과 발표에 사용된 표현의 적절성은 형사 법정에서 가려지기보다 자유로운 공개토론이나 학계 내부의 동료평가 과정을 통하여 검증되는 것이 바람직하다. 그러므로 학문적 연구에 따른 의견 표현을 명예훼손죄에서 사실의 적시로 평가하는 데에는 신중할 필요가 있다. 역사학 또는 역사적 사실을 연구 대상으로 삼는 학문 영역에서의 '역사적 사실'과 같이, 그것이 분명한 윤곽과 형태를 지닌 고정적인 사실이 아니라 사후적 연구, 검토, 비판의 끊임없는 과정 속에서 재구성되는 사실인 경우에는 더욱 그러하다. 이러한 점에서 볼 때, 학문적 표현을 그 자체로 이해하지 않고, 표현에 숨겨진 배경이나 배후를 섣불리 단정하는 방법으로 암시에 의한 사실 적시를 인정하는 것은 허용된다고 보기 어렵다.

Q 어떠한 표현이 학문의 자유로서 보호되는 영역에 속하지 않는다는 점은 누가 증명해야 하는가?

[5] 형사재판에서 공소가 제기된 범죄의 구성요건을 이루는 사실은 그것이 주관적 요건이든 객관적 요건이든 그 증명책임이 검사에게 있으므로, 해당 표현이 학문의 자유로서 보호되는 영역에 속하지 않는다는 점은 검사가 증명하여야 한다(대판 2023.10.26. 2017도18697).

[사건의 경과]

피고인이 2013년 출간한 도서 '제국의 위안부'에서 일본군 위안부였던 피해자들에 대해 허위 사실을 적시하여 그 명예를 훼손하였다는 혐의로 기소된 사안임

[대법원의 판단]

대법원은, 원심이 유죄로 인정한 일부 공소사실은 피고인의 학문적 주장 내지 의견의 표명으로 평가함이 타당하고, 명예훼손죄로 처벌할 만한 '사실의 적시'로 보기 어렵다고 보아, 이와 달리 판단한 원심을 파기·환송함

명예훼손죄의 고의 관련 판례

80. 〈'피해자가 관리소장의 업무를 소홀히 한다' 사건〉★

[1] 명예훼손죄가 성립하기 위해서는 피해자의 사회적 가치나 평가가 침해될 가능성이 있어야 하므로, 어떤 표현이 명예훼손적인지는 그 표현에 대한 사회통념에 따른 객관적 평가에 따라 판단하여야 하고, 명예훼손죄가 성립하기 위해서는 주관적 구성요소로서 타인의 명예를 훼손한다는 고의를 가지고 사람의 사회적 평가를 저하시키는 데 충분한 구체적 사실을 적시하는 행위를 할 것이 요구된다.

[2] 아파트 관리소장인 피고인이 피해자가 개인적인 이익을 위해 아파트 관리업무에 관해 과다한 민원을 제기하여 아파트 관리업무를 방해한다고 생각하던 차에 피해자의 민원으로 과태료까지 부과받게 되자, 피해자가 관리소장으로 근무하는 오피스텔의 입주자대표회의 회장에게 '피해자가 관리소장의 업무를 소홀히 한다'는 취지로 발언한 것과 관련, 대법원은 피고인과 피해자 및 상대방의 관계, 표현 정도와 방법, 발언에 이르게 된 경위, 발언의 의미와 전체적인 맥락, 발언 이후의 정황 등에 비추어, 피고인의 발언이 사회통념상 피해자의 명예를 훼손할 정도에 이르렀다고 보기 어렵고, 명예훼손의 고의도 인정되지 않는다는 이유로, 유죄로 판단한 원심을 파기환송한 사례(대판 2022.4.28. 2021도1089).

제310조 관련 판례

81. 〈업무 담당자가 피해자에 대한 징계절차 회부 안내문을 회사 게시판에 게시한 사건〉★

Q 행위자의 주요한 동기 내지 목적이 공공의 이익을 위한 것이라면 부수적으로 다른 사익적 목적이나 동기가 내포되어 있더라도 형법 제310조를 적용할 수 있는가?

[1] 공연히 사실을 적시하여 사람의 명예를 훼손하는 행위가 진실한 사실로서 오로지 공공의 이익에 관한 때에는 형법 제310조에 따라 처벌할 수 없다. 여기서 '오로지 공공의 이익에 관한 때'라 함은 적시된 사실이 객관적으로 볼 때 공공의 이익에 관한 것으로서 행위자도 주관적으로 공공의 이익을 위하여 그 사실을 적시한 것이어야 한다. 여기의 공공의 이익에 관한 것에는 널리 국가·사회 기타 일반 다수인의 이익에 관한 것뿐만 아니라 특정한 사회집단이나 그 구성원 전체의 관심과 이익에 관한 것도 포함한다. [2] 적시된 사실이 공공의 이익에 관한 것인지 여부는 당해 적시 사실의 내용과 성질, 당해 사실의 공표가 이루어진 상대방의 범위, 그 표현의 방법 등 그 표현 자체에 관한 제반 사정을 감안함과 동시에 그 표현에 의하여 훼손되거나 훼손될 수 있는 명예의 침해 정도 등을 비교·고려하여 결정하여야 하며, 행위자의 주요한 동기 내지 목적이 공공의 이익을 위한 것이라면 부수적으로 다른 사익적 목적이나 동기가 내포되어 있더라도 형법 제310조의 적용을 배제할 수 없다(대판 2021.8.26. 2021도6416).

[원심의 판단]

원심은, 징계회부를 한 후 곧바로 징계혐의사실과 징계회부사실을 회사 게시판에 게시한 피고인의 행위가 '회사 내부의 원활하고 능률적인 운영의 도모'라는 공공의 이익에 관한 것이라고 판단하여 피고인에게 무죄를 선고함.

[대법원의 판단]

대법원은, 회사 징계절차가 공적인 측면이 있다고 해도 징계절차에 회부된 단계부터 그 과정 전체가 낱낱이 공개되어야 하는 것은 아니고, 징계혐의 사실은 징계절차를 거친 다음 일응 확정되는 것이므로 징계절차에 회부되었을 뿐인 단계에서 그 사실을 공개함으로써 피해자의 명예를 훼손하는 경우, 이를 사회적으로 상당한 행위라고 보기는 어렵고, 그 단계에서의 공개로 원심이 밝힌 공익이 달성될 수 있을지도 의문이라는 이유 등으로 원심의 판단에 공공의 이익에 관한 법리오해가 있다고 보아 파기환송함.

82. 〈"○○○은 남의 재산을 탈취한 사기꾼이다. 사기꾼은 내려오라." 사건〉

Q 제310조의 '진실한 사실'과 '오로지 공공의 이익에 관한 때'의 의미는 무엇인가?

[1] 형법 제310조에는 '형법 제307조 제1항의 행위가 진실한 사실로서 오로지 공공의 이익에 관한 때에는 처벌하지 않는다'고 규정하고 있는데, 여기서 **'진실한 사실'**이라 함은 그 내용 전체의 취지를 살펴볼 때 중요한 부분이 객관적 사실과 합치되는 사실이라는 의미로 세부에 있어 진실과 약간 차이가 나거나 다소 과장된 표현이 있더라도 무방하다. 또한 **'오로지 공공의 이익에 관한 때'**라 함은 적시된 사실이 객관적으로 볼 때 공공의 이익에 관한 것으로서 행위자도 주관적으로 공공의 이익을 위하여 그 사실을 적시한 것이어야 하는 것인데, 여기의 공공의 이익에 관한 것에는 널리 국가·사회 기타 일반 다수인의 이익에 관한 것뿐만 아니라 특정한 사회집단이나 그 구성원 전체의 관심과 이익에 관한 것도 포함하는 것이고, 적시된 사실이 공공의 이익에 관한 것인지 여부는 당해 적시 사실의 내용과 성질, 당해 사실의 공표가 이루어진 상대방의 범위, 그 표현의 방법 등 그 표현 자체에 관한 제반 사정을 감안함과 동시에 그 표현에 의하여 훼손되거나 훼손될 수 있는 명예의 침해 정도 등을 비교·고려하여 결정하여야 하며, 행위자의 주요한 동기 내지 목적이 공공의 이익을 위한 것이라면 부수적으로 다른 사익적 목적이나 동기가 내포되어 있더라도 형법 제310조의 적용을 배제할 수 없다.

Q 개인에 대한 사항도 제310조가 적용될 수 있는가?

[2] 한편 사실적시의 내용이 **사회 일반의 일부 이익에만 관련된 사항**이라도 다른 일반인과의 공동생활에 관계된 사항이라면 공익성을 지닌다고 할 것이고, 이에 나아가 **개인에 관한 사항**이더라도 그것이 공공의 이익과 관련되어 있고 사회적인 관심을 획득한 경우라면 직접적으로 국가·사회 일반의 이익이나 특정한 사회집단에 관한 것이 아니라는 이유만으로 형법 제310조의 적용을 배제할 것은 아니다. **사인이라도** 그가 관계하는 사회적 활동의 성질과 사회에 미칠 영향을 헤아려 공공의 이익에 관련되는지 판단하여야 한다.

[3] 피고인들이 종중 회장 선출을 위한 종친회에서 피해자의 종친회 회장 출마에 반대하면서 "○○○은 남의 재산을 탈취한 사기꾼이다. 사기꾼은 내려오라."로 말한 사안에서, 피해자에게 「특정경제범죄 가중처벌 등에 관한 법률」 위반(횡령)죄의 전과가 있는 이상 위 발언이 주요부분에 있어 객관적 사실에 합치되는 것으로 볼 수 있고, 피해자의 종친회 회장으로서의 적격 여부는 종친회 구성원들 전체의 관심과 이익에 관한 사항으로서 공익성이 인정됨에도, 형법 제310조의 위법성 조각사유에 관한 피고인들의 주장을 배척하고 유죄를 선고한 원심판단에 심리미진 등의 잘못이 있다고 보아 파기환송한 사례(대판 2022.2.11. 2021도10827).

83. 〈병원 앞 전단지 배포 사건 – 수술한 의사 명예훼손 사건〉

[공소사실의 요지]

피고인이 일산 모 대학병원 정문 앞에서 "00대 병원에서 무릎 인공관절 수술을 하다 돌아가신 000 아들입니다" "00대 병원 ㅁㅁㅁ는 자기가 수술하다 죽은게 '재수가 없어 죽었다' 이런 막말을 하고 있습니다. 어떻게 의사란 사람이 상식 밖의 말을 하는지" " 00대학병원을 찾고 있는 모든 환자와 가족분들에게 알리고자 합니다."는 등의 문구와 수술 경과 모습이 촬영된 사진을 첨부한 전단지를 병원 앞에서 배포하여 수술한 의사의 명예를 훼손하였다.

[판결요지]

[1] (위 판례 [1]과 동일한 내용 생략)

[2] (위 판례 [2]와 동일한 내용 생략)

[3] 이 사건 전단지는 피고인이 의료사고로 사망한 환자의 유족으로서 담당 의료인인 피해자와 면담 과정에서 실제 경험한 일과 이에 대한 자신의 주관적 평가를 담고 있고, <u>주요부분에서 객관적 사실과 합치되는 것으로 볼 여지가 있으며</u>, 환자가 사망한 의료사고의 발생과 이에 대한 담당 의료인의 부적절한 대응으로 인한 의료소비자의 피해사례에 관한 것으로 볼 수 있어 피해자에게 의료행위를 받고자 하는 환자 등 의료소비자의 합리적인 선택권 행사에 도움이 될 수도 있는 정보로서 공적인 관심과 이익에 관한 사안이라는 등의 이유로, <u>피고인이 이 사건 전단지를 배포한 행위는 형법 제310조의 공공의 이익을 위한 것으로 볼 여지가 있다고 보아</u>, 쟁점 공소사실을 유죄로 판단한 원심을 파기한 사례(대판 2022.7.28. 2020도8421).

84. 〈'총학생회장으로서 음주운전을 끝까지 막지 못하여 사과드립니다.'고 발언한 사건〉

[1] (위 판례 [1]과 동일한 내용 생략)

[2] (위 판례 [2]와 동일한 내용 생략)

[3] 갑 대학교 총학생회장인 피고인이 총학생회 주관의 농활 사전답사 과정에서 을을 비롯한 학생회 임원진의 음주 및 음주운전 사실이 있었음을 계기로 음주운전 및 이를 묵인하는 관행을 공론화하여 '총학생회장으로서 음주운전을 끝까지 막지 못하여 사과드립니다.'라는 제목의 글을 써 페이스북 등에 게시함으로써 음주운전자로 특정된 을의 명예를 훼손하였다는 내용으로 기소된 사안에서, 게시글의 전체적인 취지ㆍ내용에 비추어 중요한 부분이 '진실한 사실'에 해당하고, 게시글은 주된 의도ㆍ목적의 측면에서 공익성이 충분히 인정되는 점 등을 종합하면, 피고인의 행위는 형법 제310조에 따라 위법성이 조각된다고 봄이 타당하다고 한 사례(대판 2023.2.2. 2022도13425).

85. 〈군형법상 상관명예훼손죄에 대하여 제310조 위법성조각사유의 유추적용이 가능하다는 판례〉★

Q 군형법상 상관명예훼손죄에 대하여 형법 제310조 위법성조각사유의 유추적용이 가능한가?

군형법은 제64조 제3항에서 '공연히 사실을 적시하여 상관의 명예를 훼손한 경우'에 대해 형법 제307조 제1항의 사실적시에 의한 명예훼손죄보다 형을 높여 처벌하도록 하면서 이에 대해 형법 제310조와 같이 공공의 이익에 관한 때에는 처벌하지 아니한다는 규정을 별도로 두지 않았다. 그러나 <u>입법에도 불구하고 입법자가 의도하지 않았던 규율의 공백이 있는 사안에 대하여 법규범의 체계, 입법 의도와 목적 등에 비추어 정당하다고 평가되는 한도 내에서 그와 유사한 사안에 관한 법규범을 적용할 수 있다고 할 것인바</u>, 형법 제307조 제1항의 행위에 대한 위법성조각사유를 규정한 형법 제310조는 군형법 제64조 제3항의 행위에 대해 <u>유추적용된다고 보아야 한다</u>(대판 2024.4.16. 2023도13333).

86. 〈"국민호텔녀", "퇴물" 사건 – 수지 사건〉★★

[사실관계]

피고인이 인터넷 포털사이트 뉴스 댓글 란에 여자 연예인인 피해자에 대하여 "국민호텔녀", "퇴물" 등의 표현을 사용하였다면 모욕죄에 해당하는가?

Q 모욕죄에서 모욕의 개념은 무엇인가?

[1] 모욕죄는 공연히 사람을 모욕하는 경우에 성립하는 범죄로서(형법 제311조), 사람의 가치에 대한 사회적 평가를 의미하는 외부적 명예를 보호법익으로 하고, 여기에서 모욕이란 사실을 적시하지 아니하고 사람의 사회적 평가를 저하시킬 만한 추상적 판단이나 경멸적 감정을 표현하는 것을 의미한다.

Q 표현의 자유와 명예보호 사이의 한계를 설정함에 있어서 어떠한 점을 고려하여야 하는가?

[2] 표현의 자유와 명예보호 사이의 한계를 설정함에 있어서 그 표현으로 인한 피해자가 공적인 존재인지 사적인 존재인지, 그 표현이 공적인 관심 사안에 관한 것인지 순수한 사적인 영역에 속하는 사안에 관한 것인지, 그 표현이 객관적으로 국민이 알아야 할 공공성, 사회성을 갖춘 사안에 관한 것으로 여론형성이나 공개토론에 기여하는 것인지 아닌지 등을 가려서 심사기준에 차이를 두어야 한다.

[3] 명예훼손과 모욕적 표현은 구분해서 다루어야 하고, 공적 관심사에 대한 표현의 자유 보장과 개인의 사적 법익 및 인격권 보호라는 두 법익이 충돌하였을 때에는 구체적인 경우에 표현의 자유로 얻어지는 가치와 인격권의 보호에 의하여 달성되는 **가치를 비교형량하여 그 규제의 폭과 방법을 정하여야 한다.**

Q 의견 표명으로서의 한계를 벗어나는 경우는 어떠한 것이 있는가?

[4] 표현행위의 형식과 내용이 모욕적이고 경멸적인 인신공격에 해당하거나 타인의 신상에 관하여 인격권을 침해한 경우에는 의견 표명으로서의 한계를 벗어난 것으로서 허용되지 않는다.

[5] 표현이 다의적이거나 의미가 확정되지 않은 신조어인 경우 피고인이 그러한 표현을 한 경위 및 동기, 피고인의 의도, 표현의 구체적인 내용과 맥락 등을 고려하여, 그 용어의 의미를 확정한 후 모욕적 표현에 해당하는지를 판단해야 한다.

Q 표현이 모욕죄의 구성요건에 해당하는 경우에도 사회상규에 위배되지 않는 때에는 형법 제20조의 정당행위가 성립할 수 있는가?

[6] 표현이 모욕죄의 구성요건에 해당하는 경우에도 사회상규에 위배되지 않는 때에는 형법 제20조의 정당행위가 성립한다. 이는 피고인과 피해자의 지위와 그 관계, 표현행위를 하게 된 동기, 경위나 배경, 표현의 전체적인 취지와 구체적인 표현방법, 모욕적인 표현의 맥락 그리고 전체적인 내용과의 연관성 등을 종합적으로 고려하여 판단해야 한다. 이를 종합하면, 연예인의 사생활에 대한 모욕적인 표현에 대하여 표현의 자유를 근거로 모욕죄의 구성요건에 해당하지 않거나 사회상규에 위배되지 않는다고 판단하는 데에는 신중할 필요가 있다. 특히 최근 사회적으로 인종, 성별, 출신 지역 등을 이유로 한 혐오 표현이 문제되고 있으며, 혐오 표현 중에는 특정된 피해자에 대한 사회적 평가를 저하하여 모욕죄의 구성요건에도 해당하

는 것이 적지 않은데, 그러한 범위 내에서는 모욕죄가 혐오 표현에 대한 제한 내지 규제로 기능하고 있는 측면을 고려하여야 한다(헌법재판소 2020. 12. 23. 선고 2017헌바456 등 결정 참조).

Q 위와 같은 사실관계를 전제로 할 때 피고인에게 모욕죄가 성립하는가?

[7] 피고인이 인터넷 포털사이트 뉴스 댓글난에 연예인인 피해자를 '국민호텔녀'로 지칭하는 댓글을 게시하여 모욕죄로 기소된 사안에서, '국민호텔녀'라는 표현은 피해자의 사생활을 들추어 피해자가 종전에 대중에게 호소하던 청순한 이미지와 반대의 이미지를 암시하면서 피해자를 성적 대상화하는 방법으로 비하하는 것으로서 여성 연예인인 피해자의 사회적 평가를 저하시킬 만한 모멸적인 표현으로 평가할 수 있고, 정당한 비판의 범위를 벗어난 것으로서 정당행위로 보기도 어렵다고 한 사례(대판 2022.12.15. 2017도19229).

모욕에 해당하지 않는다는 판례

87. 〈'정말 야비한 사람인 것 같습니다' 사건〉★

[사실관계]
사업소 소장인 피고인은 직원들에게 갑이 관리하는 다른 사업소의 문제를 지적하는 내용의 카카오톡 문자메시지를 발송하면서 "갑은 정말 야비한 사람인 것 같습니다."라고 표현하였다.

Q 어떠한 표현이 모욕죄의 모욕에 해당하는지는 상대방 개인의 주관적 감정이나 정서상 어떠한 표현을 듣고 기분이 나쁜지 등 명예감정을 침해할 만한 표현인지를 기준으로 판단하여야 하는가?

[1] 형법 제311조 모욕죄는 사람의 인격적 가치에 대한 사회적 평가를 의미하는 '외부적 명예'를 보호법익으로 하는 범죄로서, 여기서 '모욕'이란 사실을 적시하지 아니하고 사람의 외부적 명예를 침해할 만한 추상적 판단이나 경멸적 감정을 표현하는 것을 의미한다. 어떠한 표현이 모욕죄의 모욕에 해당하는지는 상대방 개인의 주관적 감정이나 정서상 어떠한 표현을 듣고 기분이 나쁜지 등 명예감정을 침해할 만한 표현인지를 기준으로 판단할 것이 아니라 당사자들의 관계, 해당 표현에 이르게 된 경위, 표현방법, 당시 상황 등 객관적인 제반 사정에 비추어 상대방의 외부적 명예를 침해할 만한 표현인지를 기준으로 엄격하게 판단하여야 한다.

Q 상대방을 불쾌하게 할 수 있는 무례하고 예의에 벗어난 정도의 표현도 모욕에 해당하는가?

[2] 어떠한 표현이 개인의 인격권을 심각하게 침해할 우려가 있는 것이거나 상대방의 인격을 허물어뜨릴 정도로 모멸감을 주는 혐오스러운 욕설이 아니라 상대방을 불쾌하게 할 수 있는 무례하고 예의에 벗어난 정도이거나 상대방에 대한 부정적 · 비판적 의견이나 감정을 나타내면서 경미한 수준의 추상적 표현이나 욕설이 사용된 경우 등이라면 특별한 사정이 없는 한 외부적 명예를 침해할 만한 표현으로 볼 수 없어 모욕죄의 구성요건에 해당된다고 볼 수 없다.

[3] 개인의 인격권으로서의 명예 보호와 민주주의의 근간을 이루는 기본권인 표현의 자유는 모두 헌법상 보장되는 기본권으로 각자의 영역 내에서 조화롭게 보호되어야 한다. 따라서 모욕죄의 구성요건을 해석 · 적용할 때에도 개인의 인격권과 표현의 자유가 함께 고려되어야 한다.

Q 위와 같은 사실관계를 전제로 할 때 피고인의 표현은 모욕에 해당하는가?

[4] 사업소 소장인 피고인이 직원들에게 갑이 관리하는 다른 사업소의 문제를 지적하는 내용의 카카오톡 문자메시지를 발송하면서 "갑은 정말 야비한 사람인 것 같습니다."라고 표현하여 갑을 모욕하였다는 내용으로 기소된 사안에서, 피고인과 갑의 관계, 문자메시지의 전체적 맥락 안에서 위 표현의 의미와 정도, 표현이 이루어진 공간 및 전후의 정황, 갑의 인격권으로서의 명예와 피고인의 표현의 자유의 조화로운 보호 등 제반 사정에 비추어 볼 때, <u>위 표현은 피고인의 갑에 대한 부정적·비판적 의견이나 감정이 담긴 경미한 수준의 추상적 표현에 불과할 뿐 갑의 외부적 명예를 침해할 만한 표현이라고 단정하기 어렵다</u>는 이유로, 이와 달리 보아 공소사실을 유죄로 인정한 원심판결에 형법상 모욕의 의미에 관한 법리오해의 잘못이 있다고 한 사례(대판 2022.8.31. 2019도7370).

[판결의 의의]

모욕죄의 모욕이란 '외부적 명예를 침해할 만한 표현'으로서(모욕의 의미) 모욕에 해당하는지는 명예감정을 침해할 만한 표현인지가 아니라 외부적 명예를 침해할 만한 표현인지를 기준으로 엄격하게 판단하여야 하고(판단기준), 모욕죄의 구성요건을 해석·적용함에 있어 인격권과 표현의 자유가 함께 고려되어야 한다고 판시함

88. 〈갑의 방송 영상을 게시하면서 갑의 얼굴에 '개' 얼굴을 합성한 사건〉★

[1] 형법 제311조의 모욕죄는 사람의 가치에 대한 사회적 평가를 의미하는 외부적 명예를 보호법익으로 하는 범죄로서, 모욕죄에서 말하는 모욕이란 사실을 적시하지 아니하고 사람의 사회적 평가를 저하시킬 만한 추상적 판단이나 경멸적 감정을 표현하는 것을 의미한다. 따라서 <u>어떠한 표현이 상대방의 인격적 가치에 대한 사회적 평가를 저하시킬 만한 것이 아니라면 설령 그 표현이 다소 무례한 방법으로 표시되었다 하더라도 이를 두고 모욕죄의 구성요건에 해당한다고 볼 수 없다.</u>

Q 언어적 수단이 아닌 비언어적·시각적 수단만을 사용하여 표현을 하더라도 모욕죄가 성립할 수 있는가?

[2] 모욕의 수단과 방법에는 제한이 없으므로 <u>언어적 수단이 아닌 비언어적·시각적 수단만을 사용하여 표현을 하더라도 그것이 사람의 사회적 평가를 저하시킬 만한 추상적 판단이나 경멸적 감정을 전달하는 것이라면 모욕죄가 성립한다.</u> 최근 영상 편집·합성 기술이 발전함에 따라 합성 사진 등을 이용한 모욕 범행의 가능성이 높아지고 있고, 시각적 수단만을 사용한 모욕이라 하더라도 그 행위로 인하여 피해자가 입는 피해나 범행의 가벌성 정도는 언어적 수단을 사용한 경우와 비교하여 차이가 없다.

[3] 피고인이 자신의 유튜브 채널에 갑의 방송 영상을 게시하면서 갑의 얼굴에 '개' 얼굴을 합성하는 방법으로 갑을 모욕하였다는 내용으로 기소된 사안에서, 원심판단 중 피고인이 갑을 '개'로 지칭하지는 않은 점 및 효과음, 자막을 사용하지 않았다는 사정을 무죄의 근거로 든 것은 적절하지 않으나, 영상의 전체적인 내용을 살펴볼 때, 피고인이 갑의 얼굴을 가리는 용도로 동물 그림을 사용하면서 갑에 대한 부정적인 감정을 다소 해학적으로 표현하려 한 것에 불과하다고 볼 여지도 상당하므로, <u>해당 영상이 갑을 불쾌하게 할 수 있는 표현이기는 하지만 객관적으로 갑의 인격적 가치에 대한 사회적 평가를 저하시킬 만한 모욕적 표현을 한 경우에 해당한다고 단정하기 어렵다</u>는 취지에서 공소사실을 무죄로 판단한 것은 수긍할 수 있다고 한 사례(대판 2023.2.2. 2022도4719).

89. 〈술꾼인 피해자 사건 - 모욕죄의 구성요건 해당성에 관한 사건〉

Q 모욕의 발언 이후 실제로 전파되었는지 여부는 전파가능성 유무를 판단함에 있어 고려될 수 있는가?

[1] 전파가능성을 이유로 모욕죄의 공연성이 인정될 수 있는 경우에도 범죄구성요건의 주관적 요소로서 미필적 고의는 필수적이므로, 행위자가 당시에 전파가능성에 대한 인식을 전제로 그 위험을 용인하는 내심의 의사가 존재한다는 사실 및 그에 대한 증명이 있어야 한다. 행위자가 전파가능성을 용인하였는지 여부는 외부에 나타난 행위의 형태·상황 등 구체적 사정을 기초로 하여 일반인이라면 전파가능성을 어떻게 평가할 것인가를 고려하면서 행위자의 입장에서 심리상태를 추인하여야 하므로, 행위자의 고의를 인정함에 있어 신중할 필요가 있다. 한편 발언 후 실제로 전파되었는지 여부는 전파가능성 유무를 판단함에 있어 소극적 사정으로 고려될 수 있다.

[2] 특히 발언의 내용 역시 피해자의 외부적 명예나 인격적 가치에 대한 사회적 평가를 저하시키거나 인격을 허물어뜨릴 정도로 모멸감을 주는 혐오스러운 표현이라기보다는 전체적으로 피해자의 입장에서 불쾌함을 느낄 정도의 부정적·비판적 의견이나 불편한 감정을 거칠게 나타낸 정도의 표현에 그치는 것으로서, 발언에 담긴 취지가 아니라 그와 같은 조악한 표현 자체를 피해자에게 그대로 옮겨 전파하리라는 사정을 쉽게 예상하기 어려운 경우에는 전파가능성을 인정함에 더욱 신중을 기할 필요가 있다(대판 2024.1.4. 2022도 14571).

[사실관계]

피고인이 같은 정당에 소속된 상대방에게 카카오톡 메신저로 피해자가 같은 정당 소속 의원과 간담회에 참석한 사진을 보내면서 '거기에 술꾼인 피해자가 송총이랑 가 있네요 ㅋ 거기는 술 안 사주는데. 입 열면 막말과 비속어, 욕설이 난무하는 피해자와 가까이해서 대장님이 득 될 것은 없다 봅니다.'는 취지의 메시지를 전송한 사안임

[원심의 판단]

원심은 피고인의 카카오톡 메시지 발송 행위가 공연성을 비롯한 모욕죄의 범죄구성요건을 충족한다고 판단하였음

[대법원의 판단]

대법원은, ① 특정 단체의 대표에게 단체 업무와 관련한 구성원의 처신, 자질 등과 관련한 사실을 단체의 이해관계자가 제보하는 행위는 해당 단체의 평판 및 건전한 존속, 운영 등과 직결된 사항이므로 전파가능성 내지 그에 대한 제보자의 인식을 쉽게 인정할 것은 아닌 점, ② 피고인과 상대방이 상호 담당하는 지위·역할에 따른 업무상 또는 공식적 관계에서 주고받은 메시지의 내용을 불특정 또는 다수인에게 전파할 이유나 가능성이 객관적으로 증명되었다고 보기 어려운 점, ③ 상대방의 태도·의사·인식 및 메시지 처리 내역에 비추어 보면 공연성을 부정할 만한 소극적 사정이 존재하는 점, ④ 피고인이 전제되는 객관적 사실관계를 토대로 자신의 판단과 피해자가 취한 태도 등이 합당한가 하는데 대한 자신의 판단·의견을 밝히고 그 타당성을 강조하는 과정에서 부분적으로 모욕적인 표현이 사용된 것에 불과하다면, 이는 사회상규에 위배되지 않는 행위로서 형법 제20조에 의하여 위법성이 조각되는 점 등을 종합하여, 피고인이 카카오톡 메시지를 보낸 행위에 모욕죄의 공연성이 있었다거나 피고인에게 전파가능성에 대한 인식과 그 위험을 용인하는 의사가 있었다고 단정하기 어렵다고 보아, 이와 달리 판단한 원심판결을 파기·환송함

90. 〈기레기 사건〉★

[사실관계]

피해자 작성의 "우리에게 '독'이 아니라 '득'이 되는 MDPS"라는 제목의 기사(이하 '이 사건 기사'라고 한다)가 인터넷 포털 사이트 '다음'의 자동차 뉴스 '핫이슈' 난에 게재되자, 피고인이 댓글로 "이런걸 기레기라고 하죠?"라는 내용의 글(이하 '이 사건 댓글'이라고 한다)을 게시하였다.

Q 위와 같은 사실관계를 전제로 할 때 피고인에게 모욕죄가 성립하는가?

[1] 모욕죄에서 말하는 모욕이란 사실을 적시하지 아니하고 사람의 사회적 평가를 저하시킬 만한 추상적 판단이나 경멸적 감정을 표현하는 것을 의미한다. 다만 어떤 글이 모욕적 표현을 담고 있는 경우에도 그 글이 객관적으로 타당성이 있는 사실을 전제로 하여 그 사실관계나 이를 둘러싼 문제에 관한 자신의 판단과 피해자의 태도 등이 합당한가 하는 데 대한 자신의 의견을 밝히고, 자신의 판단과 의견이 타당함을 강조하는 과정에서 부분적으로 모욕적인 표현이 사용된 것에 불과하다면 **사회상규에 위배되지 않는 행위로서 형법 제20조에 의하여 위법성이 조각될 수 있다.** 그리고 특정 사안에 대한 의견을 공유하는 인터넷 게시판 등의 공간에서 작성된 단문의 글에 모욕적 표현이 포함되어 있더라도, 그 글이 동조하는 다른 의견들과 연속적·전체적인 측면에서 볼 때, 그 내용이 객관적으로 타당성이 있는 사정에 기초하여 관련 사안에 대한 자신의 판단 내지 피해자의 태도 등이 합당한가 하는 데 대한 자신의 의견을 강조하거나 압축하여 표현한 것이라고 평가할 수 있고, 그 표현도 주로 피해자의 행위에 대한 것으로서 지나치게 악의적이지 않다면, 다른 특별한 사정이 없는 한 그 글을 작성한 행위는 사회상규에 위배되지 않는 행위로서 위법성이 조각된다고 보아야 한다.

Q 위와 같은 사실관계를 전제로 할 때 피고인에게 모욕죄가 성립하는가?

[2] 인터넷 신문사 소속 기자 갑이 작성한 기사가 인터넷 포털 사이트의 '핫이슈' 난에 게재되자, 피고인이 "이런걸 기레기라고 하죠?"라는 댓글을 게시함으로써 공연히 갑을 모욕하였다는 내용으로 기소된 사안에서, '기레기'는 모욕적 표현에 해당하나, 위 댓글의 내용, 작성 시기와 위치, 위 댓글 전후로 게시된 다른 댓글의 내용과 흐름 등을 종합하면, 위 댓글을 작성한 행위는 사회상규에 위배되지 않는 행위로서 형법 제20조에 의하여 위법성이 조각된다고 한 사례(대판 2021.3.25. 2017도17643).

91. 〈"철면피, 파렴치, 양두구육, 극우부패세력" 사건〉★

[사실관계]

피고인이 자신의 페이스북에 갑에 대한 비판적인 글을 게시하면서 "철면피, 파렴치, 양두구육, 극우부패세력"이라는 표현을 사용하여 갑을 모욕하였다.

Q 위와 같은 사실관계를 전제로 할 때 피고인에게 모욕죄가 성립하는가?

[1] (위 판례 [1]과 동일한 내용 생략)

[2] 피고인이 자신의 페이스북에 갑에 대한 비판적인 글을 게시하면서 "철면피, 파렴치, 양두구육, 극우부패세력"이라는 표현을 사용하여 갑을 모욕하였다는 내용으로 기소된 사안에서, 피고인이 사용한 위 표현이 모욕적 표현으로서 모욕죄의 구성요건에는 해당하나, 제반 사정을 종합할 때 피고인이 갑의 공적활동과 관련한 자신의 의견을 담은 게시글을 작성하면서 위 표현을 한 것은 사회상규에 위배되지 않는행위로서 위법성이 조각된다고 볼 여지가 크다고 한 사례(대판 2022.8.25. 2020도16897).

92. 〈"버스노조 악의 축, 갑과 을 구속수사하라!!" 사건〉★

[사실관계]
지역버스노동조합 조합원인 피고인이 자신의 페이스북에 집회 일정을 알리면서 노동조합 집행부인 피해자 갑과 을을 지칭하며 "버스노조 악의 축, 갑과 을 구속수사하라!!"라는 표현하였다.

Q 위와 같은 사실관계를 전제로 할 때 피고인에게 모욕죄가 성립하는가?

[1] (위 판례 [1]과 동일한 내용 생략)
[2] 지역버스노동조합 조합원인 피고인이 자신의 페이스북에 집회 일정을 알리면서 노동조합 집행부인 피해자 갑과 을을 지칭하며 "버스노조 악의 축, 갑과 을 구속수사하라!!"라는 표현을 적시하여 피해자들을 모욕하였다는 내용으로 기소된 사안에서, 위 표현이 피해자들의 사회적인 평가를 저해시킬 만한 경멸적인표현에 해당하는 것으로 보이지만, 제반 사정을 종합할 때 피고인이 노동조합 집행부의 공적 활동과 관련한 자신의 의견을 담은 게시글을 작성하면서 그러한 표현을 한 것은 사회상규에 위배되지 않는 정당행위로서 위법성이 조각된다고 볼 여지가 크다고 한 사례(대판 2022.10.27. 2019도14421).

군형법상 상관모욕죄 관련 판례

93. 〈'도라이' 사건〉★

[사실관계]
피고인은 해군 부사관 동기생의 단체채팅방에서, 피고인의 직속상관인 피해자가 목욕탕 청소담당 교육생들에게 과실 지적을 많이 한다는 이유로, "도라이 ㅋㅋㅋ 습기가 그렇게 많은데"라고 게시하였다.

Q 위와 같은 사실관계를 전제로 할 때 피고인에게 군형법상 상관모욕죄에 해당하는가?

[1] 공연히 타인을 모욕한 경우에 이를 처벌하는 것은 사람의 인격적 가치에 대한 사회적 평가 즉 외부적 명예를 보호하기 위함이다. 반면에 모욕죄의 형사처벌은 표현의 자유를 제한하고 있으므로(헌법재판소 2013. 6. 27. 선고 2012헌바37 결정 참조), 어떠한 글이 모욕적 표현을 포함하는 판단이나 의견을 담고있을 경우에도 그 시대의 건전한 사회통념에 비추어 살펴보아 그 표현이 사회상규에 위배되지 않는 행위로볼 수 있는 때에는 형법 제20조의 정당행위에 해당하여 위법성이 조각된다고 보아야 하고, 이로써 표현의자유로 획득되는 이익 및 가치와 명예 보호에 의하여 달성되는 이익 및 가치를 적절히 조화할 수 있다.

[2] 군형법상 상관모욕죄를 적용할 때에도 충돌하는 기본권이 적절히 조화되고 상관모욕죄에 의한 처벌이 필요최소한의 범위 내에서 표현의 자유를 제한하도록 하여야 한다. 다만 군형법상 상관모욕죄는 상관에 대한 사회적 평가의 보호에 더하여 군 조직의 질서 및 통수체계 유지를 보호법익으로 하므로, 해당 표현이 형법 제20조에 의하여 위법성이 조각될 수 있는지 여부는 피해자 및 피고인의 지위와 역할, 해당 표현으로 인한 군의 조직질서와 정당한 지휘체계의 침해 여부와 그 정도 등을 함께 고려하여 구체적·개별적으로 판단하여야 한다.

[3] 부사관 교육생이던 피고인이 동기들과 함께 사용하는 단체채팅방에서 지도관이던 피해자가 목욕탕 청소 담당에게 과실 지적을 많이 한다는 이유로 "도라이 ㅋㅋㅋ 습기가 그렇게 많은데"라는 글을 게시하여 공연히 상관인 피해자를 모욕하였다는 내용으로 기소된 사안에서, '도라이'는 상관인 피해자를 경멸적으로 비난한 것으로 모욕적인 언사라고 볼 수 있으나, 피고인의 위 표현은 동기 교육생들끼리 고충을 토로하고 의견을 교환하는 사이버공간에서 상관인 피해자에 대하여 일부 부적절한 표현을 사용하게 된 것에 불과하고 이로 인하여 군의 조직질서와 정당한 지휘체계가 문란하게 되었다고 보이지 않으므로, 이러한 행위는 사회상규에 위배되지 않는다고 한 사례(대판 2021.8.19. 2020도14576).

정통망법 관련 판례

94. 〈고등학교 동창 단체 채팅방 사건〉★

[사실관계]
피고인은 고등학교 동창인 피해자로부터 사기 범행을 당했던 사실에 관하여 같은 학교 동창들이 참여한 단체 채팅방에서 '피해자가 내 돈을 갚지 못해 사기죄로 감방에서 몇 개월 살다가 나왔다. 집에서도 포기한 애다. 너희들도 조심해라.'라는 글을 올렸다.

Q 드러낸 사실이 다른 사람의 사회적 평가를 떨어트릴 만한 것임을 인식하는 것과 사람을 비방할 목적은 동일한 것인가?

[1] 「정보통신망 이용촉진 및 정보보호 등에 관한 법률」 제70조 제1항은 "사람을 비방할 목적으로 정보통신망을 통하여 공공연하게 사실을 드러내어 다른 사람의 명예를 훼손한 자는 3년 이하의 징역 또는 3천만 원 이하의 벌금에 처한다."라고 정한다. 이 규정에 따른 범죄가 성립하려면 피고인이 공공연하게 드러낸 사실이 다른 사람의 사회적 평가를 떨어트릴 만한 것임을 인식해야 할 뿐만 아니라 사람을 비방할 목적이 있어야 한다. 비방할 목적이 있는지는 피고인이 드러낸 사실이 사회적 평가를 떨어트릴 만한 것인지와 별개의 구성요건으로서, 드러낸 사실이 사회적 평가를 떨어트리는 것이라고 해서 비방할 목적이 당연히 인정되는 것은 아니다. 그리고 이 규정에서 정한 모든 구성요건에 대한 증명책임은 검사에게 있다.

Q '비방할 목적'과 '공공의 이익'은 양립할 수 있는가?

[2] '비방할 목적'은 드러낸 사실의 내용과 성질, 사실의 공표가 이루어진 상대방의 범위, 표현의 방법 등 표현 자체에 관한 여러 사정을 감안함과 동시에 그 표현으로 훼손되는 명예의 침해 정도 등을 비교·형량하여 판단해야 한다. 이것은 공공의 이익을 위한 것과는 행위자의 주관적 의도라는 방향에서 상반되므로, 드러낸 사실이 공공의 이익에 관한 것인 경우에는 특별한 사정이 없는 한 비방할 목적은 부정된다. 여기

에서 '드러낸 사실이 공공의 이익에 관한 것인 경우'란 드러낸 사실이 객관적으로 볼 때 공공의 이익에 관한 것으로서 행위자도 주관적으로 공공의 이익을 위하여 그 사실을 드러낸 것이어야 한다.

[2] (공공의 이익에 대한 내용으로서 앞에 나온 판례들과 동일하므로 생략)

Q 위와 같은 사실관계를 전제로 할 때 피고인에게 정통망법위반(명예훼손)죄가 성립할 수 있는가?

[3] 피고인이 고등학교 동창인 피해자로부터 사기 범행을 당했던 사실에 관하여 같은 학교 동창들이 참여한 단체 채팅방에서 '피해자가 내 돈을 갚지 못해 사기죄로 감방에서 몇 개월 살다가 나왔다. 집에서도 포기한 애다. 너희들도 조심해라.'라는 글을 올린 행위로 정보통신망 이용촉진 및 정보보호 등에 관한 법률 위반(명예훼손)으로 기소된 사안에서, 피고인이 드러낸 사실의 내용, 작성 경위와 동기 등 여러 사정을 위에서 본 법리에 비추어 살펴보면, 피고인이 이 사건 글을 작성한 주요한 동기와 목적이 공공의 이익을 위한 것으로 볼 여지가 있어 피고인에게 비방할 목적이 증명되었다고 보기 어렵다는 이유로, 이와 달리 원심이 이 사건 공소사실을 유죄로 인정한 것에 정보통신망 이용촉진 및 정보보호 등에 관한 법률 제70조 제1항에서 정한 '비방할 목적'에 관한 법리를 오해하여 판결에 영향을 미친 잘못이 있다고 보아 원심판결을 파기한 사례(대판 2022.7.28. 2022도4171).

제2절 ㅣ 신용·업무와 경매에 관한 죄

업무방해죄 기본 법리 관련 판례
---

95. 〈피고인들이 농협 이사회에서 허위의 자료를 제출하는 등의 방법으로 안건을 통과시켜 이사회에 출석한 이사 및 감사에 대한 업무방해 등으로 기소된 사건〉★

Q 업무방해죄의 보호대상이 되는 업무에는 주된 업무와 밀접불가분의 관계에 있는 부수적인 업무도 이에 포함되는가?

Q 피고인들이 공모하여 이사회에서 '급여규정 일부 개정안'에 대하여 허위로 설명 또는 보고하거나 개정안과 관련하여 허위의 자료를 작성하여 제시하였다면, 甲 농협 감사의 甲 농협의 재산과 업무집행상황에 대한 감사, 이사회에 대한 의견 진술 등에 관한 업무를 방해하였는가?

[1] 업무방해죄의 보호대상이 되는 "업무"라 함은 직업 또는 사회생활상의 지위에 기하여 계속적으로 종사하는 사무나 사업을 말하는 것으로, 이러한 주된 업무와 밀접불가분의 관계에 있는 부수적인 업무도 이에 포함된다(대법원 1993. 2. 9. 선고 92도2929 판결 등 참조). 그러나 이사회가 의안 심의 및 결의에 관한 업무와 관련하여 특정 안건의 심의 및 의결 절차의 편의상 이사회 구성원이 아닌 감사 등의 의견을 청취하는 것은 그 실질에 있어 이사회 구성원인 이사들의 의안 심의 및 결의에 관한 계속적 업무 혹은 그와 밀접불가분의 관계에 있는 업무에 해당할 뿐, 그와 같은 경위로 이사회에 출석하여 의견을 진술한 이사회 구성원 아닌 감사의 업무를 방해한 경우에 해당한다고 볼 수 없다.

[2] 피고인들이 공모하여 이사회에서 '급여규정 일부 개정안'에 대하여 허위로 설명 또는 보고하거나 개정안과 관련하여 허위의 자료를 작성하여 제시하였는데, 위와 같은 행위로 위계로써 甲 농협 감사의 甲 농협의 재산과 업무집행상황에 대한 감사, 이사회에 대한 의견 진술 등에 관한 업무를 방해하였다는 내용으로 기소된 사안에서, 피고인들의 행위로 이사회에 출석하여 의견을 진술한 이사회 구성원 아닌 감사의 업무가 방해된 경우에 해당하지 않음에도, 이와 달리 본 원심판단에 법리오해의 잘못이 있다고 한 사례(대판 2023.9.27. 2023도9332).

[원심의 판단]

원심은, 피고인들이 공모하여 위계로써 금산농협의 감사인 피해자 A, B의 금산농협의 재산과 업무집행상황에 대한 감사, 이사회에 대한 의견 진술 등에 관한 업무를 각각 방해하였다고 보아 감사에 대한 업무방해 사실을 유죄로 인정하였음

[대법원의 판단]

대법원은, 피고인들이 금산농협의 제8차 및 제11차 이사회에서 '급여규정 일부 개정안'에 대하여 허위로 설명 또는 보고하거나 개정안과 관련하여 허위의 자료를 작성하여 이사들에게 제시하였다고 하더라도, 그와 같은 행위는 직접적·본질적으로 이사들의 '급여규정 일부 개정안' 심의·의결 업무를 방해한 것으로 볼 수 있을 뿐, 이사회에 참석한 감사의 업무를 방해한 것으로 보기는 어렵고, 피고인들의 이사들에 대한 기망적인 행위로 인해 위 이사회에 출석한 감사가 의견을 진술하는 데에 결과적으로 지장을 초래한 것으로 볼 수 있다 하더라도 그 실질은 이사들의 정상적인 심의·의결 업무를 방해하는 행위로 평가·포섭될 수 있을 뿐이라고 보아, 피고인들의 행위로 인하여 감사들의 업무가 방해되었다고 인정한 원심의 판단에 업무방해죄의 '업무'에 관한 법리를 오해하여 판결에 영향을 미친 잘못이 있다는 이유로, 원심판결을 파기·환송함

96. 〈강제집행은 집행관의 고유 업무이지 위임한 조합의 업무가 아니라는 판례〉★

[1] 집행관은 집행관법 제2조에 따라 재판의 집행 등을 담당하면서 그 직무 행위의 구체적 내용이나 방법 등에 관하여 전문적 판단에 따라 합리적인 재량을 가진 독립된 단독의 사법기관이다.

[2] 따라서 채권자의 집행관에 대한 집행위임은 비록 민사집행법 제16조 제3항, 제42조 제1항, 제43조 등에 '위임'으로 규정되어 있더라도 이는 집행개시를 구하는 신청을 의미하는 것이지 일반적인 민법상 위임이라고 볼 수는 없다(대판 2023.4.27. 2020도34).

[사건의 경과]

(1) 피고인들은 재개발정비사업조합('조합')의 건물명도소송 확정판결에 따른 강제집행에 대해 조합의 이주, 철거업무를 방해하였다는 공소사실로 기소되었음

(2) 원심은, 강제집행 방해행위가 집행을 위임한 조합의 업무를 방해한 것이라고 보아 유죄를 선고하였음

(3) 대법원은, 강제집행은 집행관의 고유 업무이지 위임한 조합의 업무가 아니므로 업무방해죄가 성립된다고 보기 어렵다는 이유로 원심판결을 파기·환송함

97. 〈무자격자가 개설한 의료기관에 고용된 의료인의 진료업무 방해 사건〉★★

[공소사실의 요지]

피고인이 단독으로 또는 공모하여 11회에 걸쳐 의료인인 공소외 1이 진료를 하는 병원에서 큰 소리를 지르거나, 환자 진료 예약이 있는 공소외 1을 붙잡고 있는 등의 방법으로 위력으로 공소외 1의 진료 업무를 방해하였다는 것이다.

Q 형법상 업무방해죄의 보호대상이 되는 '보호가치 있는 업무'가 되기 위해서는 그 업무의 기초가 된 계약 또는 행정행위 등이 반드시 적법하여야 하는가?

[1] 형법상 업무방해죄의 보호대상이 되는 '업무'란 직업 또는 계속적으로 종사하는 사무나 사업을 말하는 것으로서 타인의 위법한 행위에 의한 침해로부터 보호할 가치가 있는 것이면 되고, **그 업무의 기초가 된 계약 또는 행정행위 등이 반드시 적법하여야 하는 것은 아니므로**, 법률상 보호할 가치가 있는 업무인지 여부는 그 사무가 사실상 평온하게 이루어져 사회적 활동의 기반이 되고 있느냐에 따라 결정되는 것이고, 그 업무의 개시나 수행과정에 실체상 또는 절차상의 하자가 있다고 하더라도 그 정도가 반사회성을 띠는 데까지 이르지 아니한 이상 업무방해죄의 보호대상이 된다고 보아야 한다.

Q 무자격자에 의해 개설된 의료기관에 고용된 의료인이 환자를 진료한다면 그 진료행위는 당연히 반사회성을 띠는 행위가 되는가?

[2] 의료인이나 의료법인이 아닌 자가 의료기관을 개설하여 운영하는 행위는 업무방해죄의 보호대상이 되는 업무에 해당하지 않는다. 그러나 무자격자에 의해 개설된 의료기관에 고용된 의료인이 환자를 진료한다고 하여 그 진료행위 또한 **당연히 반사회성을 띠는 행위라고 볼 수는 없다.** 이때 의료인의 진료 업무가 업무방해죄의 보호대상이 되는 업무인지는 의료기관의 개설·운영 형태, 해당 의료기관에서 이루어지는 진료의 내용과 방식, 피고인의 행위로 인하여 방해되는 업무의 내용 등 사정을 종합적으로 고려하여 판단해야 한다.

Q 위와 같은 공소사실을 전제로 할 때 피고인에게 업무방해죄가 성립하는가?

[3] 의료인인 갑의 명의로 의료인이 아닌 을이 개설하여 운영하는 병 병원에서, 피고인이 단독으로 또는 공모하여 11회에 걸쳐 큰 소리를 지르거나 환자 진료 예약이 있는 갑을 붙잡고 있는 등의 방법으로 위력으로써 갑의 진료 업무를 방해하였다는 내용으로 기소된 사안에서, **피고인의 행위와 당시의 주변 상황 등을 종합하면, 공소사실 전부 또는 그중 일부는 피고인이 갑의 환자에 대한 진료행위를 방해한 것으로 볼 여지가 있으므로,** 피고인이 병 병원의 일반적인 운영 외에 갑의 진료행위를 방해한 것인지에 대해 더 세밀하게 심리하여 업무방해죄 성립 여부를 판단하였어야 함에도, 원심이 병 병원의 운영에 관한 업무는 업무방해죄의 보호대상이 되는 업무에 해당하지 않는다고 전제한 다음, 갑의 진료행위도 병 병원의 운영에 관한 업무에 포함되어 별개의 보호가치 있는 업무로 볼 수 없다고 단정하여 공소사실을 무죄로 판단한 것에 업무방해죄의 업무에 관한 법리오해의 잘못이 있다고 한 사례(대판 2023.3.16. 2021도16482).

[원심의 판단]
원심은, 무자격자에 의해 개설된 의료기관의 운영에 관한 업무는 업무방해죄의 보호대상이 되는 업무에 해당하지 않는다고 전제한 다음, 고용된 의료인의 진료업무도 위 의료기관의 운영에 관한 업무에 포함되고 별개의 보호가치 있는 업무로 볼 수 없다고 보아 업무방해 공소사실을 무죄로 판단하였음.

[대법원의 판단]
이에 대법원은, 무자격자가 의료기관을 개설하여 운영하는 행위는 업무방해죄의 보호대상이 되는 업무에 해당하지 않더라도 고용된 의료인이 환자를 진료하는 행위는 업무방해죄의 보호대상이 될 수 있으므로, 의료기관의 개설·운영 형태, 해당 의료기관에서 이루어지는 진료의 내용과 방식, 피고인의 행위로 인하여 방해되는 업무의 내용 등 사정을 종합적으로 고려하여 판단해야 한다고 보아, 이와 달리 판단한 원심을 파기·환송함.

98. 〈'쪼개기 송금' 사건〉★

[사실관계]

전화금융사기 조직의 현금 수거책인 피고인은 무매체 입금거래의 '1인 1일 100만 원' 한도 제한을 회피하기 위하여 은행 자동화기기에 제3자의 주민등록번호를 입력하는 방법으로 이른바 '쪼개기 송금'을 하였다.

Q 컴퓨터 등 정보처리장치에 정보를 입력하는 등의 행위로 말미암아 업무과 관련하여 오인, 착각 또는 부지를 일으킨 상대방이 없었던 경우에도 위계가 있었다고 볼 수 있는가?

[1] 위계에 의한 업무방해죄에서 '위계'란 행위자가 행위 목적을 달성하기 위하여 상대방에게 오인, 착각 또는 부지를 일으키게 하여 이를 이용하는 것을 말한다. **컴퓨터 등 정보처리장치에 정보를 입력하는 등의 행위도 그 입력된 정보 등을 바탕으로 업무를 담당하는 사람의 오인, 착각 또는 부지를 일으킬 목적으로 행해진 경우에는 여기서 말하는 위계에 해당할 수 있으나, 위와 같은 행위로 말미암아 업무과 관련하여 오인, 착각 또는 부지를 일으킨 상대방이 없었던 경우에는 위계가 있었다고 볼 수 없다.**

Q 위와 같은 사실관계를 전제로 할 때 피고인에게 위계에 의한 업무방해죄가 성립하는가?

[2] 전화금융사기 조직의 현금 수거책인 피고인이 무매체 입금거래의 '1인 1일 100만 원' 한도 제한을 회피하기 위하여 은행 자동화기기에 제3자의 주민등록번호를 입력하는 방법으로 이른바 '쪼개기 송금'을 한 것이 은행에 대한 업무방해죄로 기소된 사안에서, 대법원은 피고인의 행위가 업무방해죄에서 말하는 위계에 해당하지 않는다는 전제에서 위계에 의한 업무방해죄가 성립하지 않는다고 본 원심판단을 수긍한 사례(대판 2022.2.11. 2021도12394).

99. 〈무매체 입금거래 사건〉★

[사실관계]

피고인은 자동화기기를 통한 무매체 입금거래 한도 제한을 회피하기 위해 제3자의 주민등록번호를 이용하여 1일 100만 원 이하의 무매체 입금거래를 하였다.

[1] (위 판례 [1]과 동일한 내용 생략)

Q 위와 같은 사실관계를 전제로 할 때 피고인에게 위계에 의한 업무방해죄가 성립하는가?

[2] 피고인 1명이 자동화기기에서 전화금융사기 편취금을 성명불상의 전화금융사기 조직원이 지정한 계좌로 입금하는 것임에도 전화금융사기 조직원으로부터 제공받은 제3자 명의 주민등록번호를 이용해 마치 여러 명이 각각 피해자 금융기관의 한도를 준수하면서 정상적으로 입금하는 것처럼 가장하여 피고인이 성명불상자의 전화금융사기 조직원과 공모하여 위계로써 피해자 은행들의 자동화기기 무통장 · 무카드 입금거래 업무를 방해하였다는 공소사실로 기소된 사안에서, **그 입금거래 과정에 은행 직원 등 다른 사람의 업무가 관여되었다고 볼 만한 사정이 없다는 이유로, 피고인의 행위가 업무방해죄의 위계에 해당한다고 할 수 없다고 한 사례**(대판 2022.5.12. 2022도3265).

100. 〈"참 선생님들이 말을 안 듣네" 사건〉

[사실관계]

○○고등학교 교장인 피고인은 2016.경 신입생 입학 사정회의 과정에서 면접위원인 피해자들에게 "참 선생님들이 말을 안 듣네. 중학교는 이 정도면 교장 선생님한테 권한을 줘서 끝내는데. 왜 그러는 거죠?" 등 특정 학생을 합격시키라는 취지로 강압적인 이 사건 발언을 하여 특정 학생의 면접점수를 상향시켜 신입생으로 선발되도록 하였다.

Q 행위자가 상대방의 의사결정에 관여할 수 있는 권한을 가지고 있거나 업무상의 지시를 할 수 있는 지위에 있는 경우에도 위력을 행사한 것이라고 할 수 있는가?

[1] 형법상 업무방해죄에서 말하는 '위력'은 반드시 유형력의 행사에 국한되지 아니하므로 폭력·협박은 물론 사회적·경제적·정치적 지위와 권세에 의한 압박 등도 이에 포함되지만, 적어도 그러한 위력으로 인하여 피해자의 자유의사를 제압하기에 충분하다고 평가될 정도의 세력에는 이르러야 한다. 한편 어떤 행위의 결과 상대방의 업무에 지장이 초래되었더라도 **행위자가 상대방의 의사결정에 관여할 수 있는 권한을 가지고 있거나 업무상의 지시를 할 수 있는 지위에 있는 경우**에는 그 행위의 내용이나 수단이 사회통념상 허용될 수 없는 등 특별한 사정이 없는 한 위력을 행사한 것이라고 할 수 없다. 또한 업무방해죄의 성립에는 업무방해의 결과가 실제로 발생할 것을 요하지 아니하지만 업무방해의 결과를 초래할 위험은 발생하여야 하고, 그 위험의 발생이 위계 또는 위력으로 인한 것인지 신중하게 판단되어야 한다.

Q 위와 같은 사실관계를 전제로 할 때 피고인에게 위력에 의한 업무방해죄가 성립하는가?

[2] 갑 고등학교의 교장인 피고인이 신입생 입학 사정회의 과정에서 면접위원인 피해자들에게 "참 선생님들이 말을 안 듣네. 중학교는 이 정도면 교장 선생님한테 권한을 줘서 끝내는데. 왜 그러는 거죠?" 등 특정 학생을 합격시키라는 취지의 발언을 하여 특정 학생의 면접 점수를 상향시켜 신입생으로 선발되도록 함으로써 위력으로 피해자들의 신입생 면접 업무를 방해하였다는 내용으로 기소된 사안에서, 제반 사정을 종합하면, 피고인은 학교 교장이자 학교입학전형위원회 위원장으로서 위 사정회의에 참석하여 자신의 의견을 밝힌 후 계속하여 논의가 길어지자 발언을 한 것인바, 그 발언에 다소 과도한 표현이 사용되었더라도 위력을 행사하였다고 단정하기 어렵고, 그로 인하여 피해자들의 신입생 면접 업무가 방해될 위험이 발생하였다고 보기도 어렵다고 한 사례(대판 2023.3.30. 2019도7446).

101. 〈정당 규탄 기자회견 사건〉★

Q 정치적인 의사표현을 위한 집회나 행위가 형법 제314조 제1항의 업무방해죄에서 말하는 위력의 개념에 포섭될 수 있는가?

[1] **정치적인 의사표현을 위한 집회나 행위**가 헌법 제21조에 따라 보장되는 정치적 표현의 자유나 헌법 제10조에 내재된 일반적 행동의 자유의 관점 등에서 보호받을 가능성이 있더라도 **전체 법질서상 용인될 수 없을 정도로 사회적 상당성을 갖추지 못한 때**에는 그 행위 자체가 위법한 세력의 행사로서 형법 제314조 제1항의 업무방해죄에서 말하는 **위력의 개념에 포섭될 수 있다.**

[2] 정당의 전당대회가 개최되는 전시회장 앞 광장에서 피고인들이 50명의 집회참가자들과 공모하여 정당 규탄 기자회견을 추진하면서 행한 정치적 의사표현의 집단적인 행위들에 대하여 업무방해죄로 기소된 사안에서, 피고인들의 행위가 사람의 자유의사를 제압·혼란케 할 만한 '위력'에 해당하고 업무방해의 고의도 인정되며, 피고인들의 과격한 행위로 물리적 충돌이 발생하고 전당대회 개최가 지연되는 등 전당대회 진행, 당대표·최고위원 선출 등 정당의 업무가 방해되는 결과가 발생하였다는 이유로 위력에 의한 업무방해죄가 성립한다고 본 원심을 수긍한 사안(대판 2022.6.16. 2021도16591).

102. 〈지방공기업 사장인 피고인이 자격요건을 무단으로 변경하여 특정인을 채용한 사건〉★

[사실관계]

지방공기업 사장인 피고인이 내부 인사규정 변경을 위한 적법한 절차를 거치지 않은 채 채용공고상 자격요건을 무단으로 변경하여 A를 2급 경력직의 사업처장으로 채용하였다.

Q 위와 같은 사실관계를 전제로 할 때 피고인에게 위계에 의한 업무방해죄가 성립하는가?

지방공기업 사장인 피고인이 내부 인사규정 변경을 위한 적법한 절차를 거치지 않은 채 채용공고상 자격요건을 무단으로 변경하여 공동피고인을 2급 경력직의 사업처장으로 채용한 행위에 대하여 위계 또는 위력에 의한 업무방해죄로 기소된 사안에서, 채용공고가 인사규정에 부합하는지 여부는 서류심사위원과 면접위원의 업무와 무관하고, 피고인들이 서류심사위원과 면접위원에게 오인, 착각 또는 부지를 일으키게 하여 이를 이용하였다고 볼 수 없으며, 공기업 대표이사인 피고인은 직원 채용 여부에 관한 결정에 있어 인사담당자의 의사결정에 관여할 수 있는 권한을 갖고 있어 관련 업무지시를 위력 행사로 볼 수 없고, 피고인들이 서류심사위원과 면접위원, 인사담당자의 업무의 공정성, 적정성을 해하였거나, 이를 해한다는 인식이 있었다고 단정하기 어렵다고 보아 주위적 및 제1, 2 예비적 공소사실을 전부 무죄로 판단한 원심을 수긍한 사례(대판 2022.6.9. 2020도16182).

쟁의행위 관련 판례
---

103. 〈적법한 쟁의행위에 통상 수반되는 부수적 행위 사건〉

[사실관계]

한국철도시설공단 노동조합의 위원장인 피고인은 다른 노조간부 7명과 함께 공단의 경영노무처 사무실로 찾아가 방송실 관리자인 총무부장의 승인 없이 무단으로 방송실 안으로 들어가 문을 잠근 다음 방송을 하고, 다른 노조간부들은 방송실 문 밖에서 다른 직원들이 방송실에 들어가지 못하도록 막았다.

Q 근로자의 쟁의행위가 형법상 정당행위에 해당하려면 어떠한 요건을 구비하여야 하는가?

Q 적법한 쟁의행위에 통상 수반되는 부수적 행위가 형법상 정당행위에 해당하려면 어떠한 요건을 구비하여야 하는가?

[1] 근로자의 쟁의행위가 형법상 정당행위에 해당하려면, ① 주체가 단체교섭의 주체로 될 수 있는 자이어야 하고, ② 목적이 근로조건의 향상을 위한 노사 간의 자치적 교섭을 조성하는 데에 있어야 하며, ③ 사용자가 근로자의 근로조건 개선에 관한 구체적인 요구에 대하여 단체교섭을 거부하였을 때 개시하되 특별한 사정이 없는 한 조합원의 찬성결정 등 법령이 규정한 절차를 거쳐야 하고, ④ 수단과 방법이 사용자의 재산권과 조화를 이루어야 함은 물론 폭력의 행사에 해당되지 아니하여야 한다는 조건을 모두 구비하여야 한다. 이러한 기준은 쟁의행위의 목적을 알리는 등 적법한 쟁의행위에 통상 수반되는 부수적 행위가 형법상 정당행위에 해당하는지 여부를 판단할 때에도 동일하게 적용된다.

Q 위와 같은 사실관계를 전제로 할 때 피고인에게 업무방해죄가 성립하는가?

[2] 한국철도시설공단 노동조합의 위원장인 피고인이 다른 노조간부 7명과 함께 공단의 경영노무처 사무실로 찾아가 방송실 관리자인 총무부장의 승인 없이 무단으로 방송실 안으로 들어가 문을 잠근 다음 방송을 하고, 다른 노조간부들은 방송실 문 밖에서 다른 직원들이 방송실에 들어가지 못하도록 막음으로써, 노조간부 7명과 공모하여 방송실에 침입함과 동시에 위력으로 방송실 관리업무를 방해하였다는 공소사실로 기소된 사안에서 전체적으로 수단과 방법의 적정성을 벗어난 것으로 보이지 않으므로, 형법상 정당행위에 해당하여 위법성이 조각된다고 봄이 타당하다고 판단하고, 피고인을 유죄로 인정한 원심을 파기·환송한 사례(대판 2022.10.27. 2019도10516).

[대법원의 판단]

대법원은 위와 같은 법리를 설시한 다음, 아래와 같은 사정에 비추어 피고인의 행위는 외견상 그 각 구성요건에 해당한다고 볼 여지가 있으나, <u>그 주체와 목적의 정당성이 인정되고 절차적 요건을 갖추어 적법하게 개시된 쟁의행위의 목적을 공지하고 이를 준비하기 위한 부수적 행위이자, 그와 관련한 절차적 요건의 준수 없이 관행적으로 실시되던 방식에 편승하여 이루어진 행위로서,</u> 전체적으로 수단과 방법의 적정성을 벗어난 것으로 보이지 않으므로, 형법상 정당행위에 해당하여 위법성이 조각된다고 봄이 타당하다고 판단하고, 피고인을 유죄로 인정한 원심을 파기·환송하였음

업무방해죄의 방조범 관련 판례

104. 〈쟁의행위로 인한 업무방해에 대한 방조죄의 성립 범위〉★

Q 쟁의행위가 업무방해죄에 해당하는 경우 제3자가 그러한 정을 알면서 쟁의행위의 실행을 용이하게 한 경우에 업무방해방조죄가 성립할 수 있는가?

[1] 쟁의행위가 업무방해죄에 해당하는 경우 제3자가 그러한 정을 알면서 쟁의행위의 실행을 용이하게 한 경우에는 업무방해방조죄가 성립할 수 있다. 다만 헌법 제33조 제1항이 규정하고 있는 노동3권을 실질적으로 보장하기 위해서는 근로자나 노동조합이 노동3권을 행사할 때 제3자의 조력을 폭넓게 받을 수 있도록 할 필요가 있고, 나아가 근로자나 노동조합에 조력하는 제3자도 헌법 제21조에 따른 표현의 자유나 헌법 제10조에 내재된 일반적 행동의 자유를 가지고 있으므로, 위법한 쟁의행위에 대한 조력행위가 업무방해방조에 해당하는지 판단할 때는 헌법이 보장하는 위와 같은 기본권이 위축되지 않도록 업무방해방조죄의 성립 범위를 신중하게 판단하여야 한다.

Q 방조행위와 정범의 범죄 실현 사이에는 인과관계가 필요한가?

[2] 방조범은 정범에 종속하여 성립하는 범죄이므로 방조행위와 정범의 범죄 실현 사이에는 인과관계가 필요하다. 방조범이 성립하려면 방조행위가 정범의 범죄 실현과 밀접한 관련이 있고 정범으로 하여금 구체적 위험을 실현시키거나 범죄결과를 발생시킬 기회를 높이는 등으로 정범의 범죄 실현에 현실적인 기여를 하였다고 평가할 수 있어야 한다. 정범의 범죄 실현과 밀접한 관련이 없는 행위를 도와준 데 지나지 않는 경우에는 방조범이 성립하지 않는다(대판 2021.9.16. 2015도12632).

[사실관계]

○○노조 △△자동차 비정규직지회 조합원들이 △△자동차 생산라인을 점거하면서 쟁의행위를 한 것과 관련하여, ○○노조 미조직비정규국장인 피고인2가 ① △△자동차 정문 앞 집회에 참가하여 점거 농성을 지원하고, ② 점거 농성장에 들어가 비정규직지회 조합원들을 독려하고, ③ ○○노조 공문을 비정규직지회에 전달하는 등 역할을 수행한 사안임.

[대법원의 판단]

피고인2의 **농성현장 독려 행위**는 정범의 범행을 더욱 유지·강화시킨 행위에 해당하여 업무방해방조죄로 인정할 수 있지만, **집회 참가 및 공문 전달 행위**는 업무방해 정범의 실행행위에 해당하는 생산라인 점거로 인한 범죄 실현과 밀접한 관련성이 있다고 단정하기 어려워 방조범의 성립을 인정할 정도로 업무방해행위와 인과관계가 있다고 보기 어려움에도, 피고인2의 위 행위들을 모두 업무방해방조죄로 인정한 원심판결을 파기한 사례.

컴퓨터등장애 업무방해죄의 관련 판례

105. 〈제314조 제2항의 해석〉★

형법 제314조 제2항은 '컴퓨터 등 정보처리장치 또는 전자기록 등 특수매체기록을 손괴하거나 정보처리장치에 허위의 정보 또는 부정한 명령을 입력하거나 기타 방법으로 정보처리에 장애를 발생하게 하여 사람의 업무를 방해한 자'를 처벌하도록 정하고 있다. 여기에서 '허위의 정보 또는 부정한 명령의 입력'이란 객관적으로 진실에 반하는 내용의 정보를 입력하거나 정보처리장치를 운영하는 본래의 목적과 상이한 명령을 입력하는 것이고, '기타 방법'이란 컴퓨터의 정보처리에 장애를 초래하는 가해수단으로 컴퓨터의 작동에 직접·간접으로 영향을 미치는 일체의 행위를 말한다. 한편 위 죄가 성립하기 위해서는 위와 같은 가해행위 결과 정보처리장치가 그 사용목적에 부합하는 기능을 하지 못하거나 사용목적과 다른 기능을 하는 등 **정보처리에 장애가 현실적으로 발생하여야 한다**(대판 2022.5.12. 2021도1533).

제1절 | 비밀침해죄

106. 〈인터넷 계정의 아이디, 비밀번호를 알아낸 사건〉★

[공소사실의 요지]
이 사건 공소사실 중 피해자의 각 계정 아이디 및 비밀번호에 대한 전자기록등내용탐지 부분의 요지는, 피고인이 피해자가 사용하는 노트북 컴퓨터에 해킹프로그램을 몰래 설치한 후 이를 작동시켜 피해자의 네이트온, 카카오톡, 구글 계정의 각 아이디 및 비밀번호(이하 '이 사건 아이디 등'이라고 한다)를 알아냄으로써 비밀장치를 한 피해자의 전자기록 등 특수매체기록을 기술적 수단을 이용하여 그 내용을 알아내었다는 것이다.

Q 1995년 개정 형법에는 어떠한 컴퓨터 범죄가 도입되었는가?

[1] 1995. 12. 29. 법률 제5057호로 개정된 형법은 산업화·정보화의 추세에 따른 컴퓨터범죄 등 신종범죄에 효율적으로 대처하기 위해 제316조 제2항을 신설하여 '봉함 기타 비밀장치한 사람의 편지, 문서, 도화 또는 전자기록 등 특수매체기록을 기술적 수단을 이용하여 그 내용을 알아낸 자'를 처벌하는 규정을 두었고, 그 외 전자기록 등 특수매체기록을 행위의 객체로 하는 업무방해(제314조 제2항), 공·사(公·私)전자기록의 위작·변작(제227조의2, 제232조의2) 및 동 행사(제229조, 제234조) 등 컴퓨터관련범죄를 신설하고, 재물손괴죄등(제366조)에 전자기록 등 특수매체기록을 행위의 객체로 추가하였다.

Q 아이디와 비밀번호는 제316조 제2항의 '전자기록 등 특수매체기록'에 해당하는가?

[2] 여기서 전자기록 등 특수매체기록이란 일정한 저장매체에 전자방식이나 자기방식 또는 광기술 등 이에 준하는 방식에 의하여 저장된 기록을 의미한다. 특히 전자기록은, 그 자체로는 물적 실체를 가진 것이 아니어서 별도의 표시·출력장치를 통하지 아니하고는 보거나 읽을 수 없고, 그 생성 과정에 여러 사람의 의사나 행위가 개재됨은 물론 추가 입력한 정보가 프로그램에 의하여 자동으로 기존의 정보와 결합하여 새로운 전자기록을 작출하는 경우도 적지 않으며, 그 이용 과정을 보아도 그 자체로서 객관적·고정적 의미를 가지면서 독립적으로 쓰이는 것이 아니라 개인 또는 법인이 전자적 방식에 의한 정보의 생성·처리·저장·출력을 목적으로 구축하여 설치·운영하는 시스템에서 쓰임으로써 예정된 증명적 기능을 수행한다(형법 제227조의2에 규정된 공전자기록등위작죄에 관한 대법원 2005. 6. 9. 선고 2004도6132 판결, 형법 제232조의2에 규정된 사전자기록등위작죄에 관한 대법원 2020. 8. 27. 선고 2019도11294 전원합의체 판결 등 참조). 따라서 <u>그 자체로서 객관적·고정적 의미를 가지면서 독립적으로 쓰이는 것이 아니라 개인 또는 법인이 전자적 방식에 의한 정보의 생성·처리·저장·출력을 목적으로 구축하여 설치·운영하는 시스템에서 쓰임으로써 예정된 증명적 기능을 수행하는 것은 전자기록에 포함된다</u>(형법 제232조의2에 규정된 사전자기록등위작죄에서의 전자기록에 관한 대법원 2008. 6. 12. 선고 2008도938 판결 참조). <u>개정 형법이 전자기록 등 특수매체기록을 위 각 범죄의 행위 객체로 신설·추가한 입법취지, 전자기록등내용탐지죄의 보호법익과 그 침해행위의 태양 및 가벌성 등에 비추어 볼 때, 피해자의 아이디, 비밀번호(이하 '이 사건 아이디 등'이라 한다)는 전자방식에 의하여 피해자의 노트북 컴퓨터에 저장된 기록으로서 형법 제316조 제2항의 '전자기록 등 특수매체기록'에 해당한다.</u>

Q 봉함 기타 비밀장치가 되어 있지 아니한 전자기록 등 특수매체기록은 제316조 제2항의 보호대상이 되는가?

[3] 한편, 형법 제316조 제2항 소정의 전자기록등내용탐지죄는 봉함 기타 비밀장치한 전자기록 등 특수매체기록을 기술적 수단을 이용하여 그 내용을 알아낸 자를 처벌하는 규정인바, 전자기록 등 특수매체기록에 해당하더라도 봉함 기타 비밀장치가 되어 있지 아니한 것은 이를 기술적 수단을 동원해서 알아냈더라도 전자기록등내용탐지죄가 성립하지 않는다.

Q 위와 같은 공소사실을 전제로 할 때 피고인에게 전자기록등내용탐지죄가 성립하는가?

[4] 피고인이 피해자의 컴퓨터에 해킹프로그램을 몰래 설치해 피해자의 ○○○○ 계정의 각 아이디 및 비밀번호(이 사건 아이디 등)를 알아내었다는 이유로 형법 제316조 제2항 소정의 전자기록등내용탐지죄로 기소된 사안에서, 원심은 위 죄의 객체인 '전자기록 등 특수매체기록'이 되기 위해서는 특정인의 의사가 표시되어야 한다고 전제한 후 이 사건 아이디 등 자체는 특정인의 의사를 표시한 것으로 보기 어렵다는 이유로 무죄로 판단하였음. 대법원은 이 사건 아이디 등이 전자기록 등 특수매체기록에는 해당한다고 보면서도, 이에 대하여 별도의 비밀장치가 된 것으로 볼 수 없는 이상, 이 사건 아이디 등을 위 프로그램을 이용하여 알아냈더라도 전자기록등내용탐지죄가 성립하지 않는다고 보아 결과적으로 검사의 상고를 기각한 사례 (대판 2022.3.31. 2021도8900).

[COMMENT] 참고로 피고인이 이 사건 아이디 등을 이용해 피해자의 ○○○○ 계정 등에 접속한 행위 및 이를 통해 피해자와 다른 사람들 사이의 대화내용 등을 다운로드 받은 행위에 대해서는 원심에서「정보통신망 이용촉진 및 정보보호 등에 관한 법률」위반(정보통신망침해등)죄, 전자기록등내용탐지죄가 인정되었고 이 부분에 대해서는 피고인과 검사 모두 상고하지 아니하였음.

제2절 | 주거침입죄

> ## 거주자의 승낙 관련 판례

107. 〈임차인이 출입문 열쇠 맡긴 사건〉★

[사실관계]

피고인은 고양시 2층 점포(를 피해자 공소외인에게 2017. 5.경부터 2019. 5.경까지 임대한 사람으로, 피해자가 2018. 12.경 이 사건 점포에서의 카페 영업을 중단하면서 피고인에게 임차 희망자가 방문하는 경우 출입문 개폐에 사용하도록 출입문 열쇠를 맡기자, 2019. 3. 25. 위 열쇠로 점포 내에 있던 피해자 소유 집기 등을 철거하기 위해 이 사건 점포의 출입문을 열고 들어갔다.

Q 거주자의 승낙을 받아 주거에 들어갔으나 범죄 등을 목적으로 한 출입한 경우 행위자의 출입행위가 주거침입죄 해당하려면 어떠한 요건을 구비하여야 하는가? 그리고 이러한 경우 거주자의 의사는 고려되는가?

[1] 행위자가 거주자의 승낙을 받아 주거에 들어갔으나 범죄 등을 목적으로 한 출입이거나 거주자가 행위자의 실제 출입 목적을 알았더라면 출입을 승낙하지 않았을 것이라는 사정이 인정되는 경우 행위자의 출입행

위가 주거침입죄에서 규정하는 침입행위에 해당하려면, 출입하려는 주거 등의 형태와 용도·성질, 외부인에 대한 출입의 통제·관리 방식과 상태, 행위자의 출입 경위와 방법 등을 종합적으로 고려하여 **행위자의 출입 당시 객관적·외형적으로 드러난 행위 태양에 비추어 주거의 사실상 평온상태가 침해되었다고 평가되어야 한다.**

[2] 이때 **거주자의 의사도 고려되지만** 주거 등의 형태와 용도·성질, 외부인에 대한 출입의 통제·관리 방식과 상태 등 출입 당시 상황에 따라 그 정도는 달리 평가될 수 있다.

Q 위와 같은 사실관계를 전제로 할 때 피고인에게 주거침입죄가 성립하는가?

[3] 이 사건 점포의 관리자인 공소외인은 피고인에게 이 사건 점포의 열쇠를 교부함으로써 출입을 승낙하였고, 피고인이 이러한 관리자의 승낙 아래 통상적인 출입방법에 따라 이 사건 점포에 들어간 이상 사실상의 평온상태를 해치는 행위 태양으로 이 사건 점포에 들어갔다고 볼 수 없으므로, 피고인의 행위는 건조물침입죄에서 규정하는 침입행위에 해당하지 않는다. 설령 피고인이 공소외인의 의사에 반하여 이 사건 점포에 있던 집기 등을 철거할 목적으로 이 사건 점포에 들어간 것이어서 공소외인이 이러한 사정을 알았더라면 피고인의 출입을 승낙하지 않았을 것이라는 사정이 인정되더라도, 그러한 사정만으로 피고인이 사실상의 평온상태를 해치는 행위 태양으로 이 사건 점포에 출입하였다고 평가할 수 없다고 보아, 이 부분 공소사실을 유죄로 판단한 원심판결에는 건조물침입죄의 성립 등에 관한 법리를 오해하여 판결에 영향을 미친 잘못이 있다고 보아 파기 환송한 사례(대판 2022.7.28. 2022도419).

108. 〈출입권한을 보유한 자가 야간에 절도 목적으로 건조물에 침입한 사건〉★

Q 단순히 주거에 들어가는 행위 자체가 거주자의 의사에 반한다는 거주자의 주관적 사정만으로 바로 침입에 해당한다고 볼 수 있는가?

Q 피해자로부터 피해 회사 출입을 위한 스마트키를 교부받아 별다른 제한 없이 사용하던 피고인이 야간에 이를 이용하여 피해 회사에 들어가 물건을 절취하면 야간건조물침입죄가 성립하는가?

[1] 주거침입죄는 사실상 주거의 평온을 보호법익으로 한다. 주거침입죄의 구성요건적 행위인 침입은 주거침입죄의 보호법익과의 관계에서 해석하여야 하므로, 침입이란 거주자가 주거에서 누리는 사실상의 평온상태를 해치는 행위태양으로 주거에 들어가는 것을 의미하고, 침입에 해당하는지 여부는 출입 당시 객관적·외형적으로 드러난 행위태양을 기준으로 판단함이 원칙이다. 사실상의 평온을 해치는 행위태양으로 주거에 들어가는 것이라면 특별한 사정이 없는 한 거주자의 의사에 반하는 것이겠지만, 단순히 주거에 들어가는 행위 자체가 거주자의 의사에 반한다는 거주자의 주관적 사정만으로 바로 침입에 해당한다고 볼 수 없다(대법원 2021. 9. 9. 선고 2020도12630 전원합의체 판결 참조). 이는 건조물침입죄의 경우에도 마찬가지이다.

[2] 형법은 제319조 제1항에서 '사람의 주거, 관리하는 건조물, 선박이나 항공기 또는 점유하는 방실에 침입한 자'를 주거침입죄로 처벌한다고 규정하였는바, 주거침입죄는 주거에 거주하는 거주자, 건조물이나 선박, 항공기의 관리자, 방실의 점유자(이하 '거주자 등'이라 한다) 이외의 사람이 위 주거, 건조물, 선박이나 항공기, 방실(이하 '주거 등'이라 한다)에 침입한 경우에 성립한다. 따라서 주거침입죄의 객체는 행위자 이외의 사람, 즉 '타인'이 거주하는 주거 등이라고 할 것이므로 행위자 자신이 단독으로 또는 다른 사람과 공동으로 거주하거나 관리 또는 점유하는 주거 등에 임의로 출입하더라도 주거침입죄를 구성하지 않

는다. 다만 다른 사람과 공동으로 주거에 거주하거나 건조물을 관리하던 사람이 공동생활관계에서 이탈하거나 주거 등에 대한 사실상의 지배·관리를 상실한 경우 등 특별한 사정이 있는 경우에 주거침입죄가 성립할 수 있을 뿐이다(대판 2023.6.29. 2023도3351).

[사건의 경과]

피해자로부터 피해 회사 출입을 위한 스마트키를 교부받아 별다른 제한 없이 사용하던 피고인이 야간에 이를 이용하여 피해 회사에 들어가 물건을 절취하여 야간건조물침입죄로 기소됨

[대법원의 판단]

대법원은, 피고인이 피해자와 공동으로 관리·점유하는 피해 회사 사무실에 임의로 출입한 것이므로 원칙적으로 건조물침입죄가 성립한다고 볼 수 없고, 피고인이 피해자와의 관계에서 피해 회사에 대한 출입과 관련하여 공동생활관계에서 이탈하였거나 이에 관한 사실상의 지배·관리를 상실한 경우 등의 특별한 사정이 있다고 보기도 어려우며, 피고인이 피해자로부터 교부받은 스마트키를 이용하여 피해 회사에서 예정한 통상적인 출입방법에 따라 위 사무실에 들어간 것일 뿐 그 당시 객관적·외형적으로 드러난 행위태양을 기준으로 볼 때 사실상의 평온상태를 해치는 방법으로 피해 회사에 들어갔다고 볼 만한 사정도 없다고 판단하여, 공소사실을 유죄로 본 원심의 판단에 건조물침입죄의 성립에 관한 법리를 오해함으로써 판결에 영향을 미친 잘못이 있다고 보아 원심판결을 파기·환송함

공동주거자 관련 판례

109. 〈혼외 성관계를 가질 목적으로 주거에 들어간 사건〉★★

[사실관계]

피고인은 갑의 부재중에 갑의 처 을과 혼외 성관계를 가질 목적으로 을이 열어 준 현관 출입문을 통하여 갑과 을이 공동으로 거주하는 아파트에 3회에 걸쳐 들어갔다.

Q 위와 같은 사실관계를 전제로 할 때 피고인에게 주거침입죄가 성립하는가?

[1] **[다수의견]**

외부인이 공동거주자의 일부가 부재중에 주거 내에 현재하는 거주자의 현실적인 승낙을 받아 통상적인 출입방법에 따라 공동주거에 들어간 경우라면 그것이 부재중인 다른 거주자의 추정적 의사에 반하는 경우에도 주거침입죄가 성립하지 않는다고 보아야 한다. 구체적인 이유는 다음과 같다.

㈎ 주거침입죄의 보호법익은 사적 생활관계에 있어서 사실상 누리고 있는 주거의 평온, 즉 '사실상 주거의 평온'으로서, 주거를 점유할 법적 권한이 없더라도 사실상의 권한이 있는 거주자가 주거에서 누리는 사실적 지배·관리관계가 평온하게 유지되는 상태를 말한다. 외부인이 무단으로 주거에 출입하게 되면 이러한 사실상 주거의 평온이 깨어지는 것이다. 이러한 보호법익은 주거를 점유하는 사실상태를 바탕으로 발생하는 것으로서 **사실적 성질**을 가진다.

한편 공동주거의 경우에는 여러 사람이 하나의 생활공간에서 거주하는 성질에 비추어 공동거주자 각자는 다른 거주자와의 관계로 인하여 주거에서 누리는 사실상 주거의 평온이라는 법익이 일정 부분 제약될 수밖에 없고, **공동거주자는 공동주거관계를 형성하면서 이러한 사정을 서로 용인**하였다고 보아야 한다.

부재중인 일부 공동거주자에 대하여 주거침입죄가 성립하는지를 판단할 때에도 이러한 주거침입죄의 보호법익의 내용과 성질, 공동주거관계의 특성을 고려하여야 한다. 공동거주자 개개인은 각자 사실상 주거의 평온을 누릴 수 있으므로 어느 거주자가 부재중이라고 하더라도 사실상의 평온상태를 해치는 행위태양으로 들어가거나 그 거주자가 독자적으로 사용하는 공간에 들어간 경우에는 그 거주자의 사실상 주거의 평온을 침해하는 결과를 가져올 수 있다. 그러나 **공동거주자 중 주거 내에 현재하는 거주자의 현실적인 승낙을 받아 통상적인 출입방법에 따라 들어갔다면**, 설령 그것이 부재중인 다른 거주자의 의사에 반하는 것으로 추정된다고 하더라도 주거침입죄의 보호법익인 사실상 주거의 평온을 깨트렸다고 볼 수는 없다. 만일 외부인의 출입에 대하여 공동거주자 중 주거 내에 현재하는 거주자의 승낙을 받아 통상적인 출입방법에 따라 들어갔음에도 불구하고 그것이 부재중인 다른 거주자의 의사에 반하는 것으로 추정된다는 사정만으로 주거침입죄의 성립을 인정하게 되면, 주거침입죄를 의사의 자유를 침해하는 범죄의 일종으로 보는 것이 되어 주거침입죄가 보호하고자 하는 법익의 범위를 넘어서게 되고, '평온의 침해' 내용이 주관화·관념화되며, 출입 당시 현실적으로 존재하지 않는, 부재중인 거주자의 추정적 의사에 따라 주거침입죄의 성립 여부가 좌우되어 범죄 성립 여부가 명확하지 않고 가벌성의 범위가 지나치게 넓어지게 되어 부당한 결과를 가져오게 된다.

㈏ 주거침입죄의 구성요건적 행위인 **침입은 주거침입죄의 보호법익과의 관계에서 해석**하여야 한다. 따라서 침입이란 '거주자가 주거에서 누리는 사실상의 평온상태를 해치는 행위태양으로 주거에 들어가는 것'을 의미하고, 침입에 해당하는지 여부는 **출입 당시 객관적·외형적으로 드러난 행위태양을 기준으로 판단함이 원칙**이다. 사실상의 평온상태를 해치는 행위태양으로 주거에 들어가는 것이라면 대체로 거주자의 의사에 반하는 것이겠지만, 단순히 주거에 들어가는 행위 자체가 거주자의 의사에 반한다는 거주자의 주관적 사정만으로 바로 침입에 해당한다고 볼 수는 없다.

외부인이 공동거주자 중 주거 내에 현재하는 거주자로부터 현실적인 승낙을 받아 통상적인 출입방법에 따라 주거에 들어간 경우라면, 특별한 사정이 없는 한 사실상의 평온상태를 해치는 행위태양으로 주거에 들어간 것이라고 볼 수 없으므로 주거침입죄에서 규정하고 있는 침입행위에 해당하지 않는다.

[2] 피고인이 갑의 부재중에 갑의 처(妻) 을과 혼외 성관계를 가질 목적으로 을이 열어 준 현관 출입문을 통하여 갑과 을이 공동으로 거주하는 아파트에 3회에 걸쳐 들어간 사안에서, 피고인이 을로부터 현실적인 승낙을 받아 통상적인 출입방법에 따라 주거에 들어갔으므로 주거의 사실상 평온상태를 해치는 행위태양으로 주거에 들어간 것이 아니어서 주거에 침입한 것으로 볼 수 없고, 설령 피고인의 주거 출입이 부재중인 갑의 의사에 반하는 것으로 추정되더라도 그것이 사실상 주거의 평온을 보호법익으로 하는 주거침입죄의 성립 여부에 영향을 미치지 않는다는 이유로, 같은 취지에서 피고인에게 무죄를 선고한 원심의 판단이 정당하다고 한 사례(대판 2021.9.9. 2020도12630 전합).

[사건의 경과]

피고인이 피해자의 처와 혼외 성관계를 가질 목적으로 피해자가 부재중에 피해자의 처의 승낙을 받아 피해자와 그 처가 공동으로 거주하는 주거에 출입한 사안임.

[원심의 판단]

원심은, 피고인이 피해자의 처로부터 승낙을 받아 피해자와 피해자의 처가 공동으로 거주하는 주거에 들어갔으므로 사실상 평온상태를 해할 수 있는 행위태양으로 위 주거에 들어간 것이 아니어서 침입한 것으로 볼 수 없고, 피고인의 출입이 부재중인 다른 거주자인 피해자의 추정적 의사에 반하더라도 주거침입죄의 성립에 영양을 미치지 않는다는 이유로 주거침입죄의 성립을 인정한 제1심을 직권으로 파기하고 무죄로 판단함.

[대법원의 판단]

이에 대하여 다수의견은 위 판시 요지와 같이 판단하면서, 이와 달리 공동거주자 중 한 사람의 승낙에 따라 주거에 출입한 것이 다른 거주자의 의사에 반한다는 사정만으로 다른 거주자의 사실상 주거의 평온을 해치는 결과가 된다는 전제에서, 공동거주자 중 주거 내에 현재하는 거주자의 현실적인 승낙을 받아 통상적인 출입방법에 따라 주거에 출입하였는데도 부재중인 다른 거주자의 추정적 의사에 반한다는 사정만으로 주거침입죄가 성립한다는 취지로 판단한 대법원 1984. 6. 26. 선고 83도685 판결을 이 판결의 견해에 배치되는 범위 내에서 모두 변경함.

이 사건의 경우 피고인이 피해자의 부재중에 피해자의 처로부터 현실적인 승낙을 받아 통상적인 출입방법에 따라 주거에 들어갔으므로 주거의 사실상 평온상태를 해치는 행위태양으로 주거에 들어간 것이 아니어서 주거에 침입한 것으로 볼 수 없고, 설령 피고인의 출입이 부재중인 피해자의 추정적 의사에 반하더라도 주거침입죄의 성립에 영향을 미치지 않는다고 보아 피고인에 대한 주거침입죄의 성립을 부정한 원심판결이 정당하다고 판단하여 상고를 기각하였음

이러한 다수의견에 대하여 대법관 김재형, 대법관 안철상의 각 별개의견, 대법관 이기택, 대법관 이동원의 반대의견이 있고, 다수의견에 대한 대법관 박정화, 대법관 노태악의 보충의견, 반대의견에 대한 대법관 이기택의 보충의견이 있음

110. 〈가정불화로 처와 일시 별거 중인 남편이 그의 부모와 함께 주거지에 들어간 사건〉★

[사실관계]

피고인 갑은 처 을과의 불화로 인해 을과 공동생활을 영위하던 아파트에서 짐 일부를 챙겨 나왔는데, 그 후 자신의 부모인 피고인 병, 정과 함께 아파트에 찾아가 출입문을 열 것을 요구하였으나 을은 외출한 상태로 을의 동생인 무가 출입문에 설치된 체인형 걸쇠를 걸어 "언니가 귀가하면 오라."며 문을 열어 주지 않자 공동하여 걸쇠를 손괴한 후 아파트에 침입하였다.

Q 주거침입죄의 객체는 무엇인가?

[1] [다수의견]

(가) 형법은 제319조 제1항에서 '사람의 주거, 관리하는 건조물, 선박이나 항공기 또는 점유하는 방실에 침입한 자'를 주거침입죄로 처벌한다고 규정하고 있는바, 주거침입죄는 주거에 거주하는 거주자, 건조물이나 선박, 항공기의 관리자, 방실의 점유자 이외의 사람이 위 주거, 건조물, 선박이나 항공기, 방실(이하 '주거 등'이라 한다)에 침입한 경우에 성립한다. 따라서 **주거침입죄의 객체는 행위자 이외의 사람, 즉 '타인'이 거주하는 주거 등이라고 할 것이므로 행위자 자신이 단독으로 또는 다른 사람과 공동으로 거주하거나 관리 또는 점유하는 주거 등에 임의로 출입하더라도 주거침입죄를 구성하지 않는다.** 다만 다른 사람과 공동으로 주거에 거주하거나 건조물을 관리하던 사람이 공동생활관계에서 이탈하거나 주거 등에 대한 사실상의 지배·관리를 상실한 경우 등 **특별한 사정이 있는 경우**에 주거침입죄가 성립할 수 있을 뿐이다.

(나) 주거침입죄가 사실상 주거의 평온을 보호법익으로 하는 이상, 공동주거에서 생활하는 공동거주자 개개인은 각자 사실상 주거의 평온을 누릴 수 있다고 할 것이다. 그런데 공동거주자 각자는 특별한 사정이 없는 한 공동주거관계의 취지 및 특성에 맞추어 공동주거 중 공동생활의 장소로 설정한 부분에 출입하여 공동의 공간을 이용할 수 있는 것과 같은 이유로, 다른 공동거주자가 이에 출입하여 이용하는 것을 용인할 수인의무도 있다. 그것이 공동거주자가 공동주거를 이용하는 보편적인 모습이기도 하다. 이처럼 공동거주자 각자가 공동생활의 장소에서 누리는 사실상 주거의 평온이라는 법익은 공동거주자 상호 간의 관계로 인하여 일정 부분 제약될 수밖에 없고, 공동거주자는 이러한 사정에 대한 상호 용인하에 공동주거관계를 형성하기로 하였다고 보아야 한다. 따라서 공동거주자 상호 간에는 특별한 사정이 없는 한 다른 공동거주자

가 공동생활의 장소에 자유로이 출입하고 이를 이용하는 것을 금지할 수 없다. 공동거주자 중 한 사람이 법률적인 근거 기타 정당한 이유 없이 다른 공동거주자가 공동생활의 장소에 출입하는 것을 금지한 경우, 다른 공동거주자가 이에 대항하여 공동생활의 장소에 들어갔더라도 이는 사전 양해된 공동주거의 취지 및 특성에 맞추어 공동생활의 장소를 이용하기 위한 방편에 불과할 뿐, 그의 출입을 금지한 공동거주자의 사실상 주거의 평온이라는 법익을 침해하는 행위라고는 볼 수 없으므로 주거침입죄는 성립하지 않는다. 설령 그 공동거주자가 공동생활의 장소에 출입하기 위하여 출입문의 잠금장치를 손괴하는 등 다소간의 물리력을 행사하여 그 출입을 금지한 공동거주자의 사실상 평온상태를 해쳤더라도 그러한 행위 자체를 처벌하는 별도의 규정에 따라 처벌될 수 있음은 별론으로 하고, 주거침입죄가 성립하지 아니함은 마찬가지이다.

㈐ 공동거주자 각자가 상호 용인한 통상적인 공동생활 장소의 출입 및 이용행위의 내용과 범위는 공동주거의 형태와 성질, 공동주거를 형성하게 된 경위 등에 따라 개별적·구체적으로 살펴보아야 한다. 공동거주자 중 한 사람의 승낙에 따른 외부인의 공동생활 장소의 출입 및 이용행위가 외부인의 출입을 승낙한 공동거주자의 통상적인 공동생활 장소의 출입 및 이용행위의 일환이자 이에 수반되는 행위로 평가할 수 있는 경우에는 이러한 외부인의 행위는 전체적으로 그 공동거주자의 행위와 동일하게 평가할 수 있다. 따라서 공동거주자 중 한 사람이 법률적인 근거 기타 정당한 이유 없이 다른 공동거주자가 공동생활의 장소에 출입하는 것을 금지하고, 이에 대항하여 다른 공동거주자가 공동생활의 장소에 들어가는 과정에서 그의 출입을 금지한 공동거주자의 사실상 평온상태를 해쳤더라도 주거침입죄가 성립하지 않는 경우로서, 그 공동거주자의 승낙을 받아 공동생활의 장소에 함께 들어간 외부인의 출입 및 이용행위가 전체적으로 그의 출입을 승낙한 공동거주자의 통상적인 공동생활 장소의 출입 및 이용행위의 일환이자 이에 수반되는 행위로 평가할 수 있는 경우라면, 이를 금지하는 공동거주자의 사실상 평온상태를 해쳤음에도 불구하고 그 외부인에 대하여도 역시 주거침입죄가 성립하지 않는다고 봄이 타당하다.

Q 위와 같은 사실관계를 전제로 할 때 피고인에게 주거침입죄가 성립하는가?

[2] 피고인 갑은 처(妻) 을과의 불화로 인해 을과 공동생활을 영위하던 아파트에서 짐 일부를 챙겨 나왔는데, 그 후 자신의 부모인 피고인 병, 정과 함께 아파트에 찾아가 출입문을 열 것을 요구하였으나 을은 외출한 상태로 을의 동생인 무가 출입문에 설치된 체인형 걸쇠를 걸어 문을 열어 주지 않자 공동하여 걸쇠를 손괴한 후 아파트에 침입하였다고 하여 폭력행위 등 처벌에 관한 법률 위반(공동주거침입)으로 기소된 사안에서, 아파트에 대한 공동거주자의 지위를 계속 유지하고 있던 피고인 갑에게 주거침입죄가 성립한다고 볼 수 없고, 피고인 병, 정에 대하여도 같은 법 위반(공동주거침입)죄가 성립하지 않는다고 한 사례(대판 2021.9.9. 2020도6085 전합).

[본 판결의 의의]

⑴ 공동거주자 중 한 사람이 법률적인 근거 기타 정당한 이유 없이 다른 공동거주자가 공동생활의 장소에 출입하는 것을 금지한 경우, 다른 공동거주자가 이에 대항하여 공동생활의 장소에 들어갔더라도 주거침입죄가 성립하지 않고, 그 과정에서 출입을 위한 방편으로 다소간의 물리력을 행사하였더라도 주거침입죄가 성립하지 않는다고 본 최초의 판단임.

⑵ 위와 같은 상황에서 공동거주자의 승낙을 받아 공동생활의 장소에 함께 들어간 외부인의 출입 및 이용행위가 전체적으로 그의 출입을 승낙한 공동거주자의 통상적인 공동생활 장소의 출입 및 이용행위의 일환이자 이에 수반되는 행위로 평가할 수 있는 경우에는 그 외부인에 대하여도 역시 주거침입죄가 성립하지 않는다고 본 최초의 판단임.

⑶ 대법원의 다수의견은 피고인들에 대하여 모두 폭력행위 등 처벌에 관한 법률위반(공동주거침입)죄가 성립하지 않는다고 판단하였음 ⇒ 부모인 피고인 2, 3에 대하여 유죄로 인정한 원심판결을 파기·환송함.

(4) 여러 사람이 함께 거주하는 공동주거관계의 취지와 특성, 이에 따르는 거주자 개개인이 누리는 주거의 평온이라는 법익의 제약과 이에 대한 상호 용인 의사 등을 제반 사정을 고려하여 공동거주자 내부관계에서 나아가 공동거주자로부터 승낙을 받은 외부인에 대한 관계에서 주거침입죄가 성립하는지 여부에 관하여 최초로 판단기준을 제시하였다는 점에서 의의가 있음.

111. 〈피고인이 교제하다 헤어진 피해자의 아파트의 공용 부분에 출입한 사건〉

[공소사실의 요지]

피고인은 2019. 9. 25. 00:55경 이 사건 아파트 지하 2층 주차장에서 피고인과 약 7개월 전 연인 사이였던 피해자 공소외인과 대화를 하고 싶다는 이유로 피해자의 집에 들어가기로 마음먹었다. 그리하여 피고인은 이 사건 아파트 지하 2층 주차장에서 피해자의 집이 속해 있는 동으로 연결된 출입구의 공동출입문에 피해자와 교제 당시 피해자를 통해 알게 된 비밀번호를 입력하여 위 출입구에 들어가 엘리베이터를 탑승하여 피해자의 집이 있는 층으로 올라갔다. 피고인은 피해자의 집 현관문 앞에 이르러 약 1분간 현관문 비밀번호를 누르며 피해자의 집에 출입하려고 시도하다가 피해자가 '누구세요?'라고 묻자 도주하여 이 사건 아파트 지하주차장 출구로 나왔다. 이로써 피고인은 이 사건 아파트 공용 부분에 들어가 피해자를 비롯한 피해자와 같은 동에 거주하는 입주자들의 주거에 침입하였다.

Q 위와 같은 공소사실을 전제로 할 때 피고인에게 주거침입죄가 성립하는가?

[1] 주거침입죄는 사실상 주거의 평온을 보호법익으로 한다. 주거침입죄의 구성요건적 행위인 침입은 주거침입죄의 보호법익과의 관계에서 해석하여야 하므로, 침입이란 거주자가 주거에서 누리는 사실상의 평온상태를 해치는 행위태양으로 주거에 들어가는 것을 의미하고, 침입에 해당하는지 여부는 출입 당시 객관적 · 외형적으로 드러난 행위태양을 기준으로 판단함이 원칙이다. 사실상의 평온을 해치는 행위태양으로 주거에 들어가는 것이라면 특별한 사정이 없는 한 거주자의 의사에 반하는 것이겠지만, 단순히 주거에 들어가는 행위 자체가 거주자의 의사에 반한다는 거주자의 주관적 사정만으로 바로 침입에 해당한다고 볼 수 없다. 따라서 침입에 해당한다고 인정하기 위해서는 거주자의 의사에 반한다는 사정만으로는 부족하고, 주거의 형태와 용도 · 성질, 외부인의 출입에 대한 통제 · 관리 상태, 출입의 경위와 태양 등을 종합적으로 고려하여 객관적 · 외형적으로 판단할 때 주거의 사실상의 평온상태를 해치는 경우에 이르러야 한다.

[2] 다가구용 단독주택이나 다세대주택 · 연립주택 · 아파트와 같은 공동주택 내부의 엘리베이터, 공용 계단, 복도 등 공용 부분도 그 거주자들의 사실상 주거의 평온을 보호할 필요성이 있어 주거침입죄의 객체인 '사람의 주거'에 해당한다. 거주자가 아닌 외부인이 공동주택의 공용 부분에 출입한 것이 공동주택 거주자들에 대한 주거침입에 해당하는지 여부를 판단함에 있어서도 그 공용 부분이 일반 공중에 출입이 허용된 공간이 아니고 주거로 사용되는 각 가구 또는 세대의 전용 부분에 필수적으로 부속하는 부분으로서 거주자들 또는 관리자에 의하여 외부인의 출입에 대한 통제 · 관리가 예정되어 있어 거주자들의 사실상 주거의 평온을 보호할 필요성이 있는 부분인지, 공동주택의 거주자들이나 관리자가 평소 외부인이 그곳에 출입하는 것을 통제 · 관리하였는지 등의 사정과 외부인의 출입 목적 및 경위, 출입의 태양과 출입한 시간 등을 종합적으로 고려하여 '주거의 사실상의 평온상태를 침해하였는지'의 관점에서 객관적 · 외형적으로 판단하여야 한다. 따라서 아파트 등 공동주택의 공동현관에 출입하는 경우에도, 그것이 주거로 사용하는 각 세대의 전용 부분에 필수적으로 부속하는 부분으로 거주자와 관리자에게만 부여된 비밀번호를 출입문에 입력하여야만 출입할 수 있거나, 외부인의 출입을 통제 · 관리하기 위한 취지의 표시나 경비원이 존재하는 등 외형적으로 외부인의 무단출입을 통제 · 관리하고 있는 사정이 존재하고, 외부인이 이를 인식하고서도 그 출입에 관한 거주자나 관리자의 승낙이 없음은 물론, 거주자와의 관계 기타 출입의 필요 등에 비추어 보더라

도 정당한 이유 없이 비밀번호를 임의로 입력하거나 조작하는 등의 방법으로 거주자나 관리자 모르게 공동 현관에 출입한 경우와 같이, 그 출입 목적 및 경위, 출입의 태양과 출입한 시간 등을 종합적으로 고려할 때 공동주택 거주자의 사실상 주거의 평온상태를 해치는 행위태양으로 볼 수 있는 경우라면 공동주택 거주자 들에 대한 주거침입에 해당할 것이다(대판 2022.1.27. 2021도15507).

112. 〈'甲에게 100m 이내로 접근하지 말 것' 사건〉

Q 피고인이 '甲에게 100m 이내로 접근하지 말 것' 등을 명하는 법원의 접근금지가처분 결정이 있는 등 피고 인이 甲을 방문하는 것을 甲이 싫어하는 것을 알고 있음에도 임의로 甲이 근무하는 사무실 안으로 들어갔 다면 주거침입죄가 성립하는가?

[1] 주거침입죄는 사실상 주거의 평온을 보호법익으로 한다. 주거침입죄의 구성요건적 행위인 침입은 주 거침입죄의 보호법익과의 관계에서 해석하여야 하므로, 침입이란 주거의 사실상 평온상태를 해치는 행위태 양으로 주거에 들어가는 것을 의미하고, 침입에 해당하는지는 출입 당시 객관적·외형적으로 드러난 행위 태양을 기준으로 판단함이 원칙이다. 이때 거주자의 의사도 고려되지만 주거 등의 형태와 용도·성질, 외 부인에 대한 출입의 통제·관리 방식과 상태 등 출입 당시 상황에 따라 그 정도는 달리 평가될 수 있다. 사생활 보호의 필요성이 큰 사적 주거, 외부인의 출입이 엄격히 통제되는 건조물에 거주자나 관리자의 승낙 없이 몰래 들어간 경우 또는 출입 당시 거주자나 관리자가 출입의 금지나 제한을 하였음에도 이를 무시하고 출입한 경우에는 사실상의 평온상태가 침해된 경우로서 침입행위가 될 수 있다.

[2] 피고인이 '甲에게 100m 이내로 접근하지 말 것' 등을 명하는 법원의 접근금지가처분 결정이 있는 등 피 고인이 甲을 방문하는 것을 甲이 싫어하는 것을 알고 있음에도 임의로 甲이 근무하는 사무실 안으로 들어감 으로써 건조물에 침입하였다는 공소사실로 기소된 사안에서, 피고인이 위 결정에 반하여 甲이 근무하는 사무실에 출입한 것은 甲의 명시적인 의사에 반하는 행위일 뿐만 아니라, 출입의 금지나 제한을 무시하고 출입한 경우로서 출입 당시 객관적·외형적으로 드러난 행위태양을 기준으로 보더라도 사실상 평온상태 가 침해된 것으로 볼 수 있으므로 건조물침입죄가 성립한다고 한 사례(대판 2024.2.8. 2023도16595).

113. 〈예전 여자친구 스토킹 사건〉

Q 피고인이 예전 여자친구인 甲의 사적 대화 등을 몰래 녹음하거나 현관문에 甲에게 불안감을 불러일으킬 수 있는 문구가 기재된 마스크를 걸어놓거나 甲이 다른 남자와 찍은 사진을 올려놓으려는 의도로 3차례에 걸쳐 야간에 甲이 거주하는 빌라 건물의 공동현관, 계단을 통해 甲의 2층 주거 현관문 앞까지 들어갔다면 주거침입죄가 성립하는가?

[1] 다가구용 단독주택이나 다세대주택·연립주택·아파트와 같은 공동주택 내부의 엘리베이터, 공용 계 단, 복도 등 공용 부분도 그 거주자들의 사실상 주거의 평온을 보호할 필요성이 있으므로 주거침입죄의 객체 인 '사람의 주거'에 해당한다. 거주자가 아닌 외부인이 공동주택의 공용 부분에 출입한 것이 공동주택 거 주자들에 대한 주거침입에 해당하는지를 판단할 때에는 공용 부분이 일반 공중의 출입이 허용된 공간이 아니고 주거로 사용되는 각 가구 또는 세대의 전용 부분에 필수적으로 부속하는 부분으로서 거주자들 또는 관리자에 의하여 외부인의 출입에 대한 통제·관리가 예정되어 있어 거주자들의 사실상 주거의 평온을 보호할 필요성이 있는 부분인지, 공동주택의 거주자들이나 관리자가 평소 외부인이 그곳에 출입하는 것을 통제·관리하였는지 등의 사정과 외부인의 출입 목적 및 경위, 출입의 태양과 출입한 시간 등을 종합적으로 고려하여 '주거의 사실상 평온상태가 침해되었는지'의 관점에서 객관적·외형적으로 판단하여야 한다.

[2] 주거에 들어가는 행위 자체가 거주자의 의사에 반한다는 주관적 사정만으로는 바로 침입에 해당한다고 볼 수 없다. 침입행위에 해당하는지는 종국적으로는 주거의 사실상의 평온상태를 해치는 행위태양인지에 따라 판단되어야 하기 때문이다. 다만 거주자의 의사에 반하는지는 사실상의 평온상태를 해치는 행위태양인지를 평가할 때 고려할 하나의 요소가 될 수 있다. 이때 그 고려의 정도는 주거 등의 형태와 용도·성질, 외부인에 대한 출입의 통제·관리 방식과 상태 등 출입 당시 상황에 따라 달리 평가될 수 있다.

[3] 피고인이 예전 여자친구인 甲의 사적 대화 등을 몰래 녹음하거나 현관문에 甲에게 불안감을 불러일으킬 수 있는 문구가 기재된 마스크를 걸어놓거나 甲이 다른 남자와 찍은 사진을 올려놓으려는 의도로 3차례에 걸쳐 야간에 甲이 거주하는 빌라 건물의 공동현관, 계단을 통해 甲의 2층 주거 현관문 앞까지 들어간 사안에서, 빌라 건물 공용 부분의 성격, 외부인의 무단출입에 대한 통제·관리 방식과 상태, 피고인과 甲의 관계, 피고인의 출입 목적 및 경위와 출입 시간, 출입행위를 전후한 피고인의 행동, 甲의 의사와 행동, 주거공간 무단출입에 관한 사회 통념 등 제반 사정을 종합하면, 피고인은 甲 주거의 사실상 평온상태를 해치는 행위태양으로 빌라 건물에 출입하였다고 볼 여지가 충분하다는 이유로, 이와 달리 본 원심판결에 주거침입죄의 '침입'에 관한 법리오해 등의 잘못이 있다고 한 사례(대판 2024.2.15. 2023도15164).

114. 〈피해자의 집에서 피해자와 일정기간 함께 생활한 피고인이 피해자 집에 몰래 들어간 사건〉

피고인은 2020. 11. 초순 피해자를 알게 되어 교제하기 시작하였고 같은 달 중순부터 2020. 12. 31.까지 1개월 조금 넘는 기간 동안 피해자의 집에서 함께 생활한 점, 피고인은 수사기관부터 원심 법정에 이르기까지 주거지를 자신이 일하는 사무실 방 또는 주민등록지(피해자의 집과 무관한 장소) 중 한 곳으로만 진술하였던 점, 피고인은 피해자가 집을 비운 틈을 이용해 아파트 1층 베란다를 타고 올라가 2층에 있는 피해자의 집 거실 베란다 문을 열고 피해자의 집 안으로 들어간 점 등에 비추어, 주거침입죄의 성립을 인정한 원심을 수긍한 사례(대판 2021.12.30. 2021도13639)

115. 〈장인이 거주하는 처갓집에 들어간 사건〉

피고인이 자신의 장인인 피해자가 거주하는 처갓집에 들어간 사안에서, ① 피고인은 자신과 다툰 후 집을 나간 처를 만나기 위해 피해자가 거주하는 처갓집(이하 '이 사건 집'이라고 한다)을 방문하여 그 안으로 들어간 것으로서, 피고인은 이 사건 집의 공동거주자가 아닌 점, ② 피고인은 이 사건 범행 전 피해자 측에게 '처가 지금 오지 않으면 이 사건 집에 가서 휘발유를 뿌리겠다'는 취지의 문자메시지를 보냈고, 이에 피해자와 가족들이 피고인을 피해 이 사건 집을 비웠음에도 피고인은 휘발유로 추정되는 물질을 소지한 채 이 사건 집을 방문하였고, 피해자 측에게 '이 사건 집을 부수고 불을 지르겠다'는 취지의 문자메시지 등을 보냈을 뿐더러 이 사건 집에 들어가는 과정에서 창문을 깨뜨리기도 하였는바, 피고인은 피해자가 이 사건 집에서 누리는 사실상의 평온상태를 해치는 행위태양으로 이 사건 집에 들어간 점 등에 비추어, 주거침입죄를 유죄로 인정한 사례(대판 2021.10.28. 2021도9242).

116. 〈음식점에 카메라 설치하러 들어간 사건 - 초원복집 사건 판례 변경 전합 판례〉★★

[사실관계]

피고인들은 공모하여, 갑, 을이 운영하는 각 음식점에서 인터넷 언론사 기자 병을 만나 식사를 대접하면서 병이 부적절한 요구를 하는 장면 등을 확보할 목적으로 녹음·녹화장치를 설치하거나 장치의 작동 여부 확인 및 이를 제거하기 위하여 각 음식점의 방실에 들어갔다.

[1] [다수의견]

㈎ 주거침입죄는 사실상 주거의 평온을 보호법익으로 한다. 주거침입죄의 구성요건적 행위인 침입은 주거침입죄의 보호법익과의 관계에서 해석하여야 하므로, 침입이란 주거의 사실상 평온상태를 해치는 행위 태양으로 주거에 들어가는 것을 의미하고, 침입에 해당하는지는 출입 당시 객관적·외형적으로 드러난 행위 태양을 기준으로 판단함이 원칙이다. 사실상의 평온상태를 해치는 행위 태양으로 주거에 들어가는 것이라면 대체로 거주자의 의사에 반하겠지만, 단순히 주거에 들어가는 행위 자체가 거주자의 의사에 반한다는 주관적 사정만으로는 바로 침입에 해당한다고 볼 수 없다. 거주자의 의사에 반하는지는 사실상의 평온상태를 해치는 행위 태양인지를 평가할 때 고려할 요소 중 하나이지만 주된 평가 요소가 될 수는 없다. 따라서 침입행위에 해당하는지는 거주자의 의사에 반하는지가 아니라 사실상의 평온상태를 해치는 행위 태양인지에 따라 판단되어야 한다.

㈏ 행위자가 거주자의 승낙을 받아 주거에 들어갔으나 범죄나 불법행위 등(이하 '범죄 등'이라 한다)을 목적으로 한 출입이거나 거주자가 행위자의 실제 출입 목적을 알았더라면 출입을 승낙하지 않았을 것이라는 사정이 인정되는 경우 행위자의 출입행위가 주거침입죄에서 규정하는 침입행위에 해당하려면, 출입하려는 주거 등의 형태와 용도·성질, 외부인에 대한 출입의 통제·관리 방식과 상태, 행위자의 출입 경위와 방법 등을 종합적으로 고려하여 행위자의 출입 당시 객관적·외형적으로 드러난 행위 태양에 비추어 주거의 사실상 평온상태가 침해되었다고 평가되어야 한다. 이때 거주자의 의사도 고려되지만 주거 등의 형태와 용도·성질, 외부인에 대한 출입의 통제·관리 방식과 상태 등 출입 당시 상황에 따라 그 정도는 달리 평가될 수 있다. 일반인의 출입이 허용된 음식점에 영업주의 승낙을 받아 통상적인 출입방법으로 들어갔다면 특별한 사정이 없는 한 주거침입죄에서 규정하는 침입행위에 해당하지 않는다. 설령 행위자가 범죄 등을 목적으로 음식점에 출입하였거나 영업주가 행위자의 실제 출입 목적을 알았더라면 출입을 승낙하지 않았을 것이라는 사정이 인정되더라도 그러한 사정만으로는 출입 당시 객관적·외형적으로 드러난 행위 태양에 비추어 사실상의 평온상태를 해치는 방법으로 음식점에 들어갔다고 평가할 수 없으므로 침입행위에 해당하지 않는다.

Q 위와 같은 사실관계를 전제로 할 때 피고인에게 주거침입죄가 성립하는가?

[2] 피고인들이 공모하여, 갑, 을이 운영하는 각 음식점에서 인터넷 언론사 기자 병을 만나 식사를 대접하면서 병이 부적절한 요구를 하는 장면 등을 확보할 목적으로 녹음·녹화장치를 설치하거나 장치의 작동 여부 확인 및 이를 제거하기 위하여 각 음식점의 방실에 들어감으로써 갑, 을의 주거에 침입하였다는 내용으로 기소된 사안에서, 피고인들은 병을 만나 식사하기에 앞서 병과의 대화 내용과 장면을 녹음·녹화하기 위한 장치를 설치하기 위해 각 음식점 영업주로부터 승낙을 받아 각 음식점의 방실에 미리 들어간 다음 녹음·녹화장치를 설치하고 그 작동 여부를 확인하거나 병과의 식사를 마친 후 이를 제거하였는데, 피고인들이 각 음식점 영업주로부터 승낙을 받아 통상적인 출입방법에 따라 각 음식점의 방실에 들어간 이상 사실상의

평온상태를 해치는 행위태양으로 음식점의 방실에 들어갔다고 볼 수 없어 주거침입죄에서 규정하는 침입행위에 해당하지 아니하고, 설령 다른 손님인 병과의 대화 내용과 장면을 녹음·녹화하기 위한 장치를 설치하거나 장치의 작동 여부 확인 및 이를 제거할 목적으로 각 음식점의 방실에 들어간 것이어서 음식점 영업주가 이러한 사정을 알았더라면 피고인들의 출입을 승낙하지 않았을 것이라는 사정이 인정되더라도, 그러한 사정만으로는 사실상의 평온상태를 해치는 행위태양으로 각 음식점의 방실에 출입하였다고 평가할 수 없어 피고인들에게 주거침입죄가 성립하지 않는다고 한 사례(대판 2022.3.24. 2017도18272 전합).

[판결이유 중 일부 인용]

이와 달리 일반인의 출입이 허용된 음식점이더라도 음식점의 방실에 도청용 송신기를 설치할 목적으로 들어간 것은 영업주의 명시적 또는 추정적 의사에 반한다고 보아 주거침입죄가 성립한다고 인정한 대법원 1997. 3. 28. 선고 95도2674 판결을 비롯하여 같은 취지의 대법원 판결들은 이 판결의 견해에 배치되는 범위 안에서 이를 변경하기로 한다.

[사건의 경과]

피고인들이 피고인들과 기자가 대화하는 장면을 기자와 음식점 영업주 몰래 촬영하기 위해 카메라를 설치하려고 음식점에 들어갔다는 이유로 주거침입죄로 기소된 사안임.

[대법원의 판단]

대법원은 대법원 2021. 9. 9. 선고 2020도12630 전원합의체 판결이 선고한 법리에 따라 주거침입죄에서 침입에 해당하는지는 출입 당시 객관적·외형적으로 드러난 행위 태양에 비추어 볼 때 사실상의 평온상태가 침해되었는지에 따라 판단하여야 하고, 이에 해당하는지는 출입하려는 주거 등의 형태와 용도·성질, 외부인에 대한 출입의 통제·관리 방식과 상태, 출입 경위와 방법 등을 종합적으로 고려하여야 한다면서, 일반인의 출입이 허용된 음식점에 영업주의 승낙을 받아 통상적인 출입방법으로 들어갔다면 특별한 사정이 없는 한 침입행위에 해당하지 않고, 설령 행위자가 범죄 등을 목적으로 음식점에 들어갔거나 실제 출입 목적을 알았더라면 출입을 승낙하지 않았을 것이라는 사정이 인정되더라도 그러한 사정만으로는 사실상의 평온상태가 침해되었다고 볼 수 없으므로 주거침입죄가 성립하지 않는다는 판단하고, 이와 다른 취지의 종래 판례(대법원 95도2674 판결)를 변경하면서 주거침입죄를 무죄로 판단한 원심판결을 유지하고 검사의 상고를 기각하였음.

이러한 다수의견에 대하여 사실상의 평온상태가 침해되었는지에 따라 침입 여부를 판단하더라도 거주자의 의사에 반하는지를 가장 기본적이고 중요한 요소로 삼아 주거침입죄의 성립 여부를 판단하여야 하고, 이 사건에서 영업주의 현실적인 승낙이 있었으므로 기본적으로 영업주의 의사에 반하지 않고 사실상의 평온상태가 침해되었다고 볼 수 없어 주거침입죄가 성립하지 않기 때문에 상고를 기각하여야 한다는 대법관 김재형, 대법관 안철상의 별개의견이 있고, 다수의견에 대한 대법관 노태악, 대법관 천대엽의 보충의견이 있음.

117. 〈야간에 편의점에서 담배를 절취한 사건〉★

[공소사실의 요지]

'피고인이 2020. 4. 21. 04:21경 피해자가 운영하는 편의점에서 담배를 절취할 목적으로 편의점 출입문을 열고 침입하여 편의점 직원에게 담배 1보루를 달라고 하여 이를 받은 후 대금을 지급하지 않고 가지고 나와 절취하였다.'

Q 위와 같은 공소사실을 전제로 할 때 피고인에게 야간주거침입절도죄가 성립하는가?

[1] 일반인의 출입이 허용된 영업점에 영업주의 승낙을 받아 통상적인 출입방법으로 들어갔다면 특별한 사정이 없는 한 주거침입죄에서 정하는 침입행위에 해당하지 않는다. 설령 행위자가 범죄 등을 목적으로 영업점에 출입하였거나 영업주가 행위자의 실제 출입 목적을 알았더라면 출입을 승낙하지 않았을 것이라고 하더라도 그러한 사정만으로는 사실상의 평온상태를 해치는 것도 아니어서 침입행위에 해당한다고 볼 수 없다.

[2] 건조물침입을 구성요건으로 하는 야간건조물침입절도죄(형법 제330조)에서 건조물침입에 해당하는지를 판단할 때에도 위와 같은 법리가 적용된다(대판 2022.7.28. 2022도5659).

118. 〈대형마트 피켓 시위 사건〉

마트산업노동조합 간부와 조합원인 피고인들이 공동하여, 대형마트 지점에 방문한 대표이사 등에게 해고와 전보 인사발령에 항의하기 위하여 지점장 갑의 의사에 반하여 정문을 통해 지점 2층 매장으로 들어감으로써 건조물에 침입하였다고 하여 폭력행위 등 처벌에 관한 법률 위반(공동주거침입)으로 기소된 사안에서, 제반 사정에 비추어 피고인들에 대하여 건조물침입죄가 성립하지 않는다는 이유로, 이와 달리 본 원심판단에 법리오해의 잘못이 있다고 한 사례(대판 2022.9.7. 2021도9055).

119. 〈시청 1층 로비에 들어간 사건〉

피고인들이 공동하여 ○○시청에 이르러 150여 명의 조합원들과 함께 시청 1층 로비로 들어가 바닥에 앉아 구호를 외치며 소란을 피움으로써 시청 건물 관리자의 의사에 반하여 건조물에 침입하였다고 기소된 사안에서, 당시 피고인들 등 조합원들은 시청 1층 중앙현관을 통해 1층 로비에 들어가면서 공무원 등으로부터 아무런 제지를 받지 않았고, 다수의 힘 또는 위세를 이용하여 들어간 정황이 없었다는 이유 등을 들어, 관리자의 의사를 주된 근거로 유죄를 인정한 원심판결을 파기환송한 사례(대판 2022.6.16. 2021도7087).

120. 〈호텔관리단 사건 – 업무시간 중 출입자격 등의 제한 없이 일반적으로 개방되어 있는 장소에 들어간 경우 원칙적으로 건조물침입죄가 성립하지 않는다는 판례〉

Q 호텔관리단 소속 피고인들이 업무시간 중 A건설, B저축은행, C저축은행에 사전 면담약속·방문 통지를 한 후 방문하거나 면담요청을 하기 위해 방문하였다가 면담이 무산되어 각 장소를 점거하였다면 공동건조물침입죄가 성립하는가?

[1] 주거침입죄는 사실상 주거의 평온을 보호법익으로 한다. 주거침입죄의 구성요건적 행위인 침입은 주거침입죄의 보호법익과의 관계에서 해석하여야 하므로, 침입이란 주거의 사실상 평온상태를 해치는 행위태양으로 주거에 들어가는 것을 의미하고, 침입에 해당하는지는 출입 당시 객관적·외형적으로 드러난 행위 태양을 기준으로 판단함이 원칙이다. 사실상의 평온상태를 해치는 행위 태양으로 주거에 들어가는 것이라면 대체로 거주자의 의사에 반하겠지만, 단순히 주거에 들어가는 행위 자체가 거주자의 의사에 반한다는 주관적 사정만으로는 바로 침입에 해당한다고 볼 수 없다. 따라서 침입행위에 해당하는지는 거주자의 의사에 반하는지가 아니라 사실상의 평온상태를 해치는 행위 태양인지에 따라 판단되어야 한다.

[2] 한편, 업무시간 중 출입자격 등의 제한 없이 일반적으로 개방되어 있는 장소에 들어간 경우, 관리자의 명시적 출입금지 의사 및 조치가 없었던 이상 그 출입 행위가 결과적으로 관리자의 추정적 의사에 반하였다는 사정만으로는 사실상의 평온상태를 해치는 행위태양으로 출입하였다고 평가할 수 없다(대판 2024.1.4. 2022도15955).

[사실관계]

호텔관리단 소속 피고인들이 업무시간 중 A건설, B저축은행, C저축은행에 사전 면담약속·방문 통지를 한 후 방문하거나 면담요청을 하기 위해 방문하였다가 면담이 무산되어 각 장소를 점거한 사안임

[원심의 판단]

원심은 A건설, B저축은행, C저축은행의 추정적 의사를 주된 근거로 삼아 폭력행위처벌법위반(공동주거 침입)죄를 유죄로 판단하였음

[대법원의 판단]

대법원은, 피고인들이 업무시간 중 일반적으로 출입이 허용되어 개방된 장소이거나 업무상 이해관계인의 출입에 별다른 제한이 없는 영업장소에 업무상 이해관계인 자격으로 관리자의 출입제한이나 제지가 없는 상태에서 사전에 면담약속·방문 통지를 한 후 방문한 것이거나 면담요청을 하기 위해 통상적인 방법으로 들어간 이상, 사실상의 평온상태를 해치는 행위 태양으로 들어갔다고 볼 수 없어 건조물침입죄에서 규정하는 침입행위에 해당한다고 보기 어려우며, 사후적으로 볼 때 위 피고인들의 위 각 장소에의 순차적 출입이 앞서 본 소란 등 행위로 인하여 결과적으로 각 관리자의 추정적 의사에 반하는 결과를 초래하게 되었더라도, 그러한 사정만으로는 사실상의 평온상태를 해치는 행위 태양으로 출입하였다고 평가할 수 없다고 보아, 이와 달리 판단한 원심판결을 파기·환송함

관리자에 의하여 출입이 통제되는 건조물 관련 판례

121. 〈명함지갑 모양으로 제작된 녹음·녹화장비를 몰래 소지하고 구치소 접견실에 들어간 사건〉★★

[1] 관리자에 의해 출입이 통제되는 건조물에 관리자의 승낙을 받아 건조물에 통상적인 출입방법으로 들어갔다면, 이러한 승낙의 의사표시에 기망이나 착오 등의 하자가 있더라도 특별한 사정이 없는 한 형법 제319조 제1항에서 정한 건조물침입죄가 성립하지 않는다. 이러한 경우 관리자의 현실적인 승낙이 있었으므로 가정적·추정적 의사는 고려할 필요가 없다. 단순히 승낙의 동기에 착오가 있다고 해서 승낙의 유효성에 영향을 미치지 않으므로, 관리자가 행위자의 실제 출입 목적을 알았더라면 출입을 승낙하지 않았을 사정이 있더라도 건조물침입죄가 성립한다고 볼 수 없다. 나아가 관리자의 현실적인 승낙을 받아 통상적인 출입방법에 따라 건조물에 들어간 경우에는 출입 당시 객관적·외형적으로 드러난 행위태양에 비추어 사실상의 평온상태를 해치는 모습으로 건조물에 들어간 것이라고 평가할 수도 없다.

[2] 피고인들이 접견신청인으로서 서울구치소의 관리자인 서울구치소장으로부터 구치소에 대한 출입관리를 위탁받은 교도관의 현실적인 승낙을 받아 통상적인 출입방법으로 서울구치소 내 민원실과 접견실에 들어갔으므로, 관리자의 의사에 반하여 사실상의 평온상태를 해치는 모습으로 서울구치소에 들어갔다고 볼 수 없고, 피고인들이 서울구치소에 수용 중인 사람을 취재하고자 서울구치소장의 허가 없이 접견내용을 촬영·녹음할 목적으로 명함지갑 모양으로 제작된 녹음·녹화장비를 몰래 소지하고 서울구치소에 들어간다는 사정을 서울구치소장이나 교도관이 알았더라면 피고인들이 이를 소지한 채 서울구치소에 출입하는 것을 승낙하지 않았을 것으로 보이나, 이러한 사정은 승낙의 동기가 착오가 있는 것에 지나지 않아 피고인들이 서울구치소장이나 교도관의 의사에 반하여 구치소에 출입하거나 사실상의 평온상태를 해치는 모습으로 서울구치소에 침입한 것으로 평가할 수 없다고 보아, 이 부분 공소사실을 무죄로 판단한 원심을 유지하고 검사의 상고를 기각한 사안(대판 2022.3.31. 2018도15213, 동지 대판 2022.4.28. 2020도8030).

제1절 ㅣ 절도죄

122. 〈야간에 편의점에서 담배를 절취한 사건〉★

[공소사실의 요지]

'피고인이 2020. 4. 21. 04:21경 피해자가 운영하는 편의점에서 담배를 절취할 목적으로 편의점 출입문을 열고 침입하여 편의점 직원에게 담배 1보루를 달라고 하여 이를 받은 후 대금을 지급하지 않고 가지고 나와 절취하였다.'

Q 위와 같은 공소사실을 전제로 할 때 피고인에게 야간주거침입절도죄가 성립하는가?

[1] 일반인의 출입이 허용된 영업점에 영업주의 승낙을 받아 통상적인 출입방법으로 들어갔다면 특별한 사정이 없는 한 주거침입죄에서 정하는 침입행위에 해당하지 않는다. 설령 행위자가 범죄 등을 목적으로 영업점에 출입하였거나 영업주가 행위자의 실제 출입 목적을 알았더라면 출입을 승낙하지 않았을 것이라고 하더라도 그러한 사정만으로는 사실상의 평온상태를 해치는 것도 아니어서 침입행위에 해당한다고 볼 수 없다.

[2] 건조물침입을 구성요건으로 하는 야간건조물침입절도죄(형법 제330조)에서 건조물침입에 해당하는지를 판단할 때에도 위와 같은 법리가 적용된다(대판 2022.7.28. 2022도5659).

제2절 ㅣ 강도죄

123. 〈채무면탈 목적 강도죄에서 불법이득의사 인정 여부가 문제된 사건〉

[1] 강도상해죄가 성립하려면 먼저 강도죄의 성립이 인정되어야 하고, 강도죄가 성립하려면 불법영득 또는 불법이득의 의사가 있어야 한다. 채권자를 폭행·협박하여 채무를 면탈함으로써 성립하는 강도죄에서 **불법이득 의사는 단순 폭력범죄와 구별되는 중요한 구성요건 표지**이다. 폭행·협박 당시 피고인에게 채무를 면탈하려는 불법이득 의사가 있었는지는 신중하고 면밀하게 심리·판단되어야 한다. **불법이득 의사는 마음속에 있는 의사**이므로, 피고인과 피해자의 관계, 채무의 종류와 액수, 폭행에 이르게 된 경위, 폭행의 정도와 방법, 폭행 이후의 정황 등 범행 전후의 객관적인 사정을 종합하여 불법이득 의사가 있었는지를 판단할 수밖에 없다.

[2] 피고인이 술을 마신 후 술값 지급과 관련한 시비 중 술집 주인과 종업원을 폭행하여 상해를 가한 사안에서, 폭행에 이르게 된 경위, 폭행 이후의 정황, 채무의 종류와 액수 등 제반사정에 비추어 피고인이 피해자들을 폭행할 당시 술값 채무를 면탈하려는 불법이득의 의사를 인정하기 어렵다고 보아, 유죄로 인정한 원심을 파기환송한 사례(대판 2021.6.30. 2020도4539).

제3절 | 사기죄

보호법익 관련 판례

124. 〈국가기술자격증을 대여받아 산림사업법인 등록을 마친 업체 사건〉

[사실관계]

국가기술자격증을 대여받아 산림사업법인 등록을 마친 업체가 이를 숨긴 채 산림사업법인 등록을 자격요건으로 하는 입찰에 참여하여 공사계약을 체결하고, 공사 이행 후 대금을 수령하였다.

Q 위와 같은 사실관계를 전제로 할 때 피고인에게 사기죄가 성립하는가?

구 국가기술자격법 제26조 제3항의 자격증 대여 금지 위반죄는 국가기술자격제도의 효율적 운영과 산업현장의 수요에 적합한 자격제도 확립이라는 국가적 또는 공공적 법익을 보호하기 위한 것이므로, 이를 위반한 경우 국가기술자격법에 따른 제재를 받는 것은 별론으로 하되, 곧바로 사기죄의 보호법익인 재산권을 침해하였다고 단정할 수 없고, 피고인은 공사 완성의 대가로 발주처로부터 공사대금을 지급받은 것이므로, 설령 피고인이 발주처에 대하여 기술자격증 대여 사실을 숨기는 등의 행위를 하였다고 하더라도 그 행위와 공사대금 지급 사이에 상당인과관계를 인정하기도 어려우며, 대금 산정과 직접 관련이 없는 서류에 일부 허위의 사실을 기재하였다는 사정만으로는 발주처 계약 담당 공무원에 대하여 계약이행능력이나 공사대금 산정에 관하여 기망행위를 하였다고 보기 어렵다는 이유로, 이와 달리 판단한 원심판결을 파기환송한 사례(대판 2022.7.14. 2017도20911).

125. 〈하도급 제한 규정을 위반하였다는 사정만으로 사기죄에서의 기망행위를 단정할 수 없다는 판례〉

구 「시설물의 안전관리에 관한 특별법」(2017. 1. 17. 법률 제14545호 「시설물의 안전 및 유지관리에 관한 특별법」으로 전부개정되기 전의 것, 이하 '구 시설물안전법'이라 한다)상 하도급 제한 규정은 시설물의 안전점검과 적정한 유지관리를 통하여 재해와 재난을 예방하고 시설물의 효용을 증진시킨다는 국가적 또는 공공적 법익을 보호하기 위한 것이므로, **이를 위반한 경우 구 시설물안전법에 따른 제재를 받는 것은 별론으로 하고 곧바로 사기죄의 보호법익인 재산권을 침해하였다고 단정할 수 없다.** 사기죄가 성립된다고 하려면 이러한 사정에 더하여 이 사건 각 안전진단 용역계약의 내용과 체결 경위, 계약의 이행과정이나 결과 등까지 종합하여 살펴볼 때 과연 피고인들이 안전진단 용역을 완성할 의사와 능력이 없음에도 불구하고 용역을 완성할 것처럼 거짓말을 하여 용역대금을 편취하려 하였는지 여부를 기준으로 판단하여야 한다(대판 2021.10.14. 2016도16343).

기망행위 관련 판례

126. 〈무자격 건설업자 사건〉

피고인이 설립한 갑 주식회사는 설립 자본금을 가장납입하고, 자격증 대여자를 보유 건설기술자로 등록하는 등 자본금 요건과 기술자 보유 요건을 가장하여 전문건설업을 부정 등록한 무자격 건설업자로 전문공사를 하도급받을 수 없었음에도, 이를 바탕으로 공사 발주기관을 기망하여 특허 사용협약을 체결하고, 해당 공사를 낙찰받은 건설회사 담당자를 기망하여 하도급 계약을 체결한 후, 각 계약들에 따른 공사대금을 지급받아 편취하였다는 이유로 특정경제범죄 가중처벌 등에 관한 법률 위반(사기) 및 사기죄로 기소된 사안에서, 피고인이 발주기관 또는 건설회사들로부터 공사대금을 지급받은 행위가 사기죄에서의 기망행위로 인한 재물의 편취에 해당한다고 보기 어려우므로, 이와 달리 공소사실을 유죄로 본 원심판단에 법리오해의 잘못이 있다고 한 사례(대판 2023.1.12. 2017도14104).

127. 〈산학협력단으로부터 학생연구비 사건〉★

의과대학 교수로서 연구책임자인 대학교수가 대학교 산학협력단 등으로부터 지급받은 학생연구비 중 일부를 실질적으로 자신이 관리하는 공동관리계좌에 귀속시킨 후 개인적인 용도 등으로 사용한 경우 산학협력단에 대한 관계에서 부작위에 의한 기망행위 및 불법영득의사가 모두 인정되어 사기죄가 성립된다고 본 원심판결을 수긍한 사례(대판 2021.9.9. 2021도8468).

128. 〈적법하게 개설되지 않은 의료기관 사건〉

Q 적법하게 개설되지 않은 의료기관의 실질 개설·운영자가 의료급여비용 명목의 금원을 지급받아 편취한 경우 피해자는 누구인가?

적법하게 개설되지 아니한 의료기관의 실질 개설·운영자가 적법하게 개설된 의료기관인 것처럼 의료급여비용의 지급을 청구하여 이에 속은 국민건강보험공단으로부터 의료급여비용 명목의 금원을 지급받아 편취한 경우, 국민건강보험공단을 피해자로 보아야 한다(대판 2023.10.26. 2022도90).

사기죄의 처분행위 관련 판례

---

129. 〈반지갑 사건〉★★

[사실관계]
매장 주인이 매장에 유실된 손님(피해자)의 반지갑을 습득한 후 또 다른 손님인 피고인에게 "이 지갑이 선생님 지갑이 맞느냐?"라고 묻자, 피고인은 "내 것이 맞다"라고 대답한 후 이를 교부받아 가져갔다.

Q 절도죄와 사기죄의 개념은 어떠한가?

[1] 형법상 절취란 타인이 점유하고 있는 자기 이외의 자의 소유물을 점유자의 의사에 반하여 점유를 배제하고 자기 또는 제3자의 점유로 옮기는 것을 말한다. 이에 반해 기망의 방법으로 타인으로 하여금 처분행위를 하도록 하여 재물 또는 재산상 이익을 취득한 경우에는 절도죄가 아니라 사기죄가 성립한다.

Q 처분행위는 어떠한 역할과 기능을 하는가?

Q 삼각사기에서 처분행위자의 자격은 어떠한가?

[2] 사기죄에서 처분행위는 행위자의 기망행위에 의한 피기망자의 착오와 행위자 등의 재물 또는 재산상 이익의 취득이라는 최종적 결과를 중간에서 매개·연결하는 한편, 착오에 빠진 피해자의 행위를 이용하여 재산을 취득하는 것을 본질적 특성으로 하는 사기죄와 피해자의 행위에 의하지 아니하고 행위자가 탈취의 방법으로 재물을 취득하는 절도죄를 구분하는 역할을 한다. 처분행위가 갖는 이러한 역할과 기능을 고려하면 피기망자의 의사에 기초한 어떤 행위를 통해 행위자 등이 재물 또는 재산상의 이익을 취득하였다고 평가할 수 있는 경우라면, 사기죄에서 말하는 처분행위가 인정된다. 한편 사기죄가 성립되려면 피기망자가 착오에 빠져 어떠한 재산상의 처분행위를 하도록 유발하여 재산적 이득을 얻을 것을 요하고, 피기망자와 재산상의 피해자가 같은 사람이 아닌 경우에는 피기망자가 피해자를 위하여 그 재산을 처분할 수 있는 권능을 갖거나 그 지위에 있어야 한다.

Q 위와 같은 사실관계를 전제로 할 때 피고인에게 절도죄가 성립하는가? 아니면 사기죄가 성립하는가?

[3] 피해자 갑은 드라이버를 구매하기 위해 특정 매장에 방문하였다가 지갑을 떨어뜨렸는데, 10분쯤 후 피고인이 같은 매장에서 우산을 구매하고 계산을 마친 뒤, 지갑을 발견하여 습득한 매장 주인 을로부터 "이 지갑이 선생님 지갑이 맞느냐?"라는 질문을 받자 "내 것이 맞다."라고 대답한 후 이를 교부받아 가지고 간 사안에서, 을은 지갑을 습득하여 진정한 소유자에게 돌려주어야 하는 지위에 있으므로 갑을 위하여 이를 처분할 수 있는 권능을 갖거나 그 지위에 있었으며, 이러한 처분 권능과 지위에 기초하여 지갑의 소유자라고 주장하는 피고인에게 지갑을 교부하였고 이를 통해 피고인이 지갑을 취득하여 자유로운 처분이 가능한 상태가 되었으므로, 을의 행위는 사기죄에서 말하는 처분행위에 해당하고 피고인의 행위를 절취행위로 평가할 수 없다는 이유로, 피고인에 대한 주위적 공소사실인 절도 부분을 이유에서 무죄로 판단하면서 예비적 공소사실인 사기 부분을 유죄로 인정한 원심의 판단이 정당하다고 한 사례(대판 2022.12.29. 2022도12494).

[사건의 경과]

① 피해자 공소외 1은 2021. 5. 16. 11:50경 드라이버를 구매하기 위해 'ㅇㅇㅇㅇ'에 방문하였다가 갈색 남성용 반지갑을 떨어뜨렸고, ② 피고인이 같은 날 12:00경 'ㅇㅇㅇㅇ'에서 우산을 구매하고 계산을 마친 뒤, 위 반지갑을 발견하여 습득한 'ㅇㅇㅇㅇ'의 주인 공소외 2로부터 "이 지갑이 선생님 지갑이 맞느냐?"는 질문을 받자, "내 것이 맞다"고 대답한 후 이를 교부받아 가지고 간 사실을 알 수 있다. ③ 이러한 피고인의 행위에 관해서 검사는 주위적으로 절도로, 예비적으로 사기로 공소를 제기하였다.

[원심의 판단]

공소외 2는 반지갑을 습득하여 이를 진정한 소유자에게 돌려주어야 하는 지위에 있었으므로 피해자를 위하여 이를 처분할 수 있는 권능을 갖거나 그 지위에 있었다. 나아가 공소외 2는 이러한 처분 권능과 지위에 기초하여 위 반지갑의 소유자라고 주장하는 피고인에게 반지갑을 교부하였고 이를 통해 피고인이 반지갑을 취득하여 자유로운 처분이 가능한 상태가 되었다. 따라서 공소외 2의 행위는 사기죄에서 말하는 처분행위에 해당하고 피고인의 행위를 절취 행위로 평가할 수는 없다.

[대법원의 판단]

원심이 판시와 같은 이유로 이 사건 주위적 공소사실을 이유에서 무죄로 판단하면서 원심에서 추가된 예비적 공소사실을 유죄로 판단한 것은 정당하고, 원심의 판단에 사기죄와 절도죄의 구별 등에 관한 법리를 오해하는 등으로 판결에 영향을 미친 잘못이 없다.

130. 〈과다한 통원치료로 인한 보험금 청구 사건〉

장기간 과다하게 통원치료를 받은 후 실제 지급받을 수 있는 보험금보다 많은 보험금을 청구한 경우에 통원치료의 경우에도 수령한 보험금 전액에 대한 편취를 인정한 사례(대판 2021.8.12. 2020도13704).

131. 〈재물 또는 재산상의 이익의 가액을 구체적으로 산정할 수 없는 사건〉★

사기로 인한 「특정경제범죄 가중처벌 등에 관한 법률」위반죄는 편취한 재물 또는 재산상 이익의 가액이 5억 원 이상 또는 50억 원 이상인 것이 범죄구성요건의 일부로 되어 있고 그 가액에 따라 그 죄에 대한 형벌도 가중되어 있으므로, 이를 적용함에 있어서는 편취한 재물이나 재산상 이익의 가액을 엄격하고 신중하게 산정함으로써 죄형균형 원칙이나 책임주의 원칙이 훼손되지 않도록 유의하여야 한다. 그러므로 사기로 편취한 재물 또는 재산상의 이익의 가액을 구체적으로 산정할 수 없는 경우에는 「특정경제범죄 가중처벌 등에 관한 법률」위반(사기)죄로 처벌할 수 없다(대판 2022.6.30. 2022도3771).

소송사기 관련 판례

132. 〈사해행위 취소소송 사건〉

Q 소송사기가 성립하기 위하여는 주장하는 채권이 존재하지 않는 것만으로 충분한가?

[1] 소송사기는 법원을 기망하여 자기에게 유리한 판결을 얻음으로써 상대방의 재물 또는 재산상 이익을 취득하는 것을 내용으로 하는 범죄로서, 이를 처벌하는 것은 필연적으로 누구든지 자기에게 유리한 주장을 하고 소송을 통하여 권리구제를 받을 수 있다는 민사재판제도의 위축을 가져올 수밖에 없으므로, 피고인이 범행을 인정한 경우 외에는 소송상의 주장이 사실과 다름이 객관적으로 명백하거나 피고인이 소송상의 주장이 명백히 허위인 것을 인식하였거나 증거를 조작하려고 한 흔적이 있는 등의 경우 외에는 이를 쉽사리 유죄로 인정하여서는 안 된다. 그리고 소송사기가 성립하기 위하여는 주장하는 채권이 존재하지 않는다는 것만으로는 부족하고 그 주장의 채권이 존재하지 않는 사실을 잘 알면서도 허위의 주장과 증명으로써 법원을 기망한다는 인식을 하고 있어야만 하고, 단순히 사실을 잘못 인식하였다거나 법률적 평가를 잘못하여 존재하지 않는 권리를 존재한다고 믿는 등의 행위로는 사기죄를 구성하지 않는다.

[2] 갑은 을에 대한 손해배상채권에 기하여 피고인을 상대로 '피고인이 을로부터 부동산을 매수한 것은 사해행위에 해당한다.'는 이유로 사해행위취소소송을 제기하여 제1심에서 승소판결을 받고, 피고인은 이에 대해 추완항소를 제기하였는데, 피고인은 선행 사해행위취소소송을 제기한 채권자 병과의 사이에 성립한 조정 결과에 따른 가액배상금의 변제를 완료하였으므로 이를 사해행위 대상 부동산의 담보가치에서 공제하여야 한다고 주장하며 해당 금융거래내역을 증거로 제출하였으나, 사실은 미리 병으로부터 송금받은 금원을 거의 그대로 재송금한 거래내역에 불과하여 실제 채무변제가 완료되지는 않았고, 피고인의 항소는 기각된 사안에서, 피고인이 허위 주장 및 증거 제출의 고의로 사기죄의 실행에 착수하였다고 본 원심판단에 소송사기에 관한 법리오해의 잘못이 있다고 한 사례(대판 2022.5.26. 2022도1227).

133. 〈조정절차에서 임의이행의사나 능력에 관하여 거짓말하여 민사조정이 성립된 사건〉★

Q 기망행위의 성립범위를 엄격하게 제한하는 소송사기에 관한 법리가 소송절차에서 이루어지는 민사조정에서도 마찬가지로 적용되는가?

Q 피고인들이 민사소송의 조정 과정에서 피해자에게 아파트 시행 사업 양도대금의 지급시기를 설명하지 않았다는 사정만으로 곧바로 기망행위가 성립하였다거나 그로 인한 손해가 발생하였다고 할 수 있는가?

[1] 소송사기는 법원을 속여 자기에게 유리한 판결을 얻음으로써 상대방의 재물 또는 재산상 이익을 취득하는 범죄로서, 이를 쉽사리 유죄로 인정하게 되면 누구든지 자기에게 유리한 주장을 하고 소송을 통하여 권리구제를 받을 수 있는 민사재판제도의 위축을 가져올 수밖에 없다(대법원 2004. 6. 25. 선고 2003도7124 판결 참조). 이러한 위험성은 당사자 간 합의에 의하여 소송절차를 원만하게 마무리하는 민사조정에서도 마찬가지로 존재한다. 따라서 피고인이 그 범행을 인정한 경우 외에는 소송절차나 조정절차에서 행한 주장이 사실과 다름이 객관적으로 명백하고 피고인이 그 주장이 명백히 거짓인 것을 인식하였거나 증거를 조작하려고 하였음이 인정되는 때와 같이 범죄가 성립하는 것이 명백한 경우가 아니면 이를 유죄로 인정하여서는 안 된다.

[2] 소송당사자들은 조정절차를 통해 원만한 타협점을 찾는 과정에서 자신에게 유리한 결과를 얻기 위하여 노력하고, 그 과정에서 다소간의 허위나 과장이 섞인 언행을 하는 경우도 있다. 이러한 언행이 일반 거래관행과 신의칙에 비추어 허용될 수 있는 범위 내라면 사기죄에서 말하는 기망행위에 해당한다고 볼 수는 없다.

[3] 통상의 조정절차에서는 조정채무 불이행에 대한 제재수단뿐만 아니라 소송비용의 처리 문제나 청구취지에 포함되지 않은 다른 잠재적 분쟁에 관한 합의내용도 포함될 수 있고, 소송절차를 단축시켜 집행권원을 신속히 확보하기 위한 목적에서 조정이 성립되는 경우도 있다. 소송당사자가 조정에 합의한 것은 이러한 부수적 사정에 따른 이해득실을 모두 고려한 이성적 판단의 결과로 보아야 하고, 변호사 등 소송대리인이 조정절차에 참여하여 조정이 성립한 경우에는 더욱 그러하다.

[4] 따라서 조정에 따른 이행의무를 부담하는 피고가 조정 성립 이후 청구원인에 관한 주된 조정채무를 제때 이행하지 않았다는 사정만으로 원고에게 신의칙상 주의의무를 다하지 아니하였다거나 조정성립과 상당인과관계 있는 손해가 발생하였다고 쉽사리 단정하여서는 아니 된다(대판 2023.1.25. 2020도10330).

[사실관계]

아파트 시행사업을 하던 피고인들이 투자자인 피해자로부터 약정금 반환을 구하는 소를 제기 당하자, 조정절차에서 합의된 금전의 지급 재원이 될 아파트 시행 사업 양도대금의 지급시기에 관하여 조정 상대방인 피해자를 기망하여 이에 속은 피해자가 조정에 응함으로써 약정금을 감액받아 채무면제를 받았다는 이유로 사기죄로 기소된 사건임

[원심의 판단]

원심은, 피고인들이 피해자로 하여금 약정 기한에 금전을 수령할 수 있을 것처럼 믿게 하였고, 만일 조정절차에서 합의된 금전의 지급 재원이 될 아파트 시행 사업 양도대금의 지급시기가 약정기한인 2016년이 아닌 2019년이라는 점을 알았더라면 조정에 응하지 않았을 것이라는 등의 이유로 피고인들에 대한 사기죄의 공소사실을 일부 유죄로 인정하였음

[대법원의 판단]

대법원은, 기망행위의 성립범위를 엄격하게 제한하는 소송사기에 관한 법리가 소송절차에서 이루어지는 민사조정에서도 마찬가지로 적용된다는 점을 최초로 선언하면서, 피고인들이 민사소송의 조정 과정에서 피해자에게 아파트 시행 사업 양도대금의 지급시기를 설명하지 않았다는 사정만으로 곧바로 기망행위가

성립하였다거나 그로 인한 손해가 발생하였다고 할 수 없다고 보아, 이와 달리 판단한 원심판결을 파기·환송함

134. 〈소송비용액계산서에 실제 지출하지 않은 변호사비용을 기재한 사건〉

[1] 소송비용부담의 재판은 소송비용상환의무의 존재를 확정하고 그 지급을 명하는 데 그치고, 구체적인 소송비용의 액수는 민사소송법 제110조 제1항에 의한 소송비용액확정결정을 통하여 확정되며, 소송비용의 상환을 구하는 자는 소송비용액확정결정에 집행문을 부여받아 그 확정된 소송비용액에 관하여 강제집행을 할 수 있는바, 허위 내용으로 법원을 기망하여 자기에게 유리한 소송비용액확정결정을 받는 행위는 사기죄를 구성할 수 있다.

[2] 한편 소송비용액확정결정을 신청할 때에는 비용계산서, 그 등본과 비용액을 소명하는 데 필요한 서면을 제출하여야 하므로(민사소송법 제110조 제2항), 당사자가 단순히 실제 사실과 다른 비용액에 관한 주장만 한 경우를 사기죄로 인정하는 것에는 신중하여야 한다. 소송비용 중 당사자 등이 소송 기타 절차를 수행하기 위하여 법원에 납부하는 인지액 및 민사예납금 등 이른바 '재판비용'은 관할법원이 스스로 보존하고 있는 재판서 및 소송기록 등에 의하여 계산할 것이 예정되어 있고, 당사자가 소송 등 수행을 위하여 제3자에게 직접 지출하는 이른바 '당사자비용'은 신청인이 반드시 소명하여야 하므로, 소명자료 등을 조작하거나 허위의 소명자료 등을 제출함이 없이 단지 실제 사실과 다른 비용액에 관한 주장만 하는 경우에는 특별한 사정이 없는 한 법원을 기망하였다고 단정하기 어렵기 때문이다(대판 2024.6.27. 2021도2340).

[사건의 경과]

(1) 피고인이 가처분사건에서 변호사를 선임한 적이 없는데도 그 가처분사건에 관한 소송비용액확정결정 신청을 하면서 실제 지출하지 않은 변호사비용을 기재하여 그 소송비용액 상당액을 편취하려다가 미수에 그쳤다는 사기미수로 기소된 사안임

(2) 원심은 피고인에게 사기의 고의가 있었다고 보아 유죄로 판단하였음

(3) 대법원은 위와 같은 법리를 설시하면서, 피고인이 가처분사건에서 변호사를 선임한 적이 없는데도 소송비용액확정신청을 하면서 소송비용액계산서의 비용항목에 사실과 다르게 변호사비용을 기재하기는 하였으나 이와 관련하여 소명자료 등을 조작하거나 허위의 소명자료를 제출하지는 않았으므로, 피고인의 소송비용액확정신청이 객관적으로 법원을 기망하기에 충분하다고 보기는 어려워 이를 사기죄의 기망행위라고 단정할 수 없다고 보아, 이와 달리 사기미수죄의 성립을 인정한 원심을 파기·환송함

카드범죄 관련 판례

---

135. 〈여전법 제70조 제1항 제4호의 해석에 대한 최근 판례〉★★

[사실관계]

피고인은 구속되어 있던 피해자에게 피해자의 신용카드로 피해자의 재판을 위한 변호인에 대한 성공사례비를 지급한 뒤 피고인이 금방 그 카드대금을 갚겠다고 기망하여 피해자로부터 신용카드를 교부받은 다음, 피고인은 그때로부터 약 한달 사이에 총 23회에 걸쳐 여러 용도로 피해자의 신용카드를 사용하여 결제(결제 총액 29,997,718원)하였다.

Q 문언 자체가 비교적 명확한 개념으로 구성되어 있다면 체계적 · 논리적 해석 방법을 사용할 수 있는가?

[1] 법률을 해석할 때 입법 취지와 목적, 제 · 개정 연혁, 법질서 전체와의 조화, 다른 법령과의 관계 등을 고려하는 체계적 · 논리적 해석 방법을 사용할 수 있으나, 문언 자체가 비교적 명확한 개념으로 구성되어 있다면 원칙적으로 이러한 해석 방법은 활용할 필요가 없거나 제한되어야 한다.

[2] 여신전문금융업법 제70조 제1항 제4호에서는 '강취 · 횡령하거나, 사람을 기망하거나 공갈하여 취득한 신용카드나 직불카드를 판매하거나 사용한 자'를 처벌하도록 규정하고 있는데, 여기에서 '사용'은 강취 · 횡령, 기망 또는 공갈로 취득한 신용카드나 직불카드를 진정한 카드로서 본래의 용법에 따라 사용하는 경우를 말한다.

Q 위와 같은 사실관계를 전제로 할 때 피고인에게 여신전문금융업법 제70조 제1항 제4호의 신용카드부정사용죄가 성립하는가?

[3] 그리고 '기망하거나 공갈하여 취득한 신용카드나 직불카드'는 문언상 '기망이나 공갈을 수단으로 하여 다른 사람으로부터 취득한 신용카드나 직불카드'라는 의미이므로, '신용카드나 직불카드의 소유자 또는 점유자를 기망하거나 공갈하여 그들의 자유로운 의사에 의하지 않고 점유가 배제되어 그들로부터 사실상 처분권을 취득한 신용카드나 직불카드'라고 해석되어야 한다(대판 2022.12.16. 2022도10629).

[원심의 판단]

원심은, 기망하여 취득한 신용카드 사용으로 인한 여신전문금융업법 위반죄는 신용카드 자체를 기망하여 취득한 후 소유자 또는 점유자의 의사에 의하지 않고 신용카드를 사용한 경우에 인정된다고 전제한 뒤, 판시와 같은 사정에 의하여 인정되는 피고인의 신용카드 사용 동기 및 경위에 비추어 보면 피해자가 피고인에게 신용카드 사용권한을 준 것으로 보이므로 비록 신용카드 사용대금에 대한 피고인의 편취행위가 인정된다고 하더라도 신용카드 부정사용이라고 할 수 없다고 보아, 이 부분 공소사실을 무죄로 판단하였다.

[대법원의 판단]

(1) 원심판결 이유와 적법하게 채택된 증거에 의하면, 피고인은 교도소에 수용 중인 피해자를 기망하여 2019. 2. 22. 이 사건 신용카드를 교부받은 뒤, 2019. 2. 26.부터 같은 해 3. 25.까지 약 1개월간 총 23회에 걸쳐 피고인의 의사에 따라 이 사건 신용카드를 사용하였으므로, 피해자는 피고인으로부터 기망당함으로써 피해자의 자유로운 의사에 의하지 않고 이 사건 신용카드에 대한 점유를 상실하였고, 피고인은 이 사건 신용카드에 대한 사실상 처분권을 취득하였다고 보아야 한다. 따라서 이 사건 신용카드는 피고인이 이 사건 신용카드의 소유자인 피해자를 기망하여 취득한 신용카드에 해당하고, 이를 사용한 피고인의 행위는 기망하여 취득한 신용카드 사용으로 인한 여신전문금융업법 위반죄에 해당한다.

(2) 그런데도 원심은 피해자가 피고인에게 이 사건 신용카드 사용권한을 주었다는 이유로 이 부분 공소사실을 무죄로 판단하였다. 이러한 원심판결에는 여신전문금융업법 제70조 제1항 제4호에서 정한 '기망하여 취득한 신용카드'의 해석 등에 관한 법리를 오해하여 판결에 영향을 미친 잘못이 있다. 이를 지적하는 상고이유 주장은 이유 있다.

[비교판례] 〈여전법 제70조 제1항 제4호의 해석에 대한 예전 판례〉

[1] 여신전문금융업법 제70조 제1항 제4호에 의하면, '강취 · 횡령하거나 사람을 기망 · 공갈하여 취득한 신용카드 또는 직불카드를 판매하거나 사용한 자'에 대하여 '7년 이하의 징역 또는 5천만 원 이하의 벌금에 처한다'고 규정하고 있는바, 여기서 강취, 횡령, 기망 또는 공갈로 취득한 신용카드는 소유자 또는 점유자의 의사에 기하지 않고, 그의 점유를 이탈하거나 그의 의사에 반하여 점유가 배제된 신용카드를 가리킨다.

[2] 유흥주점 업주가 과다한 술값 청구에 항의하는 피해자들을 폭행 또는 협박하여 피해자들로부터 일정 금액을 지급받기로 합의한 다음, 피해자들이 결제하라고 건네준 신용카드로 합의에 따라 현금서비스를

받거나 물품을 구입한 경우, 신용카드에 대한 피해자들의 점유가 피해자들의 의사에 기하지 않고 이탈하였거나 배제되었다고 보기 어려워 여신전문금융업법상의 신용카드 부정사용에 해당하지 않는다고 한 사례 (대판 2006.7.6. 2006도654).

제4절 I 공갈죄
제5절 I 횡령죄

부동산 보관 관련 판례

---

136. 〈허위의 보증서와 확인서를 발급받아 소유권이전등기를 임의로 마친 사건〉★

[1] 횡령죄가 성립하기 위해서는 우선 타인의 재물을 보관하는 자의 지위에 있어야 하고, 부동산에 대한 보관자의 지위는 부동산에 대한 점유가 아니라 **부동산을 제3자에게 유효하게 처분할 수 있는 권능의 유무를 기준으로 결정해야 한다. 타인 소유의 토지에 관하여 허위의 보증서와 확인서를 발급받아 「부동산소유권이전등기 등에 관한 특별조치법」에 따른 소유권이전등기를 임의로 마친 사람은 그와 같은 원인무효 등기에 따라 토지에 대한 처분권능이 새로이 발생하는 것이 아니므로 토지에 대한 보관자의 지위에 있다고 할 수 없다. 타인 소유의 토지에 대한 보관자의 지위에 있지 않은 사람이 그 앞으로 원인무효의 소유권이전등기가 되어 있음을 이용하여 토지소유자에게 지급될 보상금을 수령하였더라도 보상금에 대한 점유 취득은 진정한 토지소유자의 위임에 따른 것이 아니므로 보상금에 대하여 어떠한 보관관계가 성립하지 않는다.**

[2] 이 사건 토지들에 대한 각 소유권이전등기는 허위 보증서나 확인서에 의해 마쳐진 것으로서 원인무효의 등기에 해당하고 이에 기초한 피고인 명의의 각 소유권이전등기 역시 원인무효의 등기에 해당하므로, 피고인은 이 사건 토지들을 유효하게 처분할 수 있는 권능이 없어 피해자들을 위해 토지들을 보관하는 자에 해당한다고 볼 수 없고 이 사건 토지들에 관한 수용보상금에 대하여도 보관자의 지위를 인정할 수 없다는 이유로, 횡령죄 성립을 긍정한 원심을 파기환송한 사례(대판 2021.6.30. 2018도18010).

횡령죄의 위탁관계 관련 판례

---

137. 〈노인요양병원 투자금 사건〉★

[사실관계]

의료기관을 개설할 자격이 없는 甲과 乙은 노인요양병원을 설립·운영하기로 모의한 후, 甲이 乙로부터 노인요양병원 설립에 필요한 투자금 명목으로 3,000만 원을 송금받았으나 개인채무 변제에 사용하였다.

Q 횡령죄의 위탁관계는 횡령죄로 보호할 만한 가치 있는 신임에 의한 것으로 한정되는가?

[1] 형법 제355조 제1항이 정한 횡령죄에서 보관이란 위탁관계에 따라 재물을 점유하는 것을 뜻하므로, 횡령죄가 성립하려면 재물의 보관자와 재물의 소유자(또는 그 밖의 본권자) 사이에 위탁관계가 존재해야

한다. 이러한 위탁관계는 사용대차·임대차·위임 등의 계약뿐만 아니라 사무관리·관습·조리·신의칙 등에 의해서도 성립될 수 있으나, 횡령죄의 본질이 신임관계에 기초하여 위탁된 타인의 물건을 위법하게 영득하는 데 있음에 비추어 볼 때 위탁관계는 횡령죄로 보호할 만한 가치 있는 신임에 의한 것으로 한정함이 타당하다.

Q 재물의 위탁행위가 범죄의 실행행위나 준비행위 등과 같이 범죄 실현의 수단으로서 이루어진 경우 횡령죄로 보호할 만한 가치 있는 신임에 의한 것이라고 할 수 있는가?

[2] 위탁관계가 있는지는 재물의 보관자와 소유자 사이의 관계, 재물을 보관하게 된 경위 등에 비추어 볼 때 보관자에게 재물의 보관 상태를 그대로 유지해야 할 의무를 부과하여 그 보관 상태를 형사법적으로 보호할 필요가 있는지 등을 고려하여 규범적으로 판단해야 한다. 재물의 위탁행위가 범죄의 실행행위나 준비행위 등과 같이 범죄 실현의 수단으로서 이루어진 경우 그 행위 자체가 처벌 대상인지와 상관없이 그러한 행위를 통해 형성된 위탁관계는 횡령죄로 보호할 만한 가치 있는 신임에 의한 것이 아니라고 봄이 타당하다.

Q 위와 같은 사실관계를 전제로 할 때 甲에게 횡령죄가 성립하는가?

[3] 피고인이 의료기관을 개설할 자격이 없는 자(이하 '무자격자')들끼리 노인요양병원을 설립·운영하기로 한 약정에 따라 교부받은 투자금을 임의로 처분하여 횡령죄로 기소된 사안에서, 대법원은 피고인이 보관하던 투자금은 의료법 제87조, 제33조 제2항에 따라 처벌되는 무자격자의 의료기관 개설·운영이라는 범죄의 실현을 위해 교부되었으므로, 해당 금원에 관하여 피고인과 피해자 사이에 횡령죄로 보호할 만한 신임에 의한 위탁관계는 인정되지 않는다고 보아, 이와 달리 피고인에게 타인의 재물을 보관하는 자의 지위가 인정됨을 전제로 일부 공소사실을 유죄로 판단한 원심판결을 파기하였음(대판 2022.6.30. 2017도21286).

138. 〈자동차 매수인이 차량 반환 요구를 거부한 사건〉★

[1] 횡령죄는 타인의 재물을 보관하는 자가 그 재물을 횡령하는 것을 처벌하는 범죄이므로, 피고인을 유죄로 인정하기 위해서는 횡령의 대상이 된 재물이 타인의 소유라는 점이 입증되어야 할 것이고, 형사재판에서의 유죄의 인정은 법관으로 하여금 합리적인 의심을 할 여지가 없을 정도의 확신을 가지게 하는 엄격한 증거에 의하여야 하므로, 그 재물이 당초 피고인에게 보관된 타인의 재산이라고 하더라도 그 이후 타인이 피고인에게 이를 양도하거나 임의사용을 승낙한 것으로 볼 여지가 있는 사정이 재판에 나타난다면 이러한 의문이 해명되지 아니하는 한 피고인을 유죄로 단정할 수는 없다.

[2] 자동차에 대한 소유권의 득실변경은 등록을 함으로써 그 효력이 생기고 등록이 없는 한 대외적 관계에서는 물론 당사자의 대내적 관계에서도 소유권을 취득할 수 없는 것이 원칙이지만, 당사자 사이에 소유권을 등록명의자 아닌 자가 보유하기로 약정하였다는 등의 특별한 사정이 있는 경우에는 그 내부관계에 있어서는 등록명의자 아닌 자가 소유권을 보유하게 된다(대판 2023.6.1. 2023도1096).

[사건의 경과]

(1) 피고인이 피해자 측으로부터 이 사건 차량을 매수하면서, 피고인이 매매대금의 지급에 갈음하여 피고인이 ○○캐피탈에 대한 차량할부금을 납부한 후 피고인 운영의 회사 명의로 이전등록을 하기로 약정하고, 이 사건 차량을 인도받아 사용하던 중 할부대금 및 과태료 등을 납부하지 않았음. 이에 피해자 측이 이 사건 차량의 반환을 요구하였으나 피고인이 이를 거부한 행위에 대해 횡령죄로 기소되었음

[대법원의 판단]

대법원은, 피고인이 이 사건 차량에 관한 매매약정에 따라 정당한 법률상 지위·권리를 보유한 채 이를 사용한 것일 뿐 피해자와의 위탁관계를 전제로 이 사건 차량을 보관하고 있었다고 보기 어렵고, 피해자

측이 피고인에게 이 사건 차량의 등록명의 이전과 무관하게 사용을 승낙한 것으로 볼 여지가 있어 판시 횡령의 점을 섣불리 유죄로 단정할 수도 없으며, 적어도 피고인·피해자 측 사이의 대내적 관계에서는 이 사건 차량의 등록명의에 관계없이 이 사건 차량에 관한 소유권을 매수인 측인 피고인이나 이 사건 회사가 보유하기로 정한 것이라고 볼 여지가 크다고 판단하여, 판시 횡령의 점을 유죄로 판단한 원심의 판단에 '타인 소유 재물에 관한 보관자의 지위'를 전제로 한 횡령죄의 고의 및 불법영득의사에 관한 법리를 오해함으로써 판결에 영향을 미친 잘못이 있다고 보아 원심판결 중 피고인에 대한 부분을 파기·환송함

횡령죄의 타인의 재물 관련 판례

139. 〈주권이 발행되지 않은 상태에서 주식은 횡령죄의 재물에 해당하지 않는다는 판례〉★

Q 주권이나 주식은 횡령죄의 객체가 될 수 있는가?

[1] 상법상 주식은 자본구성의 단위 또는 주주의 지위(주주권)를 의미하고, 주주권을 표창하는 유가증권인 주권과는 구분된다. 주권은 유가증권으로서 재물에 해당되므로 횡령죄의 객체가 될 수 있으나, 자본의 구성단위 또는 주주권을 의미하는 주식은 재물이 아니므로 횡령죄의 객체가 될 수 없다.

[2] 따라서 **예탁결제원에 예탁되어 계좌 간 대체 기재의 방식에 의하여 양도되는 주권**은 유가증권으로서 재물에 해당되므로 횡령죄의 객체가 될 수 있으나, **주권이 발행되지 않은 상태에서 주권불소지 제도, 일괄예탁 제도 등에 근거하여 예탁결제원에 예탁된 것으로 취급되어 계좌 간 대체 기재의 방식에 의하여 양도되는 주식은 재물이 아니므로 횡령죄의 객체가 될 수 없다.**

[3] 주권이 발행되지 않은 주식에 대해 명의신탁약정을 체결하여 주주명부에 등재된 이후, 주식발행 회사가 상장되면서 주식이 예탁결제원에 예탁되어 계좌 간 대체 기재 방식으로 양도가능하게 되었더라도 주권이 발행되지 않았다면 횡령죄의 대상인 재물에 해당한다고 보기 어렵다고 한 사례(대판 2023.6.1. 2020도2884).

채권양도 관련 판례

140. 〈채권 양도담보 사건〉★

[사실관계]
피고인은 피해자에 대한 금전채무를 담보하기 위하여 자신이 운영하는 회사의 제3자에 대한 금전채권을 양도하였으나, 채권양도통지를 하지 않은 채 제3자로부터 양도채권 중 일부를 변제받아 임의로 사용하였다.

Q 위와 같은 사실관계를 전제로 할 때 피고인에게 채권자에 대한 횡령죄가 성립하는가?

[1] 채무자가 기존 금전채무를 담보하기 위하여 다른 금전채권을 채권자에게 양도하는 경우, 채무자가 채권자에 대하여 부담하는 '담보 목적 채권의 담보가치를 유지·보전할 의무'는 채권 양도담보계약에 따라 부담하게 된 채무의 한 내용에 불과하다.

[2] 또한 통상의 채권양도계약은 그 자체가 채권자지위의 이전을 내용으로 하는 주된 계약이고, 그 당사자 사이의 본질적 관계는 양수인이 채권자지위를 온전히 확보하여 채무자로부터 유효하게 채권의 변제를 받는 것이다. 그런데 채권 양도담보계약은 피담보채권의 발생을 위한 계약(예컨대 금전소비대차계약 등)의 종된 계약으로, 채권 양도담보계약에 따라 채무자가 부담하는 위와 같은 의무는 담보목적을 달성하기 위한 것에 불과하고, 그 당사자 사이의 본질적이고 주된 관계는 피담보채권의 실현이다. 이처럼 채권 양도담보계약의 목적이나 본질적 내용을 통상의 채권양도계약과 같이 볼 수는 없다.

[3] 따라서 채무자가 채권 양도담보계약에 따라 담보 목적 채권의 담보가치를 유지·보전할 의무는 계약에 따른 자신의 채무에 불과하고, 채권자와 채무자 사이에 채무자가 채권자를 위하여 담보가치의 유지·보전사무를 처리함으로써 채무자의 사무처리를 통해 채권자가 담보 목적을 달성한다는 신임관계가 존재한다고 볼 수 없다. 그러므로 채무자가 제3채무자에게 채권양도 통지를 하지 않은 채 자신이 사용할 의도로 제3채무자로부터 변제를 받아 변제금을 수령한 경우, 이는 단순한 민사상 채무불이행에 해당할 뿐, 채무자가 채권자와의 위탁신임관계에 의하여 채무자를 위해 위 변제금을 보관하는 지위에 있다고 볼 수 없고, 채무자가 이를 임의로 소비하더라도 횡령죄는 성립하지 않는다(대판 2021.2.25. 2020도12927).

[사건의 경과]

피고인이 피해자에 대한 금전채무를 담보하기 위하여 자신이 운영하는 회사의 제3자에 대한 금전채권을 양도하였으나, 채권양도통지를 하지 않은 채 제3자로부터 양도채권 중 일부를 변제받아 임의로 사용하였다고 하여 특정경제범죄가중처벌등에관한법률위반(횡령)으로 기소된 사안임.

[대법원의 판단]

대법원은 채무자가 제3채무자에게 채권양도 통지를 하지 않은 채 자신이 사용할 의도로 제3채무자로부터 변제를 받아 변제금을 수령한 경우, 이는 단순한 민사상 채무불이행에 해당할 뿐, 채무자가 채권자와의 위탁신임관계에 의하여 채무자를 위해 위 변제금을 보관하는 지위에 있다고 볼 수 없고, 채무자가 이를 임의로 소비하더라도 횡령죄는 성립하지 않는다고 판단하여 상고기각한 사안임.

141. 〈채권양도인이 이미 양도된 채권을 추심하여 임의로 사용한 사건〉★★

[사실관계]

피고인은 이 사건 임대차보증금반환채권을 피해자에게 양도하였는데도 임대인에게 채권양도 통지를 하지 않고 임대인으로부터 남아 있던 임대차보증금을 반환받아 피해자를 위하여 보관하던 중 개인적인 용도로 사용하였다.

[1] [다수의견]

채권양도인이 채무자에게 채권양도 통지를 하는 등으로 채권양도의 대항요건을 갖추어 주지 않은 채 채무자로부터 채권을 추심하여 금전을 수령한 경우, 특별한 사정이 없는 한 금전의 소유권은 채권양수인이 아니라 채권양도인에게 귀속하고 채권양도인이 채권양수인을 위하여 양도 채권의 보전에 관한 사무를 처리하는 신임관계가 존재한다고 볼 수 없다. 따라서 채권양도인이 위와 같이 양도한 채권을 추심하여 수령한 금전에 관하여 채권양수인을 위해 보관하는 자의 지위에 있다고 볼 수 없으므로, 채권양도인이 위 금전을 임의로 처분하더라도 횡령죄는 성립하지 않는다. 구체적인 이유는 다음과 같다.

㈎ 채권양도에 의하여 양도된 채권이 동일성을 잃지 않고 채권양도인으로부터 채권양수인에게 이전되더라도, 채권양도인이 양도한 채권을 추심하여 금전을 수령한 경우 금전의 소유권 귀속은 채권의 이전과는 별개의 문제이다. 채권 자체와 채권의 목적물인 금전은 엄연히 구별되므로, 채권양도에 따라 채권이 이전되었다는 사정만으로 채권의 목적물인 금전의 소유권까지 당연히 채권양수인에게 귀속한다고 볼 수 없다.

채권양도인이 채권양도 후에 스스로 양도한 채권을 추심하여 수령한 금전에 대해서는 채권양도인과 채권양수인 사이에 어떠한 위탁관계가 설정된 적이 없다. 채권양수인은 채권양도계약에 따라 채권양도인으로부터 채권을 이전받을 뿐이고, 별도의 약정이나 그 밖의 특별한 사정이 인정되지 않는 한 채권양도인에게 채권의 추심이나 수령을 위임하거나 채권의 목적물인 금전을 위탁한 것이 아니다.

채권양도의 대항요건을 갖추기 전 채권양도인과 채무자, 채권양수인 세 당사자의 법률관계와 의사를 구체적으로 살펴보더라도 채권양도인이 채무자로부터 채권양수인을 위하여 대신 금전을 수령하였다거나, 그 밖에 다른 원인으로 채권양도인이 수령한 금전의 소유권이 수령과 동시에 채권양수인의 소유로 되었다고 볼 수 없다. 금전의 교부행위가 변제의 성질을 가지는 경우에는 특별한 사정이 없는 한 금전이 상대방에게 교부됨으로써 그 소유권이 상대방에게 이전된다. 따라서 채무자가 채권양도인에게 금전을 지급한 것은 자신의 채권자인 채권양도인에게 금전의 소유권을 이전함으로써 유효한 변제를 하여 채권을 소멸시킬 의사에 따른 것이고, 채권양도인 역시 자신이 금전의 소유권을 취득할 의사로 수령한 것이 분명하다. 채권양수인의 의사는 자신이 채권을 온전히 이전받아 행사할 수 있도록 대항요건을 갖추어 달라는 것이지, 채권양도인으로 하여금 대신 채권을 추심하거나 금전을 수령해 달라는 것이 아니다.

횡령죄에서 재물의 타인성과 관련하여 대법원 판례가 유지해 온 형법상 금전 소유권 개념에 관한 법리에 비추어 보더라도, 채권양도인이 채권양도 통지를 하기 전에 채무자로부터 채권을 추심하여 금전을 수령한 경우 금전의 소유권은 채권양도인에게 귀속할 뿐이고 채권양수인에게 귀속한다고 볼 수 없다.

㈏ 채권양도인은 채권양수인과 사이에 채권양도계약 또는 채권양도의 원인이 된 계약에 따른 채권·채무관계에 있을 뿐이고, 채권양수인을 위하여 타인의 사무를 처리하는 자의 지위에 있다고 볼 수 없다.

채권양도인과 채권양수인의 양도에 관한 의사 합치에 따라 채권이 양수인에게 이전되고, 채권양도인은 채권양도계약 또는 채권양도의 원인이 된 계약에 기초하여 채권양수인이 목적물인 채권에 관하여 완전한 권리나 이익을 누릴 수 있도록 할 의무를 부담한다. 즉, 채권양도인은 채무자에게 채권양도 통지를 하거나 채무자로부터 승낙을 받음으로써 채권양수인이 채무자에 대한 대항요건을 갖추도록 할 계약상 채무를 진다. 이와 같이 채권양도인이 채권양수인으로 하여금 채권에 관한 완전한 권리를 취득하게 해 주지 않은 채 이를 다시 제3자에게 처분하거나 직접 추심하여 채무자로부터 유효한 변제를 수령함으로써 채권 자체를 소멸시키는 행위는 권리이전계약에 따른 자신의 채무를 불이행한 것에 지나지 않는다.

따라서 채권양도인이 채권양수인에게 채권양도와 관련하여 부담하는 의무는 일반적인 권리이전계약에 따른 급부의무에 지나지 않으므로, 채권양도인이 채권양수인을 위하여 어떠한 재산상 사무를 대행하거나 맡아 처리한다고 볼 수 없다. 채권양도인과 채권양수인은 통상의 계약에 따른 이익대립관계에 있을 뿐 횡령죄의 보관자 지위를 인정할 수 있는 신임관계에 있다고 할 수 없다.

㈐ 최근 10여 년 동안 판례의 흐름을 보면, 대법원은 타인의 재산을 보호 또는 관리하는 것이 전형적·본질적 내용이 아닌 통상의 계약관계에서 배임죄나 횡령죄의 성립을 부정해 왔다. 종전 판례는 채권양도인이 채권양도 통지를 하는 등으로 채권양수인에게 완전한 권리를 이전해 주지 않은 채 자신이 채무자로부터 채권을 추심하고 금전을 수령하여 사용한 행위에 대하여 횡령죄의 성립을 인정하였다. 이러한 결론은 최근 판례의 흐름에 배치되는 것이어서 그대로 유지되기 어렵다.

종전 판례를 유지하게 되면 대법원 선례와의 관계에서 해결하기 어려운 형사처벌의 불균형이 발생한다. 즉, 부동산 임차권, 일반 동산, 권리이전에 등기·등록을 필요로 하는 동산, 주권 발행 전 주식, 수분양권 등의 양도와는 달리 금전채권 양도의 경우만 그 불이행을 배임죄나 횡령죄로 처벌하는 것은 지나치게 자의적인 구별이다. 금전채권 양도의 경우에는 부동산 매매와 같은 거래 현실의 특수성을 인정할 만한 예외적 사정도 없다. 그런데도 당사자 관계가 동일한 권리이전계약 가운데 금전채권 양도의 경우만 차별적 취급을 하는 것은 부당하다.

금전채권 양도에 관하여 배임죄가 문제 되는 경우와 횡령죄가 문제 되는 경우를 달리 취급하여 횡령죄의 경우에만 성립을 인정하는 것도 마찬가지로 부당하다. 채권양도인이 채권양도 통지를 하기 전에 양도 채권 자체를 제3자에게 처분·환가하여 배임죄로 기소된 경우에는 무죄라고 하면서도, 양도 채권을 직접 추심하여 수령한 금전을 사용함으로써 횡령죄로 기소된 경우에는 유죄라고 할 정당한 근거를 찾을 수 없다. 위 두 경우 모두 권리이전계약을 불이행한 행위의 본질이 서로 같고, 이로 말미암아 채권양도인이 얻는 경제적 이익과 채권양수인에게 발생하는 채권 상실의 결과가 같다. 그런데도 형사처벌에 관해서 두 경우를 달리 취급하는 것은 받아들이기 어려운 결론이다.

[2] 건물의 임차인인 피고인이 임대인 갑에 대한 임대차보증금반환채권을 을에게 양도하였는데도 갑에게 채권양도 통지를 하지 않고 갑으로부터 남아 있던 임대차보증금을 반환받아 보관하던 중 개인적인 용도로 사용하여 이를 횡령하였다는 내용으로 기소된 사안에서, 피고인이 을과 임대차보증금반환채권에 관한 채권양도계약을 체결하고 갑에게 채권양도 통지를 하기 전에 갑으로부터 채권을 추심하여 남아 있던 임대차보증금을 수령하였더라도 임대차보증금으로 받은 금전의 소유권은 피고인에게 귀속할 뿐 을에게 귀속한다고 볼 수 없고, 나아가 채권양도계약을 체결한 피고인과 을은 통상의 권리이전계약에 따른 이익대립관계에 있을 뿐 피고인이 을을 위한 보관자 지위가 인정될 수 있는 신임관계에 있다고 볼 수 없어 횡령죄가 성립하지 않는다는 이유로, 이와 달리 보아 공소사실을 유죄로 인정한 원심판결에 채권양도에서 횡령죄의 성립 등에 관한 법리오해의 잘못이 있다고 한 사례(대판 2022.6.23. 2017도3829 전합).

[이 사건 쟁점]

쟁점은 횡령죄의 구성요건으로서 재물의 타인성과 보관자 지위의 인정 여부이다. 이는 채권양도인이 채권양도 통지를 하기 전에 채무자로부터 채권을 추심하여 금전을 수령한 경우 그 금전은 채권양도인이 아니라 채권양수인이 소유하고, 나아가 채권양도인 이 채권양수인을 위하여 채권보전에 관한 사무를 처리하는 자의 지위에 있다고 본 종 전 판례를 유지할 것인지에 관한 문제이다.

[판결의 의미]

(1) 대법원은 전원합의체 판결을 통하여, 채권양도계약이 이루어진 후 채권양도인이 채권양도의 대항요건을 갖추어 주기 전에 채무자로부터 채권을 추심하여 금전을 수령한 경우, 그 금전은 채권양도인과 채권양수인 사이에서 채권양수인의 소유에 속하고 채권양도인은 채권양수인을 위하여 이를 보관하는 자의 지위에 있다고 보아 횡령죄의 성립을 인정해 오던 대법원 1999. 4. 15. 선고 97도666 전원합의체 판결 등 종전 판례를 변경하여, 위와 같은 경우 채권양도인과 채권양수인 사이에 채권양도인이 추심한 금전은 채권양도인의 소유에 속하고, 채권양도인에게 그 금전에 관한 보관자의 지위도 인정할 수 없다고 판시하였음.

(2) 피고인이 피해자와 이 사건 임대차보증금반환채권에 관한 채권양도계약을 체결하고 임대인에게 채권양도 통지를 하기 전에 임대인으로부터 채권을 추심하여 남아 있던 임대차보증금을 수령하고 이를 임의로 사용한 사안에서, 대법원은 위와 같은 법리에 따라 횡령죄의 구성요건으로서 재물의 타인성과 보관자 지위가 인정되지 않아 횡령죄가 성립하지 않는다고 판단하고, 이와 달리 횡령죄의 성립을 인정한 원심판단에 채권양도에서 횡령죄의 성립 등에 관한 법리를 오해하여 판결에 영향을 미친 잘못이 있다고 보아 원심을 파기·환송하였음.

[반대의견의 요지]

(1) 채권양도인이 채권양도 통지를 하기 전에 채권을 추심하여 금전을 수령한 경우에도 원칙적으로 그 금전은 채권양수인을 위하여 수령한 것으로서 채권양수인의 소유에 속한다고 보아야 함.

(2) 채권양도인은 실질적으로 채권양수인의 재산 보호 내지 관리를 대행하는 지위에 있으므로, 채권양도인이 채무자로부터 채권을 추심하여 수령한 금전에 관하여 채권양수인을 위하여 보관하는 지위에 있다고 볼 수 있음.

(3) 종전 판례를 변경할 경우 횡령죄에 관한 선례들과 비교하여 형사처벌의 공백과 불균형이 발생함

(4) 종전 판례가 타당하므로 이를 그대로 유지하여 피고인에게 횡령죄의 성립을 인정할 수 있음.

[별개의견의 요지]

(1) 종전 판례는 여전히 타당하므로 유지되어야 하나, 채권양도인이 채권양수인으로부터 채권양도의 원인이 된 계약에 따른 채권양도의 대가를 확정적으로 지급받지 못한 경우와 같이, 채권양도의 대항요건을 충족시켜 완전한 권리를 이전할 의무를 이행하지 않은 것에 정당한 항변사유가 인정되는 경우에는 종전 판례가 적용되지 않으므로 횡령죄가 성립하지 않음.

(2) 이 사건의 구체적 사실관계에 의하면 형사법적으로 정당한 항변사유가 인정될 여지가 충분하여 종전 판례가 적용되지 않는 사안이므로, 피고인에게 횡령죄가 성립하지 않음.

횡령행위 관련 판례

142. 〈회사 자금을 사적인 용도로 임의 처분한 사건〉★

[1] 주식회사의 주주나 대표이사 또는 그에 준하여 회사 자금의 보관이나 운용에 관한 사실상의 사무를 처리하는 자가 자기 또는 제3자의 이익을 꾀할 목적으로 회사 자금을 사적인 용도로 임의 처분하였다면 횡령죄가 성립한다.

[2] A 주식회사의 자금 관리를 사실상 담당하던 피고인이 대표이사의 결재나 승인 등 적법한 내부절차를 거치지 않은 채 공범의 지시에 따라 공범이 사실상 지배하는 다른 회사의 법인계좌로 A 주식회사의 자금을 송금하고 지인들의 자금 대여 요청에 응하여 A 주식회사의 자금을 임의로 처분한 행위가 「특정경제범죄 가중처벌 등에 관한 법률」 위반(횡령)죄를 구성한다고 보아(횡령액 50억 원 이상), 이를 유죄로 판단한 원심판결을 수긍한 사안임(대판 2022.4.28. 2022도1271).

143. 〈송금절차 착오한 금원을 상계한 사건〉★

[사실관계]

주류업체 갑 주식회사의 사내이사인 피고인이 피해자를 상대로 주류대금 청구소송을 제기한 민사 분쟁 중 피해자가 착오로 피고인이 관리하는 갑 회사 명의 계좌로 금원을 송금하여 피고인이 이를 보관하게 되었는데, 피고인은 피해자로부터 위 금원이 착오송금된 것이라는 사정을 문자메시지를 통해 고지받았음에도, 피해자와 상계 정산에 관한 합의 없이 피고인이 주장하는 주류대금 채권액을 임의로 상계 정산한 후 반환을 거부하였다.

Q '반환의 거부'가 횡령죄를 구성하려면 타인의 재물을 보관하는 자가 단순히 반환을 거부한 사실만으로도 충분한가?

[1] 형법 제355조 제1항에서 정하는 '반환의 거부'란 보관물에 대하여 소유자의 권리를 배제하는 의사표시를 하는 행위를 뜻하므로, '반환의 거부'가 횡령죄를 구성하려면 타인의 재물을 보관하는 자가 단순히 반환을 거부한 사실만으로는 부족하고 반환거부의 이유와 주관적인 의사들을 종합하여 반환거부행위가 횡령행위와 같다고 볼 수 있을 정도이어야 한다. 횡령죄에서 불법영득의 의사는 타인의 재물을 보관하는 자가 그 취지에 반하여 정당한 권원 없이 스스로 소유권자와 같이 이를 처분하는 의사를 말하므로 비록 반환을 거부하였더라도 반환거부에 정당한 이유가 있다면 불법영득의 의사가 있다고 할 수 없다.

Q 위와 같은 사실관계를 전제로 할 때 피고인에게 횡령죄가 성립하는가?

[2] 주류업체 갑 주식회사의 사내이사인 피고인이 피해자를 상대로 주류대금 청구소송을 제기한 민사 분쟁 중 피해자가 착오로 피고인이 관리하는 갑 회사 명의 계좌로 금원을 송금하여 피고인이 이를 보관하게 되었는데, 피고인은 피해자로부터 위 금원이 착오송금된 것이라는 사정을 문자메시지를 통해 고지받아 위 금원을 반환해야 할 의무가 있었음에도, 피해자와 상계 정산에 관한 합의 없이 피고인이 주장하는 주류대금 채권액을 임의로 상계 정산한 후 반환을 거부하여 횡령죄로 기소된 사안에서, 피고인이 피해자의 착오로 갑 회사 명의 계좌로 송금된 금원 중 갑 회사의 피해자에 대한 채권액에 상응하는 부분에 관하여 반환을 거부한 행위는 정당한 상계권의 행사로 볼 여지가 있으므로, 피고인의 반환거부행위가 횡령행위와 같다고 보아 불법영득의사를 인정한 원심판결에 법리오해의 잘못이 있다고 한 사례(대판 2022.12.29. 2021도2088).

제6절 | 배임죄

배임죄의 타인의 사무 관련 판례

144. 〈비트코인 이체 사건〉★

Q 법률상 원인관계 없이 다른 사람의 가상자산 전자지갑에 가상자산이 이체된 경우, 가상자산을 이체 받은 자는 배임죄의 주체인 '타인의 사무를 처리하는 자'에 해당하는가?

[1] 가상자산 권리자의 착오나 가상자산 운영 시스템의 오류 등으로 법률상 원인관계 없이 다른 사람의 가상자산 전자지갑에 가상자산이 이체된 경우, 가상자산을 이체 받은 자는 가상자산의 권리자 등에 대한 부당이득반환의무를 부담하게 될 수 있다. 그러나 이는 당사자 사이의 민사상 채무에 지나지 않고 이러한 사정만으로 가상자산을 이체 받은 사람이 신임관계에 기초하여 가상자산을 보존하거나 관리하는 지위에 있다고 볼 수 없다. 또한 피고인과 피해자 사이에는 아무런 계약관계가 없고 피고인은 어떠한 경위로 이 사건 비트코인을 이체 받은 것인지 불분명하여 부당이득반환청구를 할 수 있는 주체가 피해자인지 아니면 거래소인지 명확하지 않다. 설령 피고인이 피해자에게 직접 부당이득반환의무를 부담한다고 하더라도 곧바로 가상자산을 이체 받은 사람을 피해자에 대한 관계에서 **배임죄의 주체인 '타인의 사무를 처리하는 자'에 해당한다고 단정할 수는 없다.**

[2] 대법원은 타인의 사무를 처리하는 자라고 하려면, 타인의 재산관리에 관한 사무의 전부 또는 일부를 타인을 위하여 대행하는 경우와 같이 당사자 관계의 전형적·본질적 내용이 통상의 계약에서의 이익대립관계를 넘어서 그들 사이의 신임관계에 기초하여 타인의 재산을 보호하거나 관리하는 데에 있어야 한다고 함으로써, 배임죄의 성립 범위를 제한하고 있다. 이 사건과 같이 가상자산을 이체 받은 경우에는 피해자와 피고인 사이에 **신임관계를 인정하기가 쉽지 않다.**

Q 가상자산은 재산상 이익에 해당하는가?

[3] 가상자산은 국가에 의해 통제받지 않고 블록체인 등 암호화된 분산원장에 의하여 부여된 경제적인 가치가 디지털로 표상된 정보로서 **재산상 이익에 해당**한다. 가상자산은 보관되었던 전자지갑의 주소만을 확인할 수 있을 뿐 그 주소를 사용하는 사람의 인적사항을 알 수 없고, 거래 내역이 분산 기록되어 있어 다른 계좌

로 보낼 때 당사자 이외의 다른 사람이 참여해야 하는 등 **일반적인 자산과는 구별**되는 특징이 있다. 이와 같은 가상자산에 대해서는 현재까지 관련 법률에 따라 법정화폐에 준하는 규제가 이루어지지 않는 등 법정화폐와 동일하게 취급되고 있지 않고 그 거래에 위험이 수반되므로, 형법을 적용하면서 법정화폐와 동일하게 보호해야 하는 것은 아니다.

Q 착오송금 시 횡령죄 성립을 긍정한 판례를 원인불명으로 재산상 이익인 가상자산을 이체 받은 자에게 유추하는 것은 허용되는가?

[4] 원인불명으로 재산상 이익인 가상자산을 이체 받은 자가 가상자산을 사용·처분한 경우 이를 형사처벌하는 명문의 규정이 없는 현재의 상황에서 착오송금 시 횡령죄 성립을 긍정한 판례(대법원 2010. 12. 9. 선고 2010도891 판결 등 참조)를 유추하여 신의칙을 근거로 피고인을 배임죄로 처벌하는 것은 죄형법정주의에 반한다. 이 사건 비트코인이 법률상 원인관계 없이 피해자로부터 피고인 명의의 전자지갑으로 이체되었더라도 피고인이 신임관계에 기초하여 피해자의 사무를 맡아 처리하는 것으로 볼 수 없는 이상, 피고인을 피해자에 대한 관계에서 '타인의 사무를 처리하는 자'에 해당한다고 할 수 없다(대판 2021.12.16. 2020도9789)

[사건의 경과]

피고인은 알 수 없는 경위로 피해자의 이 사건 비트코인을 자신의 계정으로 이체 받은 후 자신의 다른 계정으로 이체하였다는 이유로, 주위적으로 특정경제범죄가중처벌등에관한법률위반(횡령)으로, 예비적으로 특정경제범죄가중처벌등에관한법률위반(배임)으로 기소되었고, 1심과 원심은 특정경제범죄가중처벌등에관한법률위반(횡령)을 무죄로, 특정경제범죄가중처벌등에관한법률위반(배임)을 유죄로 판단하였음.

[대법원의 판단]

이 사건 비트코인이 법률상 원인관계 없이 피해자로부터 피고인 명의의 전자지갑으로 이체되었더라도 피고인이 신임관계에 기초하여 피해자의 사무를 맡아 처리하는 것으로 볼 수 없는 이상, 피고인을 피해자에 대한 관계에서 '타인의 사무를 처리하는 자'에 해당한다고 할 수 없다는 이유로, 특정경제범죄가중처벌등에관한법률위반(배임)죄의 성립을 긍정한 원심을 파기환송한 사례.

배임행위 일반론 관련 판례

---

145. 〈부작위에 의한 업무상배임죄의 실행의 착수 여부가 문제된 사건〉★

[사실관계]

환지 방식에 의한 도시개발사업의 시행자인 피해자 조합을 위해 환지계획수립 등의 업무를 수행하던 피고인이 사업 실시계획의 변경에 따른 일부 환지예정지의 가치상승을 청산절차에 반영하려는 조치를 취하지 않은 채 대행회사 대표이사직을 사임하였다.

Q 위와 같은 사실관계를 전제로 할 때 피고인에게 업무상배임죄가 성립할 수 있는가?

[1] 업무상배임죄는 타인의 사무를 처리하는 자가 업무상의 임무에 위배되는 행위로써 재산상의 이익을 취득하거나 제3자로 하여금 이를 취득하게 하여 그 타인에게 손해를 가한 때에 성립한다(형법 제356조, 제355조 제2항). 형법 제18조는 부작위범의 성립 요건에 관하여 "위험의 발생을 방지할 의무가 있거나 자기의 행위로 인하여 위험발생의 원인을 야기한 자가 그 위험발생을 방지하지 아니한 때에는 그 발생된

결과에 의하여 처벌한다."라고 정하고 있다.

Q 업무상배임죄는 부작위에 의해서도 성립할 수 있는가?

[2] 업무상배임죄는 타인과의 신뢰관계에서 일정한 임무에 따라 사무를 처리할 법적 의무가 있는 자가 그 상황에서 당연히 할 것이 법적으로 요구되는 행위를 하지 않는 **부작위에 의해서도 성립할 수 있다.**

Q 부작위에 의한 업무상배임죄가 성립하기 위해서는 어떠한 요건이 구비되어야 하는가? 특히 언제 실행의 착수가 인정되는가?

[3] 그러한 부작위를 실행의 착수로 볼 수 있기 위해서는 작위의무가 이행되지 않으면 사무처리의 임무를 부여한 사람이 재산권을 행사할 수 없으리라고 객관적으로 예견되는 등으로 구성요건적 결과 발생의 위험이 구체화한 상황에서 부작위가 이루어져야 한다. 그리고 행위자는 부작위 당시 자신에게 주어진 임무를 위반한다는 점과 그 부작위로 인해 손해가 발생할 위험이 있다는 점을 인식하였어야 한다(대판 2021.5.27. 2020도15529).

[사건의 경과]

환지 방식에 의한 도시개발사업의 시행자인 피해자 조합을 위해 환지계획수립 등의 업무를 수행하던 피고인이 사업 실시계획의 변경에 따른 일부 환지예정지의 가치상승을 청산절차에 반영하려는 조치를 취하지 않은 채 대행회사 대표이사직을 사임하였다는 이유로 업무상배임미수로 기소된 사안임.

[대법원의 판단]

대법원은 위 도시개발사업의 진행 경과 등 제반 사정을 위에서 본 법리에 비추어 살펴보면, 피해자 조합이 환지예정지의 가치상승을 청산절차에 반영하지 못할 위험이 구체화한 상황에서 피고인이 자신에게 부여된 작위의무를 위반하였다고 인정하기 어려워 피고인이 부작위로써 업무상배임죄의 실행에 착수하였다고 볼 수 없다는 이유로, 이와 달리 원심이 이 사건 공소사실을 유죄로 판단한 것에 부작위에 의한 업무상배임죄에서 실행의 착수 인정 요건에 관한 법리를 오해하여 판결에 영향을 미친 잘못이 있다고 보아 원심판결을 파기하였음.

146. 〈비밀유지조치를 취하지 아니한 채 판매 등으로 공지된 제품 사건〉★

Q 회사 직원이 경쟁업체 또는 스스로의 이익을 위하여 이용할 의사로 무단으로 자료를 반출한 행위가 업무상배임죄에 해당하기 위해서는 그 자료가 영업상 주요한 자산에 해당하여야 하는가?

[1] 회사 직원이 경쟁업체 또는 스스로의 이익을 위하여 이용할 의사로 무단으로 자료를 반출한 행위가 업무상배임죄에 해당하기 위하여는, 그 자료가 반드시 영업비밀에 해당할 필요까지는 없다고 하겠지만 적어도 그 자료가 불특정 다수인에게 공개되어 있지 않아 보유자를 통하지 아니하고는 이를 통상 입수할 수 없고 그 보유자가 자료의 취득이나 개발을 위해 상당한 시간, 노력 및 비용을 들인 것으로서, 그 자료의 사용을 통해 경쟁상의 이익을 얻을 수 있는 정도의 영업상 주요한 자산에는 해당하여야 한다.

Q 비밀유지조치를 취하지 아니한 채 판매 등으로 공지된 제품의 경우, 통상적인 역설계 등의 방법으로 쉽게 입수 가능한 상태에 있는 정보라면 영업상 주요 자산에 해당하는가?

[2] 또한 비밀유지조치를 취하지 아니한 채 판매 등으로 공지된 제품의 경우, 역설계를 통한 정보의 획득이 가능하다는 사정만으로 그 정보가 불특정 다수인에게 공개된 것으로 단정할 수 없으나, 상당한 시간과 노력

및 비용을 들이지 않고도 통상적인 역설계 등의 방법으로 쉽게 입수 가능한 상태에 있는 정보라면 보유자를 통하지 아니하고서는 통상 입수할 수 없는 정보에 해당한다고 보기 어려우므로 영업상 주요한 자산에 해당하지 않는다(대판 2022.6.30. 2018도4794).

배임죄의 재산상 이익의 취득 관련 판례

147. 〈새마을금고 임직원이 규정을 위반하여 금융기관으로부터 금융상품을 매입한 사건〉★

Q '재산상 이익 취득'과 '재산상 손해 발생' 사이에 서로 대응하는 관계에 있는 등 일정한 관련성이 인정되어야 업무상배임죄가 성립하는가?

[1] 업무상배임죄는 업무상 타인의 사무를 처리하는 자가 임무에 위배하는 행위를 하고 그러한 임무위배행위로 인하여 재산상의 이익을 취득하거나 제3자로 하여금 이를 취득하게 하여 본인에게 재산상의 손해를 가한 때 성립한다. 여기서 '재산상 이익 취득'과 '재산상 손해 발생'은 대등한 범죄성립요건이고, 이는 서로 대응하여 병렬적으로 규정되어 있다(형법 제356조, 제355조 제2항). 따라서 임무위배행위로 인하여 여러 재산상 이익과 손해가 발생하더라도 재산상 이익과 손해 사이에 서로 대응하는 관계에 있는 등 일정한 관련성이 인정되어야 업무상배임죄가 성립한다.

[2] 업무상배임죄에서 본인에게 재산상 손해를 가한다 함은 총체적으로 보아 본인의 재산상태에 손해를 가하는 경우, 즉 본인의 전체적 재산가치의 감소를 가져오는 것을 말하고, 이와 같은 법리는 타인의 사무를 처리하는 자 내지 제3자가 취득하는 재산상 이익에 대하여도 **동일하게 적용되는 것**으로 보아야 한다.

Q 본인에게 손해를 가하였다면 행위자 또는 제3자가 재산상 이익을 취득한 사실이 없더라도 배임죄가 성립하는가?

[3] 또한 업무상배임죄는 본인에게 재산상 손해를 가하는 외에 임무위배행위로 인하여 행위자 스스로 재산상 이익을 취득하거나 제3자로 하여금 재산상 이익을 취득하게 할 것을 요건으로 하므로, 본인에게 손해를 가하였다고 할지라도 행위자 또는 제3자가 재산상 이익을 취득한 사실이 없다면 배임죄가 성립할 수 없다(대판 2021.11.25. 2016도3452).

[사건의 경과]
새마을금고 임직원인 피고인이 새마을금고의 여유자금 운영에 관한 규정을 위반하여 금융기관으로부터 금융상품을 매입함으로써 새마을금고에 액수 불상의 손해를 가하고, 금융기관에 수수료 상당의 이익을 취득하게 하였다고 하여 업무상배임 등으로 기소된 사안.

[제1심과 원심의 판단]
제1심과 원심은 금융상품 매입에 대한 대가로 금융기관에 지급된 수수료는 피고인의 임무위배행위로 인하여 제3자가 취득한 재산상 이익에 해당한다고 보아 업무상배임을 유죄로 인정함.

[대법원의 판단]
대법원은 피고인의 임무위배행위로 새마을금고에 액수 불상의 재산상 손해가 발생하였다고 하더라도 금융기관이 취득한 수수료 상당의 이익을 그와 관련성 있는 재산상 이익이라고 인정할 수 없고, 공소사실에 재산상 이익으로 기재된 수수료 상당의 이익은 배임죄에서의 재산상 이익에 해당한다고 볼 수 없다고 보아 파기환송함.

148. 〈군위군수이자 사단법인의 이사장이 정기예금 중도해지한 사건〉★

[사실관계]

군위군수이자 사단법인 군위군교육발전위원회(이하 '이 사건 위원회') 이사장인 피고인이, 군위축협 조합원들이 군위군에서 추진하던 신공항 사업을 반대한다는 이유 등으로 이 사건 위원회 명의로 군위축협에 예치된 20억 원 상당의 정기예금을 중도해지하고 그 돈을 군위농협에 재예치하였다.

Q 위와 같은 사실관계를 전제로 할 때 피고인에게 업무상배임죄가 성립하는가?

[1] (위 판례 [1]과 동일한 내용 생략)

[2] 군위군수이자 사단법인 군위군교육발전위원회(이하 '이 사건 위원회') 이사장인 피고인이, 군위축협 조합원들이 군위군에서 추진하던 신공항 사업을 반대한다는 이유 등으로 이 사건 위원회 명의로 군위축협에 예치된 20억 원 상당의 정기예금을 중도해지하고 그 돈을 군위농협에 재예치함으로써, 군위농협에 '20억 원의 자금을 운용할 수 있는 재산상 이익'을 취득하게 하고 이 사건 위원회에 '정기예금 중도해지로 인해 만기이자 일부를 지급받지 못하게 된 재산상 손해'를 가하였다는 업무상 배임의 공소사실로 기소된 사안에서, 위 공소사실에 기재된 군위농협의 재산상 이익과 이 사건 위원회의 재산상 손해 사이에 대응관계 등의 관련성이 인정된다고 볼 수 없고, 군위농협이 이 사건 위원회에 통상적인 이율보다 지나치게 낮은 정기예금 이자를 지급하였다는 등의 특별한 사정이 없는 한 군위농협이 취득한 자금운용의 기회가 곧바로 피고인의 임무위배행위로 인하여 취득한 재산상 이익에 해당한다고 단정하기 어려운데 기록상 그러한 특별한 사정을 인정할 증거를 찾을 수 없다는 이유를 들어, 위 공소사실을 유죄로 판단한 원심판결을 파기환송한 사례(대판 2022.8.25. 2022도3717).

149. 〈환지처분 전 체비지대장에 소유권 취득자로 등재된 명의를 임의로 말소한 사건〉★

[공소사실의 요지]

갑 주식회사는 도시개발사업의 시행자인 을 조합으로부터 기성금 명목으로 체비지를 지급받은 다음 이를 다시 병에게 매도하였는데, 을 조합의 조합장인 피고인이 환지처분 전 체비지대장에 소유권 취득자로 등재된 갑 회사와 병의 명의를 임의로 말소함으로써 재산상 이익을 취득하고 병에게 손해를 가하여 배임죄를 범하였다.

Q 재산상 실해 발생의 위험은 단지 막연한 가능성이 있다는 정도로도 충분한가?

[1] 배임죄는 타인의 사무를 처리하는 자가 임무에 위배하는 행위를 하고 그러한 임무위배행위로 인하여 재산상의 이익을 취득하거나 제3자로 하여금 이를 취득하게 하여 본인에게 재산상의 손해를 가한 때 성립하는데, 여기서 재산상의 손해에는 현실적인 손해가 발생한 경우뿐만 아니라 재산상 실해 발생의 위험을 초래한 경우도 포함되고, 재산상 손해의 유무에 대한 판단은 법률적 판단에 의하지 않고 경제적 관점에서 파악하여야 한다. 그런데 재산상 손해가 발생하였다고 평가될 수 있는 재산상 실해 발생의 위험이란 본인에게 손해가 발생할 막연한 위험이 있는 것만으로는 부족하고 경제적인 관점에서 보아 본인에게 손해

가 발생한 것과 같은 정도로 구체적인 위험이 있는 경우를 의미한다. 따라서 <u>재산상 실해 발생의 위험은 구체적·현실적인 위험이 야기된 정도에 이르러야 하고 단지 막연한 가능성이 있다는 정도로는 부족하다.</u>

Q 위와 같은 공소사실을 전제로 할 때 피고인에게 배임죄가 성립하는가?

[2] 갑 주식회사는 도시개발사업의 시행자인 을 조합으로부터 기성금 명목으로 체비지를 지급받은 다음 이를 다시 병에게 매도하였는데, 을 조합의 조합장인 피고인이 환지처분 전 체비지대장에 소유권 취득자로 등재된 갑 회사와 병의 명의를 임의로 말소함으로써 재산상 이익을 취득하고 병에게 손해를 가하였다는 배임의 공소사실로 기소된 사안에서, 을 조합이 시행한 도시개발사업은 도시개발법에 따라 이루어진 것이므로 체비지대장에의 등재가 환지처분 전 체비지 양수인이 취득하는 채권적 청구권의 공시방법이라고 볼 수 없다는 등의 이유로, 이와 다른 전제에서 피고인의 행위가 배임죄를 구성한다고 본 원심판결에 법리오해의 잘못이 있다고 한 사례(대판 2022.10.14, 2018도13604).

150. 〈이른바 자금돌리기 방식 사건〉

자기자금 납입 없이 이른바 자금돌리기 방식으로 신주인수권부사채를 발행·인수한 후 신주인수권을 행사한 행위 등에 대해서 부정한 수단 등의 사용에 의한 자본시장법위반죄 및 특정경제범죄법위반(배임)죄 등의 성립, '위반행위로 얻은 이익' 및 '손해액' 등이 문제된 사건에서, 대법원은 자금돌리기 방식은 가장납입으로서 부정한 수단 등 사용에 의한 자본시장법위반죄에 해당할 뿐만 아니라 특정경제범죄법위반(배임)죄에서의 임무위반행위에 해당하고, 그 경우 손해액은 미취득 사채 인수대금으로서 인수대금 상당액이라고 판단한 후 업무상배임죄의 손해액을 미취득 인수대금의 운용이익 차액으로 본 원심판단을 파기한 사례(대판 2022.6.30, 2022도3784).

```
┌─────────────────────────────────────────────┐
│              이중매매 등 관련 판례              │
└─────────────────────────────────────────────┘
```

151. 〈자동차 양도담보설정계약 사건〉★★

[사실관계]

자동차 양도담보설정계약을 체결한 채무자가 채권자에게 소유권이전등록의무를 이행하지 않은 채 제3자에게 담보목적 자동차를 처분하였다.

Q 위와 같은 사실관계를 전제로 할 때 채무자에게 배임죄가 성립하는가?

[1] 채무자가 양도담보설정계약에 따라 부담하는 의무, 즉 동산을 담보로 제공할 의무, 담보물의 담보가치를 유지·보전하거나 담보물을 손상, 감소 또는 멸실시키지 않을 소극적 의무, 담보권 실행 시 채권자나 그가 지정하는 자에게 담보물을 현실로 인도할 의무와 같이 채권자의 담보권 실행에 협조할 의무 등은 모두 양도담보설정계약에 따라 부담하게 된 채무자 자신의 급부의무이다.

[2] 또한 양도담보설정계약은 피담보채권의 발생을 위한 계약에 종된 계약으로, 피담보채무가 소멸하면 양도담보설정계약상의 권리의무도 소멸하게 된다. 양도담보설정계약에 따라 채무자가 부담하는 의무는 담보목적의 달성, 즉 채무불이행 시 담보권 실행을 통한 채권의 실현을 위한 것이므로 담보설정계약의 체결

이나 담보권설정 전후를 불문하고 당사자 관계의 전형적·본질적 내용은 여전히 금전채권의 실현 내지 피담보채무를 변제하는 것이다.

[3] 따라서 채무자가 위와 같은 급부의무를 이행하는 것은 채무자 자신의 사무에 해당할 뿐이고, 채무자가 통상의 계약에서 이익대립관계를 넘어서 채권자와 신임관계에 기초하여 채권자의 사무를 맡아 처리한다고 볼 수 없으므로 채무자를 채권자에 대한 관계에서 '타인의 사무를 처리하는 자'라고 할 수 없다.

[4] **위와 같은 법리는, 권리이전에 등기·등록을 요하는 동산에 관한 양도담보설정계약에도 마찬가지로 적용된다.** 따라서 자동차 등에 관하여 양도담보설정계약을 체결한 채무자는 채권자에 대하여 그의 사무를 처리하는 지위에 있지 아니하므로, 채무자가 채권자에게 양도담보설정계약에 따른 의무를 다하지 아니하고 이를 타에 처분하였다고 하더라도 배임죄가 성립하지 아니한다(대판 2022.12.22. 2020도8682 전합).

[판결이유 중 일부 인용] 이와 달리 권리이전에 등기·등록을 요하는 동산인 자동차를 양도담보로 제공한 채무자가 채권자에 대하여 타인의 사무를 처리하는 자에 해당함을 전제로 채무자가 담보목적물을 처분한 경우 배임죄가 성립한다고 한 대법원 1989. 7. 25. 선고 89도350 판결을 비롯한 같은 취지의 대법원판결들은 이 판결의 견해에 배치되는 범위 내에서 모두 변경하기로 한다.

지입회사 관련 판례

152. 〈지입회사 운영자가 지입차량에 임의로 저당권을 설정한 사건 1〉★

Q 지입계약관계에서 지입회사 운영자가 지입차량에 임의로 저당권을 설정한 경우 배임죄가 성립하는가?

[1] 이른바 지입제는 자동차운송사업면허 등을 가진 운송사업자와 실질적으로 자동차를 소유하고 있는 차주간의 계약으로 외부적으로는 자동차를 운송사업자 명의로 등록하여 운송사업자에게 귀속시키고 내부적으로는 각 차주들이 독립된 관리 및 계산으로 영업을 하며 운송사업자에 대하여는 지입료를 지불하는 운송사업형태를 말한다.

[2] 따라서 지입차주가 자신이 실질적으로 소유하거나 처분권한을 가지는 자동차에 관하여 지입회사와 지입계약을 체결함으로써 지입회사에 자동차의 소유권등록 명의를 신탁하고 운송사업용 자동차로서 등록 및 그 유지 관련 사무의 대행을 위임한 경우에는, 특별한 사정이 없는 한 지입회사 측이 지입차주의 실질적 재산인 지입차량에 관한 재산상 사무를 일정한 권한을 가지고 맡아 처리하는 것으로서 당사자 관계의 전형적·본질적 내용이 그들 사이의 신임관계에 기초하여 타인의 재산을 보호 또는 관리하는 데에 있으므로, 지입회사 운영자는 지입차주와의 관계에서 '타인의 사무를 처리하는 자'의 지위에 있다.

[3] 피해자가 피고인 측으로부터 이 사건 화물차를 매수하는 내용의 매매계약과 피해자가 매수한 이 사건 화물차를 피고인 측 지입회사로 지입하는 내용의 지입계약이 결합된 약정이 체결된 사안에서, 피해자가 이 사건 화물차의 매수대금을 모두 지급하고 피고인이 제공한 지입회사 명의로 신규 등록까지 이루어진 이상 피해자는 자신이 실질적으로 소유하거나 처분권한을 가진 이 사건 화물차에 관하여 피고인 측에게 소유권등록 명의를 신탁하고 운송사업용 자동차로서 등록 및 그 유지 관련 사무의 대행을 위임하였다고 인정할 수 있다고 보아, 지입회사 운영자인 피고인은 지입차주인 피해자와의 관계에서 '타인의 사무를 처리하는 자'의 지위에 있으므로, 피고인이 피해자의 승낙 없이 이 사건 화물차에 관하여 임의로 이 사건 저당권을 설정해 줌으로써 피해자에게 재산상 손해를 가한 것은 배임죄를 구성한다는 이유로, 유죄로 인정한 원심의 결론은 정당하여 상고기각한 사례(대판 2021.6.30. 2015도19696).

153. 〈지입회사 운영자가 지입차량에 임의로 저당권을 설정한 사건 2〉★

[1] 위 [1] 및 [2]와 동일한 내용 생략

[2] 피해자들이 각자 매수대금을 전액 부담하여 이 사건 각 버스를 매수한 후 피고인과 사이에 이 사건 각 버스를 피고인이 운영하는 운송회사로 지입하고 피고인에게 지입료를 지급하기로 구두 약정한 사안에서, 피해자들과 피고인 사이에 지입계약서가 작성되지 않았다고 하더라도 피해자들은 자신들이 실질적으로 소유한 이 사건 각 버스에 관하여 피고인의 지입회사에 소유권등록 명의를 신탁하고 운송사업용 자동차로서 등록 및 그 유지 관련 사무의 대행을 위임하는 내용의 지입계약을 체결하였다고 충분히 인정된다고 보아, 지입회사 운영자인 피고인은 지입차주인 피해자들과의 관계에서 '타인의 사무를 처리하는 자'의 지위에 있으므로, 피고인이 피해자들의 동의 없이 이 사건 각 버스에 관하여 임의로 이 사건 각 저당권을 설정함으로써 피해자들에게 재산상 손해를 가한 것은 배임죄를 구성한다는 이유로 원심을 파기환송하였음 (대판 2021.6.24. 2018도14365).

배임수재죄 관련 판례

---

154. 〈제357조 제1항 배임증재죄의 '제3자'에는 사무처리를 위임한 '타인'이 포함되지 않는다는 판례〉★

[1] 형법 제357조 제1항은 "타인의 사무를 처리하는 자가 그 임무에 관하여 부정한 청탁을 받고 재물 또는 재산상의 이익을 취득하거나 제3자로 하여금 이를 취득하게 한 때에는 5년 이하의 징역 또는 1천만 원 이하의 벌금에 처한다."라고 정하고, 제357조 제2항은 "제1항의 재물 또는 이익을 공여한 자는 2년 이하의 징역 또는 500만 원 이하의 벌금에 처한다."라고 정하고 있다.

[2] 2016. 5. 29. 법률 제14178호로 개정되기 전의 형법 제357조 제1항은 타인의 사무를 처리하는 자(이하 '사무처리자'라 한다)가 그 임무에 관하여 부정한 청탁을 받고 재물 또는 재산상 이익(이하 '재물 등'이라 한다)을 취득한 때에 성립한다고 정하고 있었으나, 형법 개정으로 위와 같이 개정되었다. 이는 사무처리자 본인이 직접 재물 등을 취득하는 행위뿐만 아니라 제3자로 하여금 재물 등을 취득하게 하는 행위도 처벌할 수 있도록 하기 위한 것이다. 위와 같은 형법 제357조의 문언, 개정 경위와 이유, 체계적 위치와 보호법익 등을 종합하면, 특별한 사정이 없는 한 형법 제357조 제1항의 '제3자'에는 사무처리를 위임한 '타인'이 포함되지 않는다.

[3] 신문사 기자들이 홍보성 기사를 게재하는 대가로 기자들이 소속된 신문사들이 피고인으로부터 돈을 교부받은 행위는 형법 제357조 제1항의 사무처리자 또는 제3자가 돈을 교부받은 경우가 아니므로, 신문사들의 배임수재죄가 성립하지 않고 이를 전제로 하는 피고인의 배임증재죄 역시 성립하지 않는다는 이유로 무죄를 선고한 원심판결을 수긍한 사례(대판 2021.9.30. 2020도2641).

155. 〈신문사 기자들이 홍보성 기사를 작성해달라는 청탁을 받고 신문사 계좌로 금원을 받은 사건〉★★

[1] 배임수재죄에서 '부정한 청탁'은 반드시 업무상 배임의 내용이 되는 정도에 이를 필요는 없고, 사회상규 또는 신의성실의 원칙에 반하는 것을 내용으로 하면 충분하다. '부정한 청탁'에 해당하는지를 판단할 때에는 청탁의 내용 및 이에 관련한 대가의 액수, 형식, 보호법익인 거래의 청렴성 등을 종합적으로 고찰하여야 하고, 그 청탁이 반드시 명시적으로 이루어져야 하는 것은 아니며 묵시적으로 이루어지더라도 무방하다. 그리고 타인의 업무를 처리하는 사람에게 공여한 금품에 부정한 청탁의 대가로서의 성질과 그 외의 행위에 대한 사례로서의 성질이 불가분적으로 결합되어 있는 경우에는 그 전부가 불가분적으로

부정한 청탁의 대가로서의 성질을 갖는 것으로 보아야 한다.

[2] 개정 형법 제357조의 보호법익 및 체계적 위치, 개정 경위, 법문의 문언 등을 종합하여 볼 때, 개정 형법이 적용되는 경우에도 '제3자'에는 다른 특별한 사정이 없는 한 사무처리를 위임한 타인은 포함되지 않는다고 봄이 타당하다.

[3] 그러나 배임수재죄의 행위주체가 재물 또는 재산상 이익을 취득하였는지는 증거에 의하여 인정된 사실에 대한 규범적 평가의 문제이다. 부정한 청탁에 따른 재물이나 재산상 이익이 외형상 사무처리를 위임한 타인에게 지급된 것으로 보이더라도 사회통념상 그 타인이 재물 또는 재산상 이익을 받은 것을 부정한 청탁을 받은 사람이 직접 받은 것과 동일하게 평가할 수 있는 경우에는 배임수재죄가 성립될 수 있다(대판 2021.9.30. 2019도17102).

[사건의 경과]

(1) 신문사 기자들이 홍보성 기사를 작성해달라는 청탁을 받고 소속 신문사 계좌로 금원을 입금 받은 행위에 대해 배임수재죄로 기소되었고, 원심은 배임수재죄에서의 '부정한 청탁'의 요건에는 해당하나, '제3자'의 요건에 해당하지 않는다는 이유로 무죄를 선고함.

(2) 대법원은 홍보성 기사 청탁이 배임수재죄에서의 '부정한 청탁'에 해당하는지 여부에 대해 구체적으로 판단한 후, 개정된 배임수재죄의 구성요건에서 '제3자'의 범위에 대해 밝히면서 원심의 판단을 수긍하여 상고기각하였음.

156. 〈언론사 논설주간 사건〉

배임수재죄에 있어서의 '부정한 청탁'이라 함은 청탁이 사회상규와 신의성실의 원칙에 반하는 것을 말하고, 이를 판단함에 있어서는 청탁의 내용, 이에 관련되어 취득한 재물이나 재산상 이익의 종류·액수 및 형식, 재산상 이익 제공의 방법과 태양, 보호법익인 거래의 청렴성 등을 종합적으로 고찰하여야 하며, 그 청탁이 반드시 명시적일 필요는 없고 묵시적으로 이루어지더라도 무방하다(대판 2024.3.12. 2020도1263).

[사실관계]

언론사 논설주간이던 피고인이 기업 대표이사로부터 우호적인 여론 형성에 도움을 달라는 취지의 부정한 청탁을 받고 유럽여행 비용 등을 제공받았다는 이유로 배임수재죄 등으로 기소된 사안임

[원심의 판단]

원심은, 기업 대표이사가 향후 우호적인 여론 형성에 관한 도움을 받을 수 있다는 내심의 기대를 갖고 있었을 뿐, 현안에 대한 어느 정도 구체적이고 특정한 임무행위에 관한 명시적, 묵시적 청탁을 하였다고 보기 어렵다는 이유 등으로 배임수재 부분을 무죄로 판단하였음

[대법원의 판단]

대법원은, 위와 같은 법리를 설시한 후, ① 피고인이 언론사 논설주간 및 경제 분야 칼럼니스트로서 기업에 대한 여론 형성에 영향력을 행사할 수 있는 지위에 있었던 점, ② 배임증재자와 피고인 사이에 일방적으로 거액의 재산상 이익을 공여할 정도의 개인적 친분관계나 거래관계가 없었던 점, ③ 피고인이 취득한 8박 9일 동안의 유럽여행 비용 약 3,973만 원은 지나치게 이례적인 거액의 재산상 이익인 점, ④ 배임증재자가 대표이사로 있던 기업은 당시 조선업계에서 상당한 비중을 차지하던 거대 기업으로 언제든지 영업이익 등 경영 실적은 물론 운영구조, 채용방식 등도 언론 보도, 평론 등의 대상이 될 수 있는 상황이었고, 실제 그 무렵 국민주 공모방식 매각 방안, 고졸 채용정책 등에 관한 칼럼, 사실 등이 적지 않게 게재되고 있었던 점 등에 비추어 보면, 배임증재자는 물론 피고인도 언론사 논설주간 사무를 이용한 우호적 여론 형성에 관한 청탁의 대가라는 점에 대한 인식과 양해 하에 약 3,973만 원 상당의 유럽여행 비용을 주고받았다고 보아야 하고, 청탁의 내용이 명시되지 않았더라도 묵시적 의사표시에 의한 청탁이 있었다

고 평가되어야 하며, 이와 같이 언론인이 평론의 대상이 되는 특정인 내지 특정 기업으로부터 경제적 이익을 제공받으면서 우호적 여론 형성 등에 관한 청탁을 받는 것은 언론의 공정성, 객관성, 언론인의 청렴성, 불가매수성에 대한 공공의 신뢰를 저버리는 것일뿐더러, 그로 인하여 해당 언론사가 주의, 경고, 과징금 부과 등 제재조치를 받을 수 있다는 점에서 사회상규 또는 신의성실의 원칙에 반하는 배임수재죄의 부정한 청탁에 해당한다고 보아, 이와 달리 이 부분 공소사실을 무죄로 판단한 원심을 파기 · 환송함.

제7절 ┃ 장물죄
제8절 ┃ 손괴죄

타인의 재물 관련 판례

157. 〈타인 소유 토지에 수목을 식재한 사건〉★

Q 타인 소유의 토지에 수목을 식재할 당시 토지의 소유권자로부터 그에 관한 명시적 또는 묵시적 승낙 · 동의 · 허락 등을 받았다면, 해당 수목은 누구에게 소유권이 인정되는가?

[1] 민법 제256조에서 부동산에의 부합의 예외사유로 규정한 '권원'은 지상권, 전세권, 임차권 등과 같이 타인의 부동산에 자기의 동산을 부속시켜서 그 부동산을 이용할 수 있는 권리를 뜻한다. 따라서 타인 소유의 토지에 수목을 식재할 당시 토지의 소유권자로부터 그에 관한 명시적 또는 묵시적 승낙 · 동의 · 허락 등을 받았다면, 이는 민법 제256조에서 부동산에의 부합의 예외사유로 정한 '권원'에 해당한다고 볼 수 있으므로, 해당 수목은 토지에 부합하지 않고 식재한 자에게 그 소유권이 귀속된다.

[2] 피고인은 피해자 갑이 을로부터 매수한 토지의 경계 부분에 매수 전 자신이 식재하였던 수목 5그루를 전기톱을 이용하여 절단하였다고 하여 특수재물손괴의 공소사실로 기소된 사안에서, 제반 사정에 비추어 피고인이 수목을 식재할 당시 토지의 전 소유자 을로부터 명시적 또는 묵시적으로 승낙 · 동의를 받았거나 적어도 토지 중 수목이 식재된 부분에 관하여는 무상으로 사용할 것을 허락받았을 가능성을 배제하기 어렵고, 이는 민법 제256조에서 부동산에의 부합의 예외사유로 정한 '권원'에 해당한다고 볼 수 있어 수목은 토지에 부합하지 않고 이를 식재한 피고인에게 소유권이 귀속된다는 등의 이유로, 이와 달리 보아 공소사실을 유죄로 인정한 원심판결에 법리오해의 잘못이 있다고 한 사례(대판 2023.11.16. 2023도11885).

[대법원의 판단]
대법원은, ① 피고인이 일관되게 판시 각 수목이 자신의 소유라고 주장한 점, ② 피고인이 판시 각 수목을 식재하였는지 여부나 식재 시점 · 경위 등에 관하여는 조사가 이루어지지 않았고, 피해자는 공판과정에서 '이 사건 토지를 매수하기 전부터 판시 각 수목이 식재되어 있었다.'라는 취지로 진술한 점, ③ 이 사건 토지의 전 소유자는 피고인이 상당기간 전에 이미 이 사건 토지에 판시 각 수목을 식재한 사실까지 잘 알고 있었음에도 10여 년 이상의 장기간 동안 피고인이 이를 유지 · 보존 · 관리를 하는 것에 대해 별다른 이의를 제기하지 않았던 점, ④ 피고인이 판시 각 수목을 식재할 당시 이 사건 토지의 전 소유자로부터 명시적 또는 묵시적으로 승낙 · 동의를 받았거나 적어도 이 사건 토지 중 판시 각 수목이 식재된 부분에 관하여는 무상으로 사용할 것을 허락받았을 가능성을 배제하기 어려워 보이는 점 등을 이유로, 피고인이 손괴한 판시 각 수목이 피해자의 소유임을 전제로 유죄를 인정한 원심판결을 파기 · 환송함

158. 〈타인의 토지 지상에 건물을 신축한 사건〉★

[사실관계]

부지의 점유 권원 없는 건물 소유자였던 피고인이 토지 소유자와의 철거 등 청구소송에서 패소하고 강제집행을 당했는데도 토지에 무단으로 새 건물을 신축하였다.

Q 손괴죄는 절도, 강도, 사기, 공갈, 횡령 등의 죄와 어떻게 구별되는가?

[1] 재물손괴죄(형법 제366조)는 다른 사람의 재물을 손괴 또는 은닉하거나 그 밖의 방법으로 그 효용을 해한 경우에 성립하는 범죄로, 행위자에게 다른 사람의 재물을 자기 소유물처럼 그 경제적 용법에 따라 이용·처분할 의사(불법영득의사)가 없다는 점에서 절도, 강도, 사기, 공갈, 횡령 등 영득죄와 구별된다.

Q 다른 사람의 소유물을 본래의 용법에 따라 무단으로 사용·수익하는 행위로 인하여 소유자가 물건의 효용을 누리지 못하게 되었다면 재물손괴죄에 해당하는가?

[2] 다른 사람의 소유물을 본래의 용법에 따라 무단으로 사용·수익하는 행위는 소유자를 배제한 채 물건의 이용가치를 영득하는 것이고, 그 때문에 소유자가 물건의 효용을 누리지 못하게 되었더라도 효용 자체가 침해된 것이 아니므로 재물손괴죄에 해당하지 않는다.

Q 위와 같은 사실관계를 전제로 할 때 피고인에게 재물손괴죄가 성립하는가?

[3] 부지의 점유 권원 없는 건물 소유자였던 피고인은, 토지 소유자와의 철거 등 청구소송에서 패소하고 강제집행을 당했는데도 무단으로 새 건물을 짓자 검사가 피고인이 토지의 효용을 해하였다고 하여 재물손괴죄로 기소한 사안에서, 피고인의 행위는 토지를 본래의 용법에 따라 사용·수익함으로써 그 소유자로 하여금 효용을 누리지 못하게 한 것일 뿐 효용을 침해한 것이 아니라고 보아, 원심의 무죄판결에 대한 검사의 상고를 기각한 사안(대판 2022.11.30. 2022도1410).

159. 〈타인 소유의 석축 중 돌 3개에 빨간색 락카를 사용해 화살표 모양을 표시한 사건〉

[사실관계]

피고인은 경계의 표시를 위하여 A 소유의 석축 중 돌 3개에 빨간색 락카를 사용해 화살표 모양을 표시하였다.

Q 형법 제366조의 재물손괴죄에서 재물의 효용을 해한다고 함은 일시적으로 이용할 수 없는 상태로 만드는 것도 포함하는가?

[1] 형법 제366조의 재물손괴죄는 타인의 재물을 손괴 또는 은닉하거나 기타의 방법으로 효용을 해하는 경우에 성립한다. 여기에서 재물의 효용을 해한다고 함은 사실상으로나 감정상으로 재물을 본래의 사용 목적에 제공할 수 없는 상태로 만드는 것을 말하고, 일시적으로 이용할 수 없는 상태로 만드는 것도 포함한다.

[2] 건조물의 벽면이나 구조물 등(이하 '구조물 등'이라 한다)에 낙서를 하는 행위가 구조물 등의 효용을 해하는 것인지는, 해당 구조물 등의 용도와 기능, 낙서 행위가 구조물 등의 본래 사용 목적이나 기능에 미치는 영향, 구조물 등의 미관을 해치는 정도, 구조물 등의 이용자들이 느끼는 불쾌감과 저항감, 원상회복의 난이도와 거기에 드는 비용, 낙서 행위의 목적과 시간적 계속성, 행위 당시의 상황 등 제반 사정을 종합하여 사회통념에 따라 판단하여야 한다.

Q 위와 같은 사실관계를 전제로 할 때 피고인에게 손괴죄가 성립하는가?

[3] 경계의 표시를 위하여 타인 소유의 석축 중 돌 3개에 빨간색 락카를 사용해 화살표 모양을 표시한 행위에 대하여 재물손괴죄로 기소된 사안에서, 이 사건 석축의 용도와 기능, 낙서 행위가 석축의 본래 사용 목적이나 기능에 미치는 영향, 석축의 미관을 해치는 정도, 석축 소유자가 느끼는 불쾌감과 저항감, 원상회복의 난이도와 거기에 드는 비용, 낙서 행위의 목적과 시간적 계속성, 행위 당시의 상황 등 제반 사정을 종합적으로 고려하여 피고인의 낙서 행위가 석축의 효용을 해하는 정도에 이르렀다고 단정하기 어렵다고 보아 유죄를 인정한 원심판결을 파기ㆍ환송한 사례(대판 2022.10.27. 2022도8024).

160. 〈환경운동가들이 글씨 모양 조형물에 녹색 수성스프레이를 분사한 사건〉

Q 형법 제366조의 재물손괴죄에서 재물의 효용을 해한다고 함은 사실상으로나 감정상으로 재물을 본래의 사용 목적에 제공할 수 없는 상태로 만드는 것을 말하고, 일시적으로 이용할 수 없는 상태로 만드는 것도 포함하는가?

[1] 형법 제366조의 재물손괴죄는 타인의 재물을 손괴 또는 은닉하거나 기타의 방법으로 효용을 해하는 경우에 성립한다. 여기에서 재물의 효용을 해한다고 함은 사실상으로나 감정상으로 재물을 본래의 사용 목적에 제공할 수 없는 상태로 만드는 것을 말하고, 일시적으로 이용할 수 없는 상태로 만드는 것도 포함한다.
[2] 구조물 등에 낙서를 하는 행위가 구조물 등의 효용을 해하는 것인지는, 해당 구조물 등의 용도와 기능, 낙서 행위가 구조물 등의 본래 사용 목적이나 기능에 미치는 영향, 구조물 등의 미관을 해치는 정도, 구조물 등의 이용자들이 느끼는 불쾌감과 저항감, 원상회복의 난이도와 거기에 드는 비용, 낙서 행위의 목적과 시간적 계속성, 행위 당시의 상황 등 제반 사정을 종합하여 사회통념에 따라 판단하여야 한다(대판 2024.5.30. 2023도5885).

[사건의 경과]
환경활동가인 피고인들이 A 회사의 베트남 석탄화력발전소 건설에 문제를 제기하기 위하여 회사명 조형물(이하 '이 사건 조형물')에 수성스프레이를 분사하여 이를 손괴하였다는 재물손괴 등으로 기소된 사안임
[원심의 판단]
원심은, 이 사건 조형물을 받치는 대리석 부분에 일부 스프레이가 잔존하였고, 상당한 시간과 노력을 들였음에도 잔존물이 제거되지 않아 피해자 측이 상당한 비용을 들여 이를 교체하는 등 피고인들이 이 사건 조형물을 손괴한 사실이 인정된다고 보아, 재물손괴를 유죄로 판단한 제1심판결을 그대로 유지하였음
[대법원의 판단]
대법원은 위와 같은 법리를 설시하면서, 이 사건 조형물의 용도와 기능, 피고인들 행위의 동기와 경위, 수단, 내용, 이에 따른 이 사건 조형물의 용도와 기능 및 미관을 해치는 정도와 그 시간적 계속성, 원상회복의 난이도와 비용, 이 사건 조형물 이용자들이 느끼는 불쾌감과 저항감 등을 종합적으로 고려하면, 피고인들이 이 사건 조형물의 효용을 해하였다고 보기 어렵다고 보아, 이와 달리 판단한 원심을 파기ㆍ환송함.

제9절 | 권리행사방해죄

권리행사방해죄 관련 판례
---

161. 〈자동차정비업소 근저당 사건〉

[1] 형법 제323조의 권리행사방해죄는 타인의 점유 또는 권리의 목적이 된 자기의 물건 또는 전자기록 등 특수매체기록을 취거, 은닉 또는 손괴하여 타인의 권리행사를 방해함으로써 성립한다. 여기서 '은닉'이란 타인의 점유 또는 권리의 목적이 된 자기 물건 등의 소재를 발견하기 불가능하게 하거나 또는 현저히 곤란한 상태에 두는 것을 말하고, 그로 인하여 권리행사가 방해될 우려가 있는 상태에 이르면 권리행사방해죄가 성립하고 현실로 권리행사가 방해되었을 것까지 필요로 하는 것은 아니다.

[2] 피고인들이 자동차정비업을 운영하는 건물과 기계·기구에 근저당권을 설정하고도 건물을 철거한 뒤 멸실등기를 마치고, 기계·기구를 양도한 사안에서 권리행사방해죄가 인정된다는 사례(대판 2021.1.14. 2020도14735).

[사건의 경과]

(1) 이 사건 공소사실은 피고인들이 자동차정비업을 운영하는 건물과 기계·기구에 근저당권을 설정하고도 담보유지의무를 위반하여, 이 사건 건물을 철거 및 멸실등기하고, 이 사건 기계·기구를 양도한 행위를 하였다는 것인데, 검사는 배임의 점으로 공소제기 하였다가 권리행사방해의 점으로 공소장변경을 신청하여 허가되었음.

(2) 원심은 피고인들의 행위가 피해자의 권리의 목적이 된 피고인들의 물건을 손괴 또는 은닉하여 피해자의 권리행사를 방해하였다고 보아 유죄로 판단하였고, 대법원은 원심의 판단을 수긍함.

162. 〈아들에게 디지털 도어락의 비밀번호를 변경하도록 한 사건〉★★

[사실관계]

피고인이, 자신이 관리하는 건물 5층에 거주하는 피해자를 내쫓을 목적으로 자신의 아들인 甲을 교사하여 그곳 현관문에 설치된 피고인 소유 디지털 도어락의 비밀번호를 변경하게 하였다.

[1] 교사범이 성립하려면 교사자의 교사행위와 정범의 실행행위가 있어야 하므로, 정범의 성립은 교사범 구성요건의 일부이고 교사범이 성립하려면 정범의 범죄행위가 인정되어야 한다.

Q 권리행사방해죄는 신분범인가?

[2] 형법 제323조의 권리행사방해죄는 타인의 점유 또는 권리의 목적이 된 자기의 물건을 취거, 은닉 또는 손괴하여 타인의 권리행사를 방해함으로써 성립하므로 취거, 은닉 또는 손괴한 물건이 자기의 물건이 아니라면 권리행사방해죄가 성립할 수 없다. 물건의 소유자가 아닌 사람은 형법 제33조 본문에 따라 소유자의 권리행사방해 범행에 가담한 경우에 한하여 그의 공범이 될 수 있을 뿐이다.

Q 위와 같은 사실관계를 전제로 할 때 피고인에게 권리행사방해죄의 교사범이 성립하는가?

[3] 甲이 자기의 물건이 아닌 위 도어락의 비밀번호를 변경하였다고 하더라도 권리행사방해죄가 성립할 수 없고, 정범인 甲의 권리행사방해죄가 인정되지 않는 이상 교사자인 피고인에 대하여 권리행사방해교

사죄도 성립할 수 없다고 판단하여, 이와 달리 공소사실을 유죄로 인정한 원심판결을 파기·환송한 사례 (대판 2022.9.15. 2022도5827).

[사건의 경과]

피고인이, 자신이 관리하는 건물 5층에 거주하는 피해자를 내쫓을 목적으로 자신의 아들인 甲을 교사하여 그곳 현관문에 설치된 피고인 소유 디지털 도어락의 비밀번호를 변경하게 하였다는 권리행사방해교사의 공소사실로 기소된 사안임.

[대법원의 판단]

대법원은, 甲이 자기의 물건이 아닌 위 도어락의 비밀번호를 변경하였다고 하더라도 권리행사방해죄가 성립할 수 없고, 정범인 甲의 권리행사방해죄가 인정되지 않는 이상 교사자인 피고인에 대하여 권리행사방해교사죄도 성립할 수 없다고 판단하여, 이와 달리 공소사실을 유죄로 인정한 원심판결을 파기·환송하였음.

제5편

사회적 법익에 관한 범죄

제5편 | 사회적 법익에 관한 범죄

제1장　공공의 안전과 평온에 관한 죄

제1절 | 공안을 해하는 죄
제2절 | 폭발물에 관한 죄
제3절 | 방화와 실화의 죄
제4절 | 일수와 수리에 관한 죄
제5절 | 교통방해죄

제2장　공공의 신용에 관한 죄

제1절 | 통화에 관한 죄
제2절 | 유가증권, 우표와 인지에 관한 죄
제3절 | 문서에 관한 죄

사문서의 위조 관련 판례

163. 〈허무인 명의 서명부를 작성한 사건〉

Q 피고인이 특정 후보자에 대한 지지선언 형식의 기자회견을 위해 허무인 명의 서명부를 작성하였다면 사문서위조죄가 성립하는가?

[1] 사문서위조 및 동행사죄의 객체인 사문서는 권리·의무 또는 사실증명에 관한 타인의 문서 또는 도화를 가리키고, '권리·의무에 관한 문서'는 권리 또는 의무의 발생·변경·소멸에 관한 사항이 기재된 것을 말하며, '사실증명에 관한 문서'는 권리·의무에 관한 문서 이외의 문서로서 거래상 중요한 사실을 증명하는 문서를 의미한다.

Q '거래상 중요한 사실을 증명하는 문서'는 법률관계의 발생·존속·변경·소멸의 전후 과정을 증명하는 것이 주된 취지인 문서뿐만 아니라 법률관계에 간접적으로만 연관된 의사표시 또는 권리·의무의 변동에 사

실상으로만 영향을 줄 수 있는 의사표시를 내용으로 하는 문서도 포함되는가?

[2] '거래상 중요한 사실을 증명하는 문서'는 법률관계의 발생ㆍ존속ㆍ변경ㆍ소멸의 전후 과정을 증명하는 것이 주된 취지인 문서뿐만 아니라 법률관계에 간접적으로만 연관된 의사표시 또는 권리ㆍ의무의 변동에 사실상으로만 영향을 줄 수 있는 의사표시를 내용으로 하는 문서도 포함될 수 있지만, 문서의 주된 취지가 단순히 개인적ㆍ집단적 의견의 표현에 불과한 것이어서는 아니 되고, 적어도 실체법 또는 절차법에서 정한 구체적인 권리ㆍ의무와의 관련성이 인정되는 경우이어야 한다.

[3] '거래상 중요한 사실을 증명하는 문서'에 해당하는지 여부는 문서 제목만을 고려할 것이 아니라 문서 내용과 더불어 문서 작성자의 의도, 문서가 작성된 객관적인 상황, 문서에 적시된 사항과 그 행사가 예정된 상대방과의 관계 등을 종합적으로 고려하여 판단하여야 한다(대판 2024.1.4. 2023도1178).

[사건의 경과]

피고인이 특정 후보자에 대한 지지선언 형식의 기자회견을 위해 허무인 명의 서명부를 작성한 사안임

[대법원의 판단]

대법원은, 위와 같이 판시하면서 피고인이 허무인 명의로 작성한 이 사건 서명부 21장은 주된 취지가 특정 대통령후보자에 대한 정치적인 지지 의사를 집단적 형태로 표현하고자 한 것일 뿐, 실체법 또는 절차법에서 정한 구체적인 권리ㆍ의무에 관한 문서 내지 거래상 중요한 사실을 증명하는 문서에 해당한다고 보기 어렵다고 보아, 무죄를 선고한 원심판결을 수긍하여 상고를 기각함

164. 〈주식 명의신탁자를 변경한 사건〉★

[사실관계]

주식을 명의신탁한 피고인이 명의수탁자를 변경하기 위해 제3자에게 주식을 양도한 후 수탁자 명의의 증권거래세 과세표준신고서를 작성하여 관할세무서에 제출하였다.

Q 신탁자에게 아무런 부담이 지워지지 않은 채 재산이 수탁자에게 명의신탁된 경우 특별한 사정이 없는 한 수탁자는 신탁자에게 자신의 명의사용을 포괄적으로 허용하였다고 볼 수 있는가?

[1] **신탁자에게 아무런 부담이 지워지지 않은 채 재산이 수탁자에게 명의신탁된 경우**에는 특별한 사정이 없는 한 재산의 처분 기타 권한행사에 관해서 수탁자가 자신의 명의사용을 포괄적으로 신탁자에게 허용하였다고 보아야 하므로, 신탁자가 수탁자 명의로 신탁재산의 처분에 필요한 서류를 작성할 때에 수탁자로부터 개별적인 승낙을 받지 않았더라도 사문서위조ㆍ동행사죄가 성립하지 않는다. 이에 비하여 **수탁자가 명의신탁 받은 사실을 부인하여 신탁자와 수탁자 사이에 신탁재산의 소유권에 관하여 다툼이 있는 경우 또는 수탁자가 명의신탁 받은 사실 자체를 부인하지 않더라도 신탁자의 신탁재산 처분권한을 다투는 경우**에는 신탁재산에 관한 처분 기타 권한행사에 관해서 신탁자에게 부여하였던 수탁자 명의사용에 대한 포괄적 허용을 철회한 것으로 볼 수 있어 명의사용이 허용되지 않는다.

Q 위와 같은 사실관계를 전제로 할 때 피고인에게 사문서위조죄 및 위조사문서행사죄가 성립하는가?

[2] 주식을 명의신탁한 피고인이 명의수탁자를 변경하기 위해 제3자에게 주식을 양도한 후 수탁자 명의의 증권거래세 과세표준신고서를 작성하여 관할세무서에 제출함으로써 과세표준신고서를 위조하고 이를 행사하였다는 공소사실로 기소된 사안에서, 수탁자 명의로 과세표준신고를 하는 행위는 공법행위라는 등의 이유로 사문서위조죄 및 위조사문서행사죄가 성립한다고 본 원심판단에 법리오해의 위법이 있다고 한 사례(대판 2022.3.31. 2021도17197).

165. 〈금융감독원장 명의의 문서는 공문서라는 판례〉★

금융위원회법 제29조, 제69조 제1항에서 정한 금융감독원 집행간부인 금융감독원장 명의의 문서를 위조, 행사한 행위는 사문서위조죄, 위조사문서행사죄에 해당하는 것이 아니라 공문서위조죄, 위조공문서행사죄에 해당한다(대판 2021.3.11. 2020도14666).

공문서의 변조 관련 판례

166. 〈등기사항전부증명서의 열람일시를 삭제 후 복사한 사건〉

[사실관계]

피고인은 인터넷을 통하여 열람·출력한 등기사항전부증명서 하단의 열람 일시 부분을 수정 테이프로 지우고 복사해 두었다가 이를 타인에게 교부하였다.

Q 위와 같은 사실관계를 전제로 할 때 피고인에게 공문서변조죄가 성립하는가?

[1] 공문서변조죄는 권한 없는 자가 공무소 또는 공무원이 이미 작성한 문서내용에 대하여 동일성을 해하지 않을 정도로 변경을 가하여 새로운 증명력을 작출케 함으로써 공공적 신용을 해할 위험성이 있을 때 성립한다. 이때 일반인으로 하여금 공무원 또는 공무소의 권한 내에서 작성된 문서라고 믿을 수 있는 형식과 외관을 구비한 문서를 작성하면 공문서변조죄가 성립하는 것이고, 일반인으로 하여금 공무원 또는 공무소의 권한 내에서 작성된 문서라고 믿게 할 수 있는지 여부는 그 문서의 형식과 외관은 물론 그 문서의 작성경위, 종류, 내용 및 일반거래에 있어서 그 문서가 가지는 기능 등 여러 가지 사정을 종합적으로 고려하여 판단하여야 한다.

[2] 피고인이 인터넷을 통하여 열람·출력한 등기사항전부증명서 하단의 열람 일시 부분을 수정 테이프로 지우고 복사해 두었다가 이를 타인에게 교부하여 공문서변조 및 변조공문서행사로 기소된 사안에서, 피고인이 등기사항전부증명서의 열람 일시를 삭제하여 복사한 행위는 등기사항전부증명서가 나타내는 권리·사실관계와 다른 새로운 증명력을 가진 문서를 만든 것에 해당하고 그로 인하여 공공적 신용을 해할 위험성도 발생하였다고 한 사례(대판 2021.2.25. 2018도19043).

167. 〈'총괄대표이사' 사건〉

[사실관계]

甲회사의 대표이사인 피고인이 甲회사와 乙회사의 '총괄대표이사'의 자격이 없음에도 甲회사와 乙회사의 '총괄대표이사'의 자격으로 작성된 도급계약서에 자신의 이름과 甲회사 대표이사의 직인을 날인하였다.

[1] 자격모용사문서작성죄는 문서위조죄와 마찬가지로 문서의 진정에 대한 공공의 신용을 보호법익으로 하는 것으로, 행사할 목적으로 타인의 자격을 모용하여 작성된 문서가 일반인으로 하여금 명의인의 권한 내에서 작성된 문서라고 믿게 할 수 있는 정도의 형식과 외관을 갖추고 있으면 성립한다. 주식회사의 대표 자격으로 계약을 하는 경우 피고인 자신을 위한 행위가 아니고 작성명의인인 회사를 위하여 법률행위를 한다는 것을 인식할 수 있을 정도의 표시가 있으면 대표관계의 표시라고 할 수 있다.

Q 작성자가 '행사할 목적'으로 자격을 모용하여 문서를 작성한 이상 문서행사의 상대방이 자격모용 사실을 알았다거나, 작성자가 그 문서에 모용한 자격과 무관한 직인을 날인하였다는 등의 사정이 있다고 하여도 자격모용사문서작성죄가 성립하는가?

[2] 자격모용사문서작성죄에서의 '행사할 목적'이라 함은 그 문서가 정당한 권한에 기하여 작성된 것처럼 다른 사람으로 하여금 오신하도록 하게 할 목적을 말한다고 할 것이므로 사문서를 작성하는 자가 주식회사의 대표로서의 자격을 모용하여 문서를 작성한다는 것을 인식, 용인하면서 그 문서를 진정한 문서로서 어떤 효용에 쓸 목적으로 사문서를 작성하였다면, 자격모용에 의한 사문서작성죄의 행사의 목적과 고의를 인정할 수 있다. 작성자가 '행사할 목적'으로 자격을 모용하여 문서를 작성한 이상 문서행사의 상대방이 자격모용 사실을 알았다거나, 작성자가 그 문서에 모용한 자격과 무관한 직인을 날인하였다는 등의 사정이 있다고 하여 달리 볼 것은 아니다.

Q 위와 같은 사실관계를 전제로 할 때 피고인에게 자격모용사문서작성죄가 성립하는가?

[3] 갑회사의 대표이사인 피고인이 갑회사와 을회사의 '총괄대표이사'의 자격으로 작성된 도급계약서에 자신의 이름과 갑회사 대표이사의 직인을 날인한 사실로 자격모용사문서작성죄 등으로 기소된 사안에서, 도급계약서의 형식과 외관, 계약서 작성 경위, 종류, 내용 등의 사정을 종합할 때 위 계약서를 수령한 상대방으로서는 위 계약서가 을회사의 대표이사 또는 갑회사와 을회사의 총괄대표이사의 자격을 가진 피고인에 의하여 갑회사 및 을회사 명의로 작성된 문서라고 믿게 할 정도의 형식과 외관을 갖추고 있는 것으로 볼 수 있고 설령 상대방이 피고인이 을회사의 대표이사가 아님을 알고 있더라도 자격모용사문서작성죄의 성립에 영향이 없다는 이유로 이 부분 공소사실을 무죄로 판단한 원심을 파기한 사안임(대판 2022.6.30. 2021도17712).

168. 〈골수검사 시행 직후 사망한 환자(만 6개월의 영아) 사건〉

Q 형법 제233조의 작성자가 주관적으로 진찰을 소홀히 한다든가 착오를 일으켜 오진한 결과로 진실에 반한 진단서를 작성하였다면 허위진단서작성죄가 성립하는가?

[1] 형법 제233조의 허위진단서작성죄가 성립하기 위하여서는 진단서의 내용이 객관적으로 진실에 반할 뿐 아니라 작성자가 진단서 작성 당시 그 내용이 허위라는 점을 인식하고 있어야 하고, 주관적으로 진찰을 소홀히 한다든가 착오를 일으켜 오진한 결과로 진실에 반한 진단서를 작성하였다면 허위진단서 작성에 대한 인식이 있다고 할 수 없으므로 허위진단서작성죄가 성립하지 않는다(대법원 1976. 2. 10. 선고 75도1888 판결, 대법원 2006. 3. 23. 선고 2004도3360 판결 등 참조).

Q 부검 결과로써 확인된 최종적 사인이 이보다 앞선 시점에 작성된 사망진단서에 기재된 사망 원인과 일치하지 않는다면 허위진단서작성죄가 성립하는가?

[2] 의사 등이 사망진단서를 작성할 당시 기재한 사망 원인이나 사망의 종류가 허위인지 여부 또는 의사 등이 그러한 점을 인식하고 있었는지 여부는 임상의학 분야에서 실천되고 있는 의료 수준 및 사망진단서 작성현황에 비추어 사망진단서 작성 당시까지 작성자가 진찰한 환자의 구체적인 증상 및 상태 변화, 시술, 수술 등 진료 경과 등을 종합하여 판단하여야 한다. 특히 부검을 통하지 않고 사망의 의학적 원인을 정확하게 파악하는 데에는 한계가 있으므로, 부검 결과로써 확인된 최종적 사인이 이보다 앞선 시점에 작성된 사망진단서에 기재된 사망 원인과 일치하지 않는다는 사정만으로 사망진단서의 기재가 객관적으로 진실에 반한다거나, 작성자가 그러한 사정을 인식하고 있었다고 함부로 단정하여서는 안 된다(대판 2024.4.4. 2021도15080).

[사실관계]
만 6개월의 영아(이하 '망아')가 골수검사 시행 중 상태가 급격히 악화되어 사망에 이르게 되자, 망아의 주치의인 소아청소년과 교수 피고인 A와 망아의 담당의사인 소아청소년과 전공의인 피고인 B는 망아의 사망진단서상 사인을 무엇으로 기재할지 상의한 후, 피고인 B는 사망의 종류 '병사', 직접사인 '호흡정지', 중간선행사인 '범혈구감소증(골수검사확인예정)'으로 기재한 사망진단서를 작성하였는데, 망아의 사망 이후 골수검사 결과는 급성 골수구성 백혈병으로 확인되었고, 망아의 사망 약 1개월 뒤 작성된 망아에 대한 부검감정서는 망아의 사인을 골수채취 바늘이 총장골동맥을 파열하여 발생한 의인성 손상으로 인한 혈복강으로 판정하여, 피고인들이 공모하여 사망진단서를 허위로 작성하였다고 기소된 사안임

[원심의 판단]
원심은, 피고인들이 사망진단서의 기재내용이 사실과 다르다는 점을 미필적으로나마 인식하면서 진실과 다르게 사망진단서를 작성하였다고 보아야 한다고 판단하였음

[대법원의 판단]
대법원은, 의사는 사망진단서 작성 당시까지 드러난 환자의 임상 경과를 고려하여 가장 부합하는 사망 원인과 사망의 종류를 자신의 의학적인 판단에 따라 사망진단서에 기재할 수 있으므로, 부검 이전에 작성된 사망진단서에 기재된 사망 원인이 부검으로 밝혀진 사망 원인과 다르다고 하여 피고인들에게 허위진단서 작성의 고의가 있다고 곧바로 추단할 수는 없다고 보아, 허위진단서작성죄를 유죄로 인정한 원심을 파기·환송함

169. 〈사법경찰관이 재수사 결과서에 허위 내용을 기재한 사건〉★

[사실관계]

사법경찰관인 피고인은 검사로부터 '교통사고 피해자들로부터 사고 경위에 대해 구체적인 진술을 청취하여 운전자 갑의 도주 여부에 대해 재수사할 것'을 요청받고, 재수사 결과서의 '재수사 결과'란에 피해자들로부터 진술을 청취하지 않았음에도 진술을 듣고 그 진술내용을 적은 것처럼 기재하였다.

[1] 문서에 관한 죄의 보호법익은 문서의 증명력과 문서에 들어 있는 의사표시의 안정·신용으로, 일정한 법률관계 또는 거래상 중요한 사실에 관한 관계를 표시함으로써 증거가 될 만한 가치가 있는 문서를 대상으로 한다. 그중 공무소 또는 공무원이 직무에 관하여 진실에 반하는 허위 내용의 문서를 작성할 경우 허위공문서작성죄가 성립하고, 이는 공문서에 특별한 증명력과 신용력이 인정되기 때문에 성립의 진정뿐만 아니라 내용의 진실까지 보호하기 위함이다. 허위공문서작성죄에서 허위란 표시된 내용과 진실이 부합하지 아니하여 그 문서에 대한 공공의 신용을 위태롭게 하는 경우를 말하고, 허위공문서작성죄는 허위공문서를 작성하면서 그 내용이 허위라는 사실을 인식하면 성립한다.

Q 위와 같은 사실관계를 전제로 할 때 피고인에게 허위공문서를 작성죄가 성립하는가?

[2] 사법경찰관인 피고인이 검사로부터 '교통사고 피해자들로부터 사고 경위에 대해 구체적인 진술을 청취하여 운전자 갑의 도주 여부에 대해 재수사할 것'을 요청받고, 재수사 결과서의 '재수사 결과'란에 피해자들로부터 진술을 청취하지 않았음에도 진술을 듣고 그 진술내용을 적은 것처럼 기재함으로써 허위공문서를 작성하였다는 내용으로 기소된 사안에서, 피해자들 진술로 기재된 내용 중 일부가 결과적으로 사실과 부합하는지, 재수사 요청을 받은 사법경찰관이 검사에 의하여 지목된 참고인이나 피의자 등에 대한 재조사 여부와 재조사 방식 등에 대해 재량을 가지는지 등과 무관하게 피고인의 행위는 허위공문서작성죄를 구성하고, 그에 관한 범의도 인정된다고 한 사례(대판 2023.3.30. 2022도6886).

170. 〈기성고 비율 잘못 적용한 사건〉★

[사실관계]

관급공사의 현장감독관인 피고인은, 공사 현장이 아닌 제작 공장에서의 기성검사의 경우 기성검사에서 합격된 자재의 100분의 50 범위 내에서만 기성부분으로 인정할 수 있도록 한 공사계약일반조건과 달리, 자재 제작을 내용을 하는 부분 전부를 기성부분으로 인정하여 이를 바탕으로 산정된 기성고 비율과 기성부분 준공금액을 기재하여 기성검사조서를 작성하였다.

Q 공문서를 작성하는 과정에서 법령 등을 잘못 적용하거나 적용하여야 할 법령 등을 적용하지 아니한 잘못이 있다는 사정만으로 허위공문서작성죄가 성립할 수 있는가?

[1] 허위공문서작성죄는 공문서에 진실에 반하는 기재를 하는 때에 성립하는 범죄이므로, 공문서를 작성하는 과정에서 법령 등을 잘못 적용하거나 적용하여야 할 법령 등을 적용하지 아니한 잘못이 있더라도 그 적용의 전제가 된 사실관계에 관하여 거짓된 기재가 없다면 허위공문서작성죄가 성립할 수 없고, 이는 그와 같은 잘못이 공무원의 고의에 기한 것이라도 달리 볼 수 없다. 공문서 작성 과정에서 법령 등을 잘못 적용하

였다고 하여 반드시 진실에 반하는 기재를 하여 공문서를 작성하게 되는 것은 아니므로, **공문서 작성 과정에서 법령 등의 적용에 잘못이 있다는 것과 기재된 공문서 내용이 허위인지 여부는 구별되어야 한다.**

Q **위와 같은 사실관계를 전제로 할 때 피고인에게 허위공문서작성죄가 성립하는가?**

[2] 지방자치단체에서 발주 · 시행한 교량 공사의 현장감독관인 피고인이, '지방자치단체 입찰 및 계약 집행기준'에 따르면 자재의 제작이 완료되었더라도 현장에 반입되어 시공되지 않은 이상 기성부분으로 인정할 수 없고 예외적으로 제작 공장에서 기성검사를 실시 · 합격한 경우에 한하여 50% 한도 내에서만 기성고 비율을 인정하여야 함에도, 현장에 반입되지 않아 그 시공이 이루어지지 않은 교량 구조물인 '주탑'이 100% 제작되었음을 전제로 공사 전체의 기성고 비율과 기성부분 준공액을 산정 · 기재함으로써 허위의 기성검사조서를 작성하였다는 내용으로 기소된 사안에서, 위 조서에는 위 기준 적용의 전제가 되는 사실관계, 즉 주탑 등 자재의 제작 및 현장 반입 여부 등에 관하여 아무런 기재가 없으므로 피고인이 위 기준 적용의 전제가 되는 사실관계에 관하여 허위로 기재할 여지가 없다는 등의 이유로, 위 조서가 허위의 공문서에 해당한다고 본 원심판단에 법리오해의 잘못이 있다고 한 사례(대판 2021.9.16. 2019도18394).

171. 〈세월호 사건 답변서 사건〉

[사실관계]
대통령비서실장인 피고인이 세월호 사고 관련 국정조사 과정에서 증인으로 출석해 증언한 다음, 국회의원 추가 서면질의에 대하여 종전 증언 내용과 동일한 내용의 답변서를 작성 · 제출하였다.

Q **위와 같은 사실관계를 전제로 할 때 피고인에게 허위공문서작성죄가 성립하는가?**

피고인 갑이 세월호 침몰사고 진상규명을 위한 국정조사특별위원회의 국정조사절차에서 대통령비서실장으로서 증언한 후 국회의원으로부터 대통령 대면보고 시점 등에 관한 추가 서면질의를 받고, 실무 담당 행정관으로 하여금 '비서실에서는 20~30분 단위로 간단없이 유 · 무선으로 보고를 하였기 때문에, 대통령은 직접 대면보고 받는 것 이상으로 상황을 파악하고 있었다고 생각합니다.'라는 내용의 서면답변서를 작성하여 국회에 제출하도록 함으로써 공문서를 허위로 작성 · 행사하였다는 내용으로 기소된 사안에서, 위 답변서가 공문서에 해당한다고 본 원심판단은 정당하나, 위 답변서 작성 및 제출이 허위공문서작성죄 및 허위작성공문서행사죄에 해당한다고 인정한 원심판단에는 허위공문서작성죄에 관한 법리오해의 잘못이 있다고 한 사례(대판 2022.8.19. 2020도9714).

공정증서원본부실기재 관련 판례

---

172. 〈가장 혼인 사건〉★

[사실관계]
중국 국적의 피고인은 허무인의 인적 사항으로 대한민국 남자와 가장 혼인하여 구 국적법 제3조 제1호에 따라 대한민국 국적을 취득한 것처럼 행세하여 대한민국 국민으로서 허무인의 인적사항이 기재된 대한민국 여권을 발급받아 이를 출입국시 출입국심사 담당공무원에게 제출하였다.

Q 여권 등 공정증서원본에 기재된 사항에 취소사유에 해당하는 흠이 있을 뿐이라면 취소되기 전에 공정증서원본에 기재된 사항은 불실기재에 해당하는가?

[1] 형법 제229조, 제228조 제2항에 정한 불실기재 여권행사죄에서 '허위신고'는 진실에 반하는 사실을 신고하는 것이고, '불실(不實)의 사실'은 '권리의무관계에 중요한 의미를 갖는 사항이 객관적인 진실에 반하는 것'을 말한다. 여권 등 공정증서원본에 기재된 사항이 존재하지 않거나 외관상 존재하더라도 무효사유에 해당하는 흠이 있다면 불실기재에 해당한다. 그러나 기재된 사항이나 원인된 법률행위가 객관적으로 존재하고 취소사유에 해당하는 흠이 있을 뿐이라면 취소되기 전에 공정증서원본에 기재된 사항은 불실기재에 해당하지 않는다.

Q 위와 같은 사실관계를 전제로 할 때 피고인에게 불실기재 여권행사죄가 성립하는가?

[2] 중국 국적의 피고인이 허무인의 인적 사항으로 대한민국 남자와 가장 혼인하여 구 국적법 제3조 제1호에 따라 대한민국 국적을 취득한 것처럼 행세하여 대한민국 국민으로서 허무인의 인적사항이 기재된 대한민국 여권을 발급받아 이를 출입국시 출입국심사 담당공무원에게 제출하였다는 사실로 불실기재 여권행사죄, 출입국관리법위반죄로 기소되었고, 원심은 이 사건 공소사실을 유죄로 인정한 제1심판결을 그대로 유지하였음으나, 대법원이 위와 같은 법리에 따라 이 사건 공소사실을 유죄로 인정한 원심판결이 정당하다고 판단하여 피고인의 상고를 기각한 사례(대판 2022.4.28. 2019도9177, 동지 대판 2022.4.28. 2020도12239).

공문서부정행사죄 관련 판례

173. 〈장애인사용자동차표지 사건〉★

[사실관계]
피고인은 장애인전용주차구역 주차표지가 실효된 이후에도 장애인사용자동차표지를 승용차에 비치한 채 아파트 주차장 중 장애인전용주차구역이 아닌 장소에 승용차를 주차하였다.

Q 사용권한자와 용도가 특정되어 있는 공문서를 사용권한 없는 자가 그 공문서 본래의 용도에 따른 사용이 아닌 경우에도 공문서부정행사죄가 성립하는가?

[1] 형법 제230조의 공문서부정행사죄는 공문서의 사용에 대한 공공의 신용을 보호법익으로 하는 범죄로서 추상적 위험범이다. 형법 제230조는 본죄의 구성요건으로 단지 '공무원 또는 공무소의 문서 또는 도화를 부정행사한 자'라고만 규정하고 있어, 자칫 처벌범위가 지나치게 확대될 염려가 있으므로 본죄에 관한 범행의 주체, 객체 및 태양을 되도록 엄격하게 해석하여 처벌범위를 합리적인 범위 내로 제한하여야 한다. 사용권한자와 용도가 특정되어 있는 **공문서를 사용권한 없는 자가** 사용한 경우에도 그 공문서 **본래의 용도에 따른 사용이 아닌 경우**에는 공문서부정행사죄가 성립되지 아니한다.

Q 위와 같은 사실관계를 전제로 할 때 피고인에게 공문서부정행사죄가 성립하는가?

[2] 장애인사용자동차표지를 사용할 권한이 없는 사람이 장애인전용주차구역에 주차하는 등 **장애인사용자동차에 대한 지원을 받을 것으로 합리적으로 기대되는 상황이 아니라면** 단순히 이를 자동차에 비치하였더라도 장애인사용자동차표지를 본래의 용도에 따라 사용했다고 볼 수 없어 공문서부정행사죄가 성립하지 않는다(대판 2022.9.29. 2021도14514).

[사건의 경과]

피고인이 실효된 '장애인전용주차구역 주차표지가 있는 장애인사용자동차표지'를 승용차에 계속 비치한 채 아파트 주차장 중 장애인전용주차구역이 아닌 장소에 승용차를 주차하여 공문서부정행사의 공소사실로 기소된 사안임

[원심의 판단]

원심은 피고인이 장애인전용주차구역에 승용차를 주차하지 않았다고 하더라도 사용권한이 없는 장애인사용자동차표지를 승용차에 비치하여 마치 장애인이 사용하는 자동차인 것처럼 외부적으로 표시하였으므로 장애인사용자동차표지를 부정행사한 경우에 해당한다고 보아, 공문서부정행사죄의 성립을 인정하였음

[대법원의 판단]

대법원은 위 법리에 따라, 피고인이 장애인사용자동차표지를 본래의 용도에 따라 사용한 것으로 볼 수 없으므로 공문서부정행사죄가 성립하지 않는다고 보아, 원심판결을 파기·환송하였음

174. 〈국가유공자증 사건〉★

[사실관계]

피고인은 조세범처벌법위반 사건으로 지방세무서 조사과에서 조사를 받으면서 다른 사람인 것처럼 행세하기 위하여 범칙혐의자 심문조서의 진술인란에 다른 사람 명의로 서명하여 이를 조사관에게 제시하고, 다른 사람 명의 국가유공자증을 조사관에게 제시하였다.

Q 위와 같은 사실관계를 전제로 할 때 피고인에게 공문서부정행사죄가 성립하는가?

[1] (위 판례 [1]부분 내용과 동일한 내용 생략)

[2] 국가유공자증의 본래 용도는 제시인이 국가유공자법에 따라 등록된 국가유공자로서 관련 혜택을 받을 수 있는 자격이 있음을 증명하는 것이고, 신분의 동일성을 증명하는 것이 아니므로 공문서부정행사죄가 성립하지 않는다고 판단한 원심의 판단에 공문서부정행사죄의 성립에 관한 법리를 오해한 잘못이 없다(대판 2022.10.14. 2020도13344).

[사건의 경과]

피고인이 조세범처벌법위반 사건으로 지방세무서 조사과에서 조사를 받으면서 다른 사람인 것처럼 행세하기 위하여 범칙혐의자 심문조서의 진술인란에 다른 사람 명의로 서명하여 이를 조사관에게 제시하고, 다른 사람 명의 국가유공자증을 조사관에게 제시한 행위에 대하여, 사서명위조 및 동행사, 공문서부정행사죄로 기소된 사안임

[원심의 판단]

제1심은 사서명위조 및 동행사죄는 각 유죄로 인정하면서, 공문서부정행사의 점에 대해서는 국가유공자증을 신분확인용으로 제시한 행위는 국가유공자증의 본래 용도 따른 사용이 아니라는 이유로 무죄로 판단하였고, 원심은 이러한 제1심판결을 그대로 유지하였음

[대법원의 판단]

대법원은 위와 같은 법리에 따라 피고인이 국가유공자증을 본래의 용도에 따라 사용한 것으로 볼 수 없다고 판단한 원심판결을 수긍하고, 검사의 상고를 기각하였음

175. 〈'검찰 공무수행 차량' 사건〉★

Q 형법 제238조의 공기호는 해당 부호를 공무원 또는 공무소가 사용하는 것만으로는 부족하고, 그 부호를 통하여 증명을 하는 사항이 구체적으로 특정되어 있고 해당 사항은 그 부호에 의하여 증명이 이루어질 것이 요구되는가?

[1] 형법상 인장에 관한 죄에서 인장은 사람의 동일성을 표시하기 위하여 사용하는 일정한 상형을 의미하고, 기호는 물건에 압날하여 사람의 인격상 동일성 이외의 일정한 사항을 증명하는 부호를 의미한다. 그리고 형법 제238조의 공기호는 해당 부호를 공무원 또는 공무소가 사용하는 것만으로는 부족하고, 그 부호를 통하여 증명을 하는 사항이 구체적으로 특정되어 있고 해당 사항은 그 부호에 의하여 증명이 이루어질 것이 요구된다.

Q 피고인이 온라인 구매사이트에서, 검찰 업무표장 아래 피고인의 전화번호, 승용차 번호 또는 '공무수행' 문구를 표시한 표지판 3개를 주문하고 그 판매자로 하여금 제작하게 하여 배송받은 다음 이를 자신의 승용차에 부착하고 다녔다면, 이에 대하여 공기호위조죄 및 위조공기호행사죄가 성립하는가?

[2] 피고인이 온라인 구매사이트에서 ① 검찰 업무표장(본문내 삽입된 이미지에서 '검찰'을 제외한 부분) 아래 '검찰 PROSECUTION SERVICE'라고 기재하고 그 아래 피고인의 전화번호를 기재한 주차표지판 1개, ② 검찰 업무표장(본문내 삽입된 이미지) 아래 '검찰 PROSECUTION OFFICE'라고 기재하고 그 아래 피고인의 차량번호를 표시한 표지판 1개, ③ 검찰 업무표장(본문내 삽입된 이미지) 아래 '검찰 PROSECUTION SERVICE'라고 기재하고 그 아래 '공무수행'이라고 표시한 표지판 1개를 주문하여 배송받음으로써 행사할 목적으로 공기호인 검찰청 업무표장을 각각 위조하였다는 등의 공소사실로 기소된 사안에서, 위 각 검찰 업무표장을 공기호라고 볼 수 없음에도, 이와 달리 보아 공소사실을 유죄로 인정한 원심판단에 법리오해 등의 잘못이 있다고 한 사례(대판 2024.1.4. 2023도11313).

[사실관계]

피고인이 온라인 구매사이트에서, 검찰 업무표장 아래 피고인의 전화번호, 승용차 번호 또는 '공무수행' 문구를 표시한 표지판 3개를 주문하고 그 판매자로 하여금 제작하게 하여 배송받은 다음 이를 자신의 승용차에 부착하고 다녔고, 이에 대하여 공기호위조죄 및 위조공기호행사죄로 기소된 사안임

[원심의 판단]

원심은, 일반인들이 위 각 표지판이 부착된 차량을 '검찰 공무수행 차량'으로 오인하기에 충분하다는 등의 사정에 비추어 위 각 표지판이 공기호에 해당한다고 보아 공소사실을 유죄로 판단하였음

[대법원의 판단]

대법원은, 위 법리를 설시하면서, 위 각 검찰 업무표장은 검찰수사, 공판, 형의 집행부터 대외 홍보 등 검찰청의 업무 전반 또는 검찰청 업무와의 관련성을 나타내기 위한 것으로 보일 뿐, 이것이 부착된 차량은 '검찰 공무수행 차량'이라는 것을 증명하는 기능이 있다는 등 이를 통하여 증명을 하는 사항이 구체적으로 특정되어 있다거나 그 사항이 이러한 검찰 업무표장에 의하여 증명된다고 볼 근거가 없고, 일반인들이 위 각 표지판이 부착된 차량을 '검찰 공무수행 차량'으로 오인할 수 있다고 해도 위 각 검찰 업무표장이 위와 같은 증명적 기능을 갖추지 못한 이상 이를 공기호라고 할 수는 없다는 이유로, 이와 달리 판단한 원심판결을 파기·환송함

제4절 | 인장에 관한 죄

제3장 │ 사회의 도덕에 관한 죄

제6편

국가적 법익에 관한 죄

제6편 | 국가적 법익에 관한 죄

2025 해커스변호사 Law Man 형법 최근 3개년 판례정리

제1장 국가의 존립과 권위에 관한 죄

제1절 | 내란에 관한 죄
제2절 | 외환의 죄
제3절 | 국기에 관한 죄
제4절 | 국교에 관한 죄

제2장 국가의 기능에 관한 죄

제1절 | 공무원의 직무에 관한 죄

제1항 직무위배범죄

직무유기죄 관련 판례

176. 〈기간제 교원 사건〉

기간제 교원인 피고인이 기말고사 답안지를 교부받고도 무단결근하고 임기 종료 시까지 답안지와 채점결과를 학교 측에 인계하지 않은 사안에서, 학사일정상 피고인의 임기 종료일까지 기말고사 성적 처리에 대한 최종 업무를 종료할 것이 예정되어 있지 않았고, 피고인이 임기 종료 직전 2일을 무단결근한 사유에 참작할 사정이 있으며, 그 후로는 출근이나 업무 수행을 할 의무가 없음을 이유로 피고인에 대한 직무유기죄 성립을 인정한 원심판단을 파기한 사례(대판 2022.6.30. 2021도8361).

공무상비밀누설죄 관련 판례

177. 〈법원 형사수석부장판사가 법원행정처 차장에게 보고한 사건〉

Q '법령에 의한 직무상 비밀'이란 반드시 법령에 의하여 비밀로 규정되었거나 비밀로 분류 명시된 사항에 한하는가?

146 해커스변호사 law.Hackers.com

[1] 형법 제127조는 공무원 또는 공무원이었던 자가 법령에 의한 직무상 비밀을 누설하는 것을 구성요건으로 하고 있는바, 여기서 '법령에 의한 직무상 비밀'이란 반드시 법령에 의하여 비밀로 규정되었거나 비밀로 분류 명시된 사항에 한하지 아니하고, 정치, 군사, 외교, 경제, 사회적 필요에 따라 비밀로 된 사항은 물론 정부나 공무소 또는 국민이 객관적, 일반적인 입장에서 외부에 알려지지 않는 것에 상당한 이익이 있는 사항도 포함하나, 실질적으로 그것을 비밀로서 보호할 가치가 있다고 인정할 수 있는 것이어야 한다.

Q 공무상비밀누설죄의 보호법익은 무엇인가?

[2] 그리고 '누설'이란 비밀을 아직 모르는 다른 사람에게 임의로 알려주는 행위를 의미한다. 한편, 공무상비밀누설죄는 공무상 비밀 그 자체를 보호하는 것이 아니라 공무원의 비밀엄수의무의 침해에 의하여 위험하게 되는 이익, 즉 비밀누설에 의하여 위협받는 국가의 기능을 보호하기 위한 것이다.

Q 공무원이 직무상 알게 된 비밀을 그 직무와의 관련성 혹은 필요성에 기하여 해당 직무의 집행과 관련 있는 다른 공무원에게 직무집행의 일환으로 전달한 경우 공무상비밀누설죄가 성립하는가?

[3] 그러므로 공무원이 직무상 알게 된 비밀을 그 직무와의 관련성 혹은 필요성에 기하여 해당 직무의 집행과 관련 있는 다른 공무원에게 직무집행의 일환으로 전달한 경우에는, 관련 각 공무원의 지위 및 관계, 직무집행의 목적과 경위, 비밀의 내용과 전달 경위 등 제반 사정에 비추어 비밀을 전달받은 공무원이 이를 그 직무집행과 무관하게 제3자에게 누설할 것으로 예상되는 등 국가기능에 위험이 발생하리라고 볼 만한 특별한 사정이 인정되지 않는 한, 위와 같은 행위가 비밀의 누설에 해당한다고 볼 수 없다(대판 2021.11.25. 2021도2486).

[사건의 경과]
피고인들이 공모하여, A법원 형사수석부장판사인 피고인 1이 같은 법원 영장전담판사인 피고인 2, 3 등으로부터 보고받은 정보를 법원행정처 차장에게 보고하였다는 공소사실에 대하여, 공무상비밀누설죄의 성립 여부가 문제된 사안임.

[대법원의 판단]
일부 수사정보는 영장재판 과정에서 취득한 정보라고 인정하기 어렵고, 피고인들이 공소사실 기재와 같이 공모한 사실이 인정되지 않으며, 피고인 1이 법원행정처 차장에게 한 보고는 공무상 비밀의 누설행위에 해당하지 않는다고 보아 피고인들에 대한 공무상비밀누설의 점을 무죄로 판단한 원심판결을 수긍하고 검사의 상고를 기각한 사안임.

178. 〈법원장이 법원행정처 차장에게 보고한 사건〉

[1] (위 판례 [1], [2], [3]과 동일한 내용 생략)

[2] 법원장인 피고인이 소속 법원 기획법관으로 하여금 집행관사무원 비리 사건에 관하여 영장재판 정보가 포함된 보고서를 작성한 후 법원행정처 차장에게 전달하도록 한 사안에서, 위 보고서에는 외부에 알려질 경우 수사기관의 기능에 장애를 초래할 위험이 있는 비밀이 포함되어 있기는 하나, 피고인의 행위는 직무집행의 일환으로 비밀을 취득할 지위 내지 자격이 있는 법원행정처 차장에게 그 내용을 전달한 것이므로, 공무상비밀누설죄가 성립하지 않는다고 판단한 원심판결을 수긍한 사례(대판 2021.12.30. 2021도11924).

제2항 직권남용죄

179. 〈형사수석부장판사가 계속 중인 사건의 재판에 관여한 사건〉

서울중앙지방법원 형사수석부장판사로 재직하던 피고인이 계속 중인 사건의 재판에 관여하였다는 이유로 직권남용권리행사방해죄로 기소된 사안에서, 피고인의 행위는 부당하거나 부적절한 재판관여행위에 해당하나, 재판관여행위가 피고인의 일반적 직무권한에 속하는 사항에 관하여 직권을 행사하는 모습으로 이루어진 것은 아닌 점, 피고인의 재판관여행위가 담당재판장, 담당판사의 권한 행사를 방해하였다고 볼 수 없는 점, 피고인의 재판관여행위가 담당재판장, 담당판사 등에게 의무 없는 일을 하게 한 것으로 볼 수 없는 점, 피고인의 재판관여행위와 결과 사이에 상당인과관계가 인정되지 않는 점 등을 이유로 공소사실을 무죄로 판단한 원심판단을 수긍한 사례(대판 2022.4.28. 2021도11012).

180. 〈우병우 사건〉★

[1] 직권남용죄는 공무원이 일반적 직무권한에 속하는 사항에 관하여 직권의 행사에 가탁(假託)하여 실질적, 구체적으로 위법·부당한 행위를 한 경우에 성립한다. 여기에서 말하는 '**직권남용**'이란 공무원이 일반적 직무권한에 속하는 사항에 관하여 그 권한을 위법·부당하게 행사하는 것, 즉 형식적, 외형적으로는 직무집행으로 보이나 그 실질은 정당한 권한 이외의 행위를 하는 경우를 의미한다. 어떠한 직무가 **공무원의 일반적 직무권한에 속하는 사항**이라고 하기 위해서는 그에 관한 법령상 근거가 필요하다. 법령상 근거는 반드시 명문의 규정만을 요구하는 것이 아니라 명문의 규정이 없더라도 법령과 제도를 종합적, 실질적으로 살펴보아 그것이 해당 공무원의 직무권한에 속한다고 해석되고, 이것이 남용된 경우 상대방으로 하여금 사실상 의무 없는 일을 하게 하거나 권리를 방해하기에 충분한 것이라고 인정되는 경우에는 직권남용죄에서 말하는 일반적 직무권한에 포함된다. **직권의 '남용'에 해당하는지는** 구체적인 직무행위의 목적, 그 행위가 당시의 상황에서 필요성이나 상당성이 있는 것이었는지 여부, 직권 행사가 허용되는 법령상의 요건을 충족했는지 등의 여러 요소를 고려하여 결정하여야 한다.

[2] 직권남용죄에서 말하는 '사람으로 하여금 의무 없는 일을 하게 한 때'라 함은 공무원이 직권을 남용하여 다른 사람으로 하여금 법령상 의무 없는 일을 하게 한 때를 의미한다. 따라서 **공무원이 자신의 직무권한에 속하는 사항**에 관하여 실무 담당자로 하여금 그 직무집행을 보조하는 사실행위를 하도록 하더라도 이는 공무원 자신의 직무집행으로 귀결될 뿐이므로 원칙적으로 의무 없는 일을 하게 한 때에 해당한다고 할 수 없다. 그러나 **직무집행의 기준과 절차가 법령에 구체적으로 명시되어 있고 실무 담당자에게도 직무집행의 기준을 적용하고 절차에 관여할 고유한 권한과 역할이 부여되어 있다면** 실무 담당자로 하여금 그러한 기준과 절차를 위반하여 직무집행을 보조하게 한 경우에는 '의무 없는 일을 하게 한 때'에 해당한다. 공무원의 직무집행을 보조하는 실무 담당자에게 직무집행의 기준을 적용하고 절차에 관여할 고유한 권한과 역할이 부여되어 있는지 여부 및 공무원의 직권남용행위로 인하여 실무 담당자가 한 일이 그러한 기준이나 절차를 위반하여 한 것으로서 법령상 의무 없는 일인지 여부는 관련 법령 등의 내용에 따라 개별적으로 판단하여야 한다.

[3] 전 청와대 민정수석비서관인 피고인이 국가정보원 국익정보국장과 공모하여 국정원 직원들로 하여금 전 청와대 특별감찰관, 전 평창동계올림픽 조직위원장에 대한 정보를 수집하고 보고서를 작성하도록 한 사안에서 직권남용권리행사방해죄가 성립한다고 판단한 사례(대판 2021.9.16. 2021도2748).

181. 〈전 국방부장관이 530단장 불구속 송치 지시한 사건〉

전 국방부장관인 피고인이 '국군사이버사령부 530단 정치관여 등 의혹 사건'의 수사과정에서 국방부조사본부장으로부터 530단장에 대한 구속영장 신청 상황을 보고받은 후 국방부조사본부장에게 청와대 민정수석실에 구속 여부에 관한 의견을 묻게 하고 결국은 국방부조사본부장에게 530단장의 불구속 송치를 지시한 사건에서, 피고인의 국방부조사본부장에 대한 불구속 송치 지시는 피고인에게 주어진 신병처리에 관한 구체적이고 최종적인 권한 내의 행위로서 피고인은 법령이 허용하는 범위 내에서 불구속수사의 원칙 등 여러 사항을 참작하여 신병에 관한 결정을 할 수 있는 재량을 가지고 있으므로 일부 부적절한 사정을 고려하였다고 하여 그 직무행사의 목적이 위법하다고 볼 수 없고, 피고인이 피의자 신병에 관한 구체적이고 최종적인 결정권한을 행사하는 과정에서 여러 견해를 참고할 필요가 있어 국방부조사본부장에게 그에 관한 지시를 하였다고 볼 수 있어서 그 직권의 행사가 당시의 상황에 비추어 필요성이나 상당성이 없다고 단정하기 어렵다고 보아, 청와대 민정수석실에 피의자의 구속에 관한 의견을 묻게 하고 불구속 송치를 지시한 행위가 직권남용권리행사방해죄를 구성한다고 본 원심 판단을 파기·환송한 사안임(대판 2022.10.27. 2020도15105).

법정소동죄 관련 판례

---

182. 〈제138조에서의 '법원의 재판'에 '헌법재판소의 심판'도 포함된다는 판례〉★

[공소사실의 요지]

피고인은 2014. 12. 19. 10:00경 헌법재판소 대심판정에서 진행된 2013헌다1 구 통합진보당 정당해산심판 사건에서 재판을 방해할 목적으로 헌법재판소장이 심판선고를 최종적으로 마치기 이전에 심판정 전체에 들릴 정도의 고성으로, "오늘로써 헌법이 정치 자유와 민주주의를 파괴하였습니다. 민주주의를 살해한 날입니다. 역사적 심판을 받을 것입니다. 역사적 심판을 면치 못할 것입니다."라고 소리쳐 법정에서 소동하였다는 것이다.

[1] 법원의 재판 또는 국회의 심의를 방해 또는 위협할 목적으로 법정이나 국회회의장 또는 그 부근에서 모욕 또는 소동한 자를 처벌하는 형법 제138조(이하 '본조'라고 한다)의 규정은, 법원 혹은 국회라는 국가기관을 보호하기 위한 것이 아니라 법원의 재판기능 및 국회의 심의기능을 보호하기 위하여 마련된 것으로, 제정 당시 그 입법경위를 살펴보면 행정기관의 일상적인 행정업무와 차별화되는 위 각 기능의 중요성 및 신성성에도 불구하고 경찰력 등 자체적 권력집행수단을 갖추지 못한 국가기관의 한계에서 생길 수 있는 재판 및 입법기능에 대한 보호의 흠결을 보완하기 위한 것임을 알 수 있다. 이와 같은 본조의 보호법익 및 입법 취지에 비추어 볼 때 헌법재판소의 헌법재판기능을 본조의 적용대상에서 제외하는 해석이 입법의 의도라고는 보기 어렵다. 본조 제정 당시 헌법재판소가 설치되어 있지 않았고 오히려 당시 헌법재판의 핵심적 부분인 위헌법률심사 기능을 맡은 헌법위원회가 헌법상 법원의 장에 함께 규정되어 있었으며 탄핵심판 기능을 맡은 탄핵재판소 역시 본조의 적용대상인 국회의 장에 함께 규정되어 있었고, 더 나아가 1962년 제3공화국 헌법에서는 위헌법률심사와 정당해산심판 기능이 대법원 관장사항으로 규정되기까지 한 사정도 이를 뒷받침한다. 이는 본조의 적용대상으로 규정한 법원의 '재판기능'에 '헌법재판기능'이 포함된다고 보는 것이 입법 취지나 문언의 통상적인 의미에 보다 충실한 해석임을 나타낸다.

[2] 본조의 '법정'의 개념도 재판의 필요에 따라 법원 외의 장소에서 이루어지는 재판의 공간이 이에 해당하는 것과 같이(법원조직법 제56조 제2항) 법원의 사법권 행사에 해당하는 재판작용이 이루어지는 상대적, 기능적 공간 개념을 의미하는 것으로 이해할 수 있으므로, 헌법재판소의 헌법재판이 법정이 아닌 심

판정에서 이루어진다는 이유만으로 이에 해당하지 않는다고 볼 수 없다. 오히려 헌법재판소법에서 심판정을 '법정'이라고 부르기도 하고, 다른 절차에 대해서는 자체적으로 규정하고 있으면서도 심판정에서의 심판 및 질서유지에 관해서는 법원조직법의 규정을 준용하는 것은(헌법재판소법 제35조) 법원의 법정에서의 재판작용 수행과 헌법재판소의 심판정에서의 헌법재판작용 수행 사이에는 본질적인 차이가 없음을 나타내는 것으로 볼 수 있다.

[3] 결국, 본조에서의 법원의 재판에 헌법재판소의 심판이 포함된다고 보는 해석론은 문언이 가지는 가능한 의미의 범위 안에서 그 입법 취지와 목적 등을 고려하여 문언의 논리적 의미를 분명히 밝히는 체계적 해석에 해당할 뿐, 피고인에게 불리한 확장해석이나 유추해석이 아니라고 볼 수 있다(대판 2021.8.26. 2020도12017).

제3항 뇌물죄

뇌물수수죄 관련 판례

183. 〈공무원이 공무원이 아닌 사람과 공모하여 금품을 수수한 사건〉

Q 수뢰죄에서 그 금품의 수수가 수회에 걸쳐 이루어졌고 각 수수 행위별로 직무 관련성 유무를 달리 볼 여지가 있는 경우에는 그 행위마다 직무와의 관련성 여부를 가릴 필요가 있는가?

뇌물죄에서의 수뢰액은 그 많고 적음에 따라 범죄구성요건이 되므로 엄격한 증명의 대상이 된다. 이때 공무원이 수수한 금품에 그 직무행위에 대한 대가로서의 성질과 직무 외의 행위에 대한 대가로서의 성질이 불가분적으로 결합되어 있는 경우에는 그 수수한 금품 전부가 불가분적으로 직무행위에 대한 대가로서의 성질을 가진다. 다만 그 금품의 수수가 수회에 걸쳐 이루어졌고 각 수수 행위별로 직무 관련성 유무를 달리 볼 여지가 있는 경우에는 그 행위마다 직무와의 관련성 여부를 가릴 필요가 있다. 그리고 공무원이 아닌 사람과 공무원이 공모하여 금품을 수수한 경우에도 각 수수자가 수수한 금품별로 직무 관련성 유무를 달리 볼 수 있다면, 각 금품마다 직무와의 관련성을 따져 뇌물성을 인정하는 것이 책임주의 원칙에 부합한다(대판 2024.3.12. 2023도17394).

[사실관계]
공무원으로 간주되는 도시개발조합장인 피고인 1과 공무원이 아닌 피고인 2가 공모하여 뇌물을 수수하였다고 기소된 사안임

[원심의 판단]
원심은, 피고인들이 수수한 돈에 피고인 1의 직무행위에 대한 대가로서의 성질과 직무 외의 행위에 대한 대가로서의 성질이 불가분적으로 결합되어 있어 수수한 금품 전부가 뇌물에 해당한다고 판단하였음

[대법원의 판단]
대법원은, 뇌물 가액 산정에 있어 각 수수자가 수수한 금품별로 직무 관련성 유무를 달리 볼 수 있다면 각 금품마다 직무와의 관련성을 따져 뇌물성을 인정하여야 한다는 법리를 설시하면서, 피고인들이 공모하여 수수한 금품 중 일부는 피고인 1의 직무와 직접 관련이 없어 수수한 금품 전부를 피고인 1의 직무행위에 대한 대가라고 보기 어렵다고 보아, 이와 달리 판단한 원심을 파기·환송함

184. 〈수뢰후부정처사죄의 포괄일죄 사건〉★

Q 수뢰후부정처사죄가 성립하기 위해서는 반드시 뇌물수수 등의 행위가 완료된 이후에 부정한 행위가 이루어져야 하는가?

[1] 수뢰후부정처사죄를 정한 형법 제131조 제1항은 공무원 또는 중재인이 형법 제129조(수뢰, 사전수뢰) 및 제130조(제3자뇌물제공)의 죄를 범하여 부정한 행위를 하는 것을 구성요건으로 하고 있다. 여기에서 '형법 제129조 및 제130조의 죄를 범하여'란 반드시 뇌물수수 등의 행위가 완료된 이후에 부정한 행위가 이루어져야 함을 의미하는 것은 아니고, 결합범 또는 결과적 가중범 등에서의 기본행위와 마찬가지로 뇌물수수 등의 행위를 하는 중에 부정한 행위를 한 경우도 포함하는 것으로 보아야 한다.

[2] 따라서 단일하고도 계속된 범의 아래 일정 기간 반복하여 일련의 뇌물수수 행위와 부정한 행위가 행하여졌고 그 뇌물수수 행위와 부정한 행위 사이에 인과관계가 인정되며 피해법익도 동일하다면, 최후의 부정한 행위 이후에 저질러진 뇌물수수 행위도 최후의 부정한 행위 이전의 뇌물수수 행위 및 부정한 행위와 함께 수뢰후부정처사죄의 포괄일죄로 처벌함이 타당하다(대판 2021.2.4. 2020도12103).

제2절 | 공무집행방해죄

185. 〈시청청사 내 주민생활복지과 사무실 소란 사건〉

[사실관계]
시청 청사 내 주민생활복지과 사무실에 술에 취한 상태로 찾아가 소란을 피우던 피고인을 소속 공무원 갑과 을이 제지하며 밖으로 데리고 나가려 하자, 피고인이 갑과 을의 멱살을 잡고 수회 흔든 다음 휴대전화를 휘둘러 갑의 뺨을 때렸다.

Q 형법 제136조 제1항에 규정된 공무집행방해죄에서 '직무를 집행하는'의 범위는 어떠한가?

[1] 형법 제136조 제1항에 규정된 공무집행방해죄에서 '직무를 집행하는'이란 공무원이 직무수행에 직접 필요한 행위를 현실적으로 행하고 있는 때만을 가리키는 것이 아니라 공무원이 직무수행을 위하여 근무 중인 상태에 있는 때를 포괄하고, 직무의 성질에 따라서는 그 직무수행의 과정을 개별적으로 분리하여 부분적으로 각각의 개시와 종료를 논하는 것이 부적절하고 여러 종류의 행위를 포괄하여 일련의 직무수행으로 파악하는 것이 타당한 경우가 있다.

Q 공무집행이 적법하기 위한 요건은 무엇인가?

[2] 공무집행방해죄는 공무원의 적법한 공무집행이 전제되어야 하고, **공무집행이 적법하기 위해서는 그 행위가 공무원의 추상적 직무 권한에 속할 뿐만 아니라 구체적으로 그 권한 내에 있어야 하며, 직무행위로서 중요한 방식을 갖추어야 한다.** 추상적인 권한은 반드시 법령에 명시되어 있을 필요는 없다. 추상적인 권한에 속하는 공무원의 어떠한 공무집행이 적법한지는 **행위 당시의 구체적 상황에 기초를 두고 객관적·합리적으로 판단해야 하고**, 사후적으로 순수한 객관적 기준에서 판단할 것은 아니다.

Q 위와 같은 사실관계를 전제로 할 때 피고인에게 공무집행방해죄가 성립하는가?

[3] 시청 청사 내 주민생활복지과 사무실에 술에 취한 상태로 찾아가 소란을 피우던 피고인을 소속 공무원 갑과 을이 제지하며 밖으로 데리고 나가려 하자, 피고인이 갑과 을의 멱살을 잡고 수회 흔든 다음 휴대전화를 휘둘러 갑의 뺨을 때림으로써 시청 공무원들의 주민생활복지에 대한 통합조사 및 민원 업무에 관한 정당한 직무집행을 방해하였다는 공소사실로 기소된 사안에서, 피고인의 행위는 시청 소속 공무원들의 적법한 직무집행을 방해한 행위에 해당하므로 공무집행방해죄를 구성한다고 한 사례(대판 2022.3.17. 2021도13883).

[사건의 경과]
시청청사 내 주민생활복지과 사무실에서 소란을 피우던 피고인을 민원 담당 공무원이 제지하며 사무실 밖으로 데리고 나가려고 하자 피고인이 담당 공무원을 폭행하여, 공무집행방해 등 혐의로 기소된 사안임.

[원심의 판단]
원심은 피고인을 사무실 밖으로 데리고 나간 공무원의 행위가 주민생활복지에 대한 통합조사 및 민원업무에 관한 직무라는 추상적 권한에 포함되거나 구체적 직무집행에 관한 법률상 요건과 방식을 갖춘 적법한 직무집행에 해당한다고 볼 증거가 없다는 이유로, 주위적 공소사실인 공무집행방해 부분을 무죄로 판단하였음.

[대법원의 판단]
대법원은, 피고인의 욕설과 소란으로 인해 정상적인 민원 상담이 이루어지지 아니하고 다른 민원 업무 처리에 장애가 발생하는 상황이 지속되자 피고인을 사무실 밖으로 데리고 나간 공무원의 행위는 민원 안내 업무와 관련된 일련의 직무수행으로 포괄하여 파악하여야 하고, 담당 공무원이 피고인을 사무실 밖으로 데리고 나가는 과정에서 피고인의 팔을 잡는 등 다소의 물리력을 행사하였다고 하더라도 이는 피고인의 불법행위를 사회적 상당성이 있는 방법으로 저지한 것에 불과하므로 위법하다고 볼 수 없다고 판단하여, 공무집행방해죄가 성립한다고 보아 원심판결을 파기환송함.

위계에 의한 공집방 관련 판례

186. 〈녹음·녹화 등을 할 수 있는 전자장비를 교정시설 안으로 반입한 사건〉★

[1] 법령에서 일정한 행위를 금지하면서 이를 위반하는 행위에 대한 벌칙을 정하고 공무원으로 하여금 금지규정의 위반 여부를 감시·단속하도록 한 경우 공무원에게는 금지규정 위반행위의 유무를 감시하여 확인하고 단속할 권한과 의무가 있으므로 구체적이고 현실적으로 감시·단속 업무를 수행하는 공무원에 대하여 위계를 사용하여 업무집행을 못하게 하였다면 위계에 의한 공무집행방해죄가 성립하지만, 단순히 공무원의 감시·단속을 피하여 금지규정을 위반한 것에 지나지 않는다면 그에 대하여 벌칙을 적용하는 것은 별론으로 하고 그 행위가 위계에 의한 공무집행방해죄에 해당한다고 할 수 없다. 피고인이 금지규정을 위반하여

감시·단속을 피하는 것을 공무원이 적발하지 못하였다면 이는 공무원이 감시·단속이라는 직무를 소홀히 한 결과일 뿐 위계로 공무집행을 방해한 것이라고 볼 수 없다.

[2] 구 형집행법의 관련 규정의 내용과 입법취지 등을 종합하면, 녹음·녹화 등을 할 수 있는 전자장비가 교정시설의 안전 또는 질서를 해칠 우려가 있는 금지물품에 해당하여 반입을 금지할 필요가 있다면 교도관은 교정시설 등의 출입자와 반출·반입 물품을 검사·단속해야 할 일반적인 직무상 권한과 의무가 있으므로 수요자가 아닌 사람이 금지물품을 교정시설 내로 반입하였다면 교도관의 검사·단속을 피하여 단순히 금지규정을 위반하는 행위를 한 것일 뿐 이로써 위계에 의한 공무집행방해죄가 성립한다고 할 수는 없다고 보아, 이 부분 공소사실을 무죄로 판단한 원심을 유지하고 검사의 상고를 기각한 사안(대판 2022.3.31. 2018도15213, 동지 대판 2022.4.28. 선고 2020도8030).

187. 〈집사변호사 사건〉★★

[사실관계]
피고인은 2016. 11. 24. 구속되어 서울구치소에 수감된 후에, 소위 '집사변호사'를 고용하여 변호인 접견을 가장하여 개인적인 연락업무를 하고 회사 운영 서류를 수수하기로 마음먹고 A 변호사를 '집사변호사'로 고용하여 위와 같은 행위를 하였다.

Q 변호인 또는 변호인이 되려는 자의 접견교통권은 제한할 수 없는가?

[1] 변호인 또는 변호인이 되려는 자의 접견교통권은 신체구속제도 본래의 목적을 침해하지 아니하는 범위 내에서 행사되어야 하므로, 변호인 또는 변호인이 되려는 자가 구체적인 시간적·장소적 상황에 비추어 현실적으로 보장할 수 있는 한계를 벗어나 피고인 또는 피의자를 접견하려고 하는 것은 정당한 접견교통권의 행사에 해당하지 아니하여 허용될 수 없다. 다만 접견교통권이 그와 같은 한계를 일탈한 것이어서 허용될 수 없다고 판단할 때에는 신체구속을 당한 사람의 헌법상 기본적 권리인 변호인의 조력을 받을 권리의 본질적인 내용이 침해되는 일이 없도록 신중을 기하여야 한다.

Q 피고인의 변호인 접견교통권 행사가 한계를 일탈한 규율위반행위에 해당하는 경우에는 위계공무집행방해죄의 '위계'에 해당하는가?

[2] 한편 피고인의 변호인 접견교통권 행사가 한계를 일탈한 규율위반행위에 해당하더라도 그 행위가 위계공무집행방해죄의 '위계'에 해당하려면 행위자가 상대방에게 오인, 착각, 부지를 일으키게 하여 그 오인, 착각, 부지를 이용함으로써 상대방이 이에 따라 그릇된 행위나 처분을 하여야만 한다. 만약 그러한 행위가 구체적인 직무집행을 저지하거나 현실적으로 곤란하게 하는 데까지는 이르지 않은 경우에는 위계에 의한 공무집행방해죄로 처벌할 수 없다.

Q 위와 같은 사실관계를 전제로 할 때 피고인에게 위계공무집행방해죄가 성립하는가?

[3] 접견변호사들이 미결수용자인 피고인의 개인적인 업무나 심부름을 위해 접견신청행위를 한 후 피고인과 소송서류 이외의 서류를 주고받고 피고인의 개인적인 연락업무 등을 수행한 것이 교도관들에 대한 위계에 해당한다거나 그로 인해 교도관의 직무집행이 구체적이고 현실적으로 방해되었다고 할 수 없으므로, **피고인이 지시한 접견이 접견교통권의 남용에 해당할 수는 있겠지만 위계공무집행방해죄를 구성하지는 않는다**(대판 2022.6.30. 2021도244).

[원심의 판단]

원심은, 피고인이 미결수용 중에 이른바 '집사변호사'를 고용한 후 변호인 접견을 가장하여 형사사건 변호활동이 아닌 개인 업무 처리 등을 하게 한 행위가 위계공무집행방해죄에 해당한다고 판단하였음

[대법원의 판단]

그러나 대법원은, 접견변호사들이 미결수용자인 피고인의 개인적인 업무나 심부름을 위해 접견신청행위를 한 후 피고인과 소송서류 이외의 서류를 주고받고 피고인의 개인적인 연락업무 등을 수행한 것이 교도관들에 대한 위계에 해당한다거나 그로 인해 교도관의 직무집행이 구체적이고 현실적으로 방해되었다고 할 수 없으므로, 피고인이 지시한 접견이 접견교통권의 남용에 해당할 수는 있겠지만 위계공무집행방해죄를 구성하지는 않는다고 판단하여, 원심판결 중 유죄 부분을 파기환송하였음

188. 〈시의회 의장 선거 사건〉

Q 위계에 의한 공무집행방해죄에서 구체적인 공무집행을 저지하거나 현실적으로 곤란하게 하는 데까지는 이르지 아니하고 미수에 그친 경우에도 위계에 의한 공무집행방해죄로 처벌할 수 있는가?

[1] 위계에 의한 공무집행방해죄에 있어서 위계란 행위자의 행위목적을 이루기 위하여 상대방에게 오인, 착각, 부지를 일으키게 하여 그 오인, 착각, 부지를 이용하는 것을 말하는 것으로 상대방이 이에 따라 그릇된 행위나 처분을 하여야만 이 죄가 성립하는 것이고, 만약 범죄행위가 구체적인 공무집행을 저지하거나 현실적으로 곤란하게 하는 데까지는 이르지 아니하고 미수에 그친 경우에는 위계에 의한 공무집행방해죄로 처벌할 수 없다.

[2] 피고인들 등은 甲 정당 소속 시(市)의회 의원으로서 시의회 의장선거를 앞두고 개최된 甲 정당 의원총회에서 乙을 의장으로 선출하기로 합의한 다음, 합의 내용의 이행을 확보하고 이탈표 발생을 방지하기 위하여 공모에 따라 피고인별로 미리 정해 둔 투표용지의 가상의 구획 안에 '乙'의 이름을 각각 기재하는 방법으로 투표하여 乙이 의장으로 당선되게 함으로써, 무기명·비밀투표 권한을 가진 丙 등 공모하지 않은 의원들의 직무집행을, 투·개표 업무에 관한 감표위원 丁 등의 직무집행을, 무기명투표 원칙에 따라 의장선거를 진행하는 사무국장의 직무집행을 각각 방해하였다는 내용으로 기소된 사안에서, 공소사실 중 감표위원들과 사무국장에 대한 위계에 의한 공무집행방해죄를 인정한 원심판단은 정당하나, 공모하지 않은 의원들에 대한 위계에 의한 공무집행방해죄를 인정한 원심판단은 수긍하기 어렵다고 한 사례(대판 2024.3.12. 2023도7760).

제3절 | 도주와 범인은닉의 죄

189. 〈법정구속 사건 〉

법원이 선고기일에 피고인에 대하여 실형을 선고하면서 구속영장을 발부하는 경우 검사가 법정에 재정하여 법원으로부터 구속영장을 전달받아 집행을 지휘하고, 그에 따라 피고인이 피고인 대기실로 인치되었다면 다른 특별한 사정이 없는 한 피고인은 형법 제145조 제1항의 '법률에 의하여 체포 또는 구금된 자'에 해당한다. 그 이유는 다음과 같다.

⑺ 형사소송법은 재판의 집행 일반에 관하여 재판의 성질상 법원 또는 법관이 지휘할 경우를 제외하면 재판을 한 법원에 대응한 검찰청 검사가 지휘한다고 정하면서(제460조 제1항), 구속영장(제81조 제1항 본문, 제209조), 체포영장(제81조 제1항 본문, 제200조의6), 압수·수색·검증영장(제115조 제1항 본문, 제219조)의 집행 등에 관하여도 검사의 지휘에 의하여 집행한다고 규정하고 있다. 따라서 검사가 법정에서 법원으로부터 구속영장을 전달받아 교도관 등으로 하여금 피고인을 인치하도록 하였다면 집행절차가 적법하게 개시되었다고 볼 수 있다.

⑻ 구속영장의 집행을 통하여 최종적으로 피고인에 대한 신병을 인계받아 구금을 담당하는 교도관이 법정에서 곧바로 피고인에 대한 신병을 확보하였다면 구속의 목적이 적법하게 달성된 것으로 볼 수 있다.

⑼ 구속영장 발부, 구속영장 집행, 구금 등 모든 과정이 공개된 법정 및 법관의 면전에서 이루어졌다면 특별한 사정이 없는 한, 피고인의 방어권이나 절차적 권리 및 신체의 자유가 침해될 만한 위법이 있다고 평가하기 어렵다(대판 2023.12.28. 2020도12586).

제4절 ㅣ 위증과 증거인멸의 죄

위증죄 관련 판례

190. 〈공범인 공동피고인의 소송절차가 분리된 사건〉

Q 공범인 공동피고인이 소송절차가 분리되어 피고인의 지위에서 벗어나게 되면 다른 공동피고인에 대한 공소사실에 관하여 증인이 될 수 있는가?

[1] 헌법 제12조 제2항은 '모든 국민은 형사상 자기에게 불리한 진술을 강요당하지 아니한다'고 규정하고 있고, 형사소송법 제283조의2 제1항도 "피고인은 진술하지 아니하거나 개개의 질문에 대하여 진술을 거부할 수 있다."라고 규정하고 있으므로, 공범인 공동피고인은 당해 소송절차에서는 피고인의 지위에 있어 다른 공동피고인에 대한 공소사실에 관하여 증인이 될 수 없으나, 소송절차가 분리되어 피고인의 지위에서 벗어나게 되면 다른 공동피고인에 대한 공소사실에 관하여 증인이 될 수 있다(대법원 2008. 6. 26. 선고 2008도3300 판결 등 참조).

Q 소송절차가 분리된 공범인 공동피고인에 대하여 증인적격을 인정하고 그 자신의 범죄사실에 대하여 신문한다면 피고인으로서의 진술거부권 내지 자기부죄거부특권을 침해한다고 할 수 있는가?

[2] 한편 형사소송법 제148조는 피고인의 자기부죄거부특권을 보장하기 위하여 자기가 유죄판결을 받을 사실이 발로될 염려 있는 증언을 거부할 수 있는 권리를 인정하고 있고, 그와 같은 증언거부권 보장을 위하여 형사소송법 제160조는 재판장이 신문 전에 증언거부권을 고지하여야 한다고 규정하고 있으므로, 소송절차가 분리된 공범인 공동피고인에 대하여 증인적격을 인정하고 그 자신의 범죄사실에 대하여 신문한다 하더라도 피고인으로서의 진술거부권 내지 자기부죄거부특권을 침해한다고 할 수 없다.

[3] 따라서 증인신문절차에서 형사소송법 제160조에 정해진 증언거부권이 고지되었음에도 불구하고 위와 같이 증인적격이 인정되는 피고인이 자기의 범죄사실에 대하여 증언거부권을 행사하지 아니한 채 허위로 진술하였다면 위증죄가 성립된다고 할 것이다(대법원 2012. 10. 11. 선고 2012도6848, 2012전도143 판결 참조)(대판 2024.2.29. 2023도7528).

[사실관계]

공범인 공동피고인의 지위에 있는 피고인들이 소송절차가 분리된 상태에서 증언거부권을 고지 받았음에도 증인으로서 선서한 뒤 자기의 범죄사실에 관한 검사의 질문에 대하여 증언거부권을 행사하지 않고 진술을 한 사안임

[원심의 판단]

원심은, 소송절차가 분리된 공범인 공동피고인은 다른 공범인 공동피고인에 대한 공소사실에 관하여 증인이 될 수 있으나, 증인이 되더라도 자신의 범죄사실에 관련한 질문에 대하여는 피고인의 지위는 여전히 계속되고 그러한 지위는 증인의 지위보다 우선적이므로 피고인이 자신의 방어권 범위 내에서 허위 진술을 하였더라도 위증죄로 처벌할 수 없다고 판단하였음

[대법원의 판단]

대법원은, 위와 같은 법리를 설시하면서, 피고인들이 증언거부권을 고지 받았음에도 증언거부권을 행사하지 아니한 채 허위의 진술을 하였다면, 자신의 범죄사실에 대하여 증인으로서 신문을 받았더라도 피고인으로서의 진술거부권 내지 자기부죄거부특권 등이 침해되었다고 할 수 없어 위증죄가 성립한다고 보아, 피고인들의 증언이 허위의 진술에 해당하는지 여부에 대하여 아무런 판단을 하지 않은 원심을 파기·환송함

증거위조 관련 판례

191. 〈입금확인증 사건〉★★

[사건 개요]

(1) 변호사 A씨는 2018년 의뢰인 B씨로부터 "(항소심 형사재판에서) 감형을 받기 위한 방안을 마련해달라"는 요청을 받았다. B씨는 지방자치단체에서 발주하는 공사를 C사가 수주할 수 있도록 알선해주는 대가로 3억5600만원을 받은 혐의로 기소돼 1심에서 징역 2년 및 추징금 3억5600만원을 선고 받은 상태였다.

(2) B씨 사건을 항소심 단계에서 수임한 A씨는 "C사에서 받은 돈을 반환한 것으로 하면 감형을 받을 수 있다"며 "반환할 돈이 없으니, C사 측에 돈을 입금한 후 다시 돌려받는 방법이 있다"고 조언했다. B씨는 A씨의 말대로 C사에 돈을 입금한 뒤 다른 계좌로 돌려받았고, 이때 만들어진 입금자료(영수증)를 A씨에게 전달했다. 결과적으로 B씨가 C사에 돈을 반환한 것은 아니고, 송금 영수증만 남은 것이다. 이후 A씨는 항소심 재판부에 "B씨가 알선대가로 받은 돈을 반환했으니 감형 받아야 한다"고 주장했고, 항소심은 이를 토대로 B씨의 형량을 6개월 감형해 징역 1년 6개월을 선고했다.

(3) 검찰은 A씨의 이같은 행위가 증거위조죄 등에 해당한다며 A씨를 기소했다.

Q 증거위조죄에서의 '증거'에 양형자료가 포함되는가?

[1] 형법 제155조 제1항의 증거위조죄에서 말하는 '증거'란 타인의 형사사건 또는 징계사건에 관하여 수사기관이나 법원 또는 징계기관이 국가의 형벌권 또는 징계권의 유무를 확인하는 데 관계있다고 인정되는 일체의 자료를 뜻한다. 따라서 범죄 또는 징계사유의 성립 여부에 관한 것뿐만 아니라 형 또는 징계의 경중에 관계있는 정상을 인정하는 데 도움이 될 자료까지도 본조가 규정한 증거에 포함된다.

Q 위와 같은 사건 개요를 전제로 할 때 피고인에게 증거위조죄가 성립하는가?

[2] 형법 제155조 제1항은 타인의 형사사건 또는 징계사건에 관한 증거를 인멸, 은닉, 위조 또는 변조하거나 위조 또는 변조한 증거를 사용한 자를 처벌하고 있고, 여기서의 '위조'란 문서에 관한 죄의 위조 개념과는 달리 새로운 증거의 창조를 의미한다. 그러나 사실의 증명을 위해 작성된 문서가 그 사실에 관한 내용이나 작성명의 등에 아무런 허위가 없다면 '증거위조'에 해당한다고 볼 수 없다. 설령 사실증명에 관한 문서가 형사사건 또는 징계사건에서 허위의 주장에 관한 증거로 제출되어 그 주장을 뒷받침하게 되더라도 마찬가지이다(대판 2021.1.28. 2020도2642).

[제1심과 원심의 판단]

1심은 "A씨는 자신이 담당한 형사사건에 대한 양형자료를 허위로 만든 것"이라며 "명백하게 증거조작에 해당한다"며 A씨에게 징역 10개월을 선고했다. 2심도 "허위 입출금표가 감형사유로 사용될 것이란 점을 A씨가 잘 알고 있었다"며 A씨의 항소를 기각하고 1심을 유지했다.

[대법원에서의 쟁점]

① 증거위조죄에서의 '증거'에 양형자료가 포함되는지

② 허위 주장을 하기 위해서 내용상 허위가 없는 문서를 만든 것도 '증거 위조'에 해당하는지

[대법원의 판단]

① 형법상 증거위조죄가 규정한 증거에는 범죄 또는 징계사유의 성립 여부에 관한 것 뿐만 아니라 형 또는 징계의 경중에 인정하는데 도움이 될 자료까지 포함된다. 따라서 증거위조죄의 '증거'에는 양형자료가 포함된다.

② "증거의 위조란 '증거방법의 위조'를 의미한다"며 "증거 그 자체에 아무런 허위가 없다면, 허위 외관을 꾸며내기 위해 만들었다거나, 허위 사실을 입증할 목적으로 만들어졌다고 하더라도 증거의 '위조'에는 해당하지 않는다"

③ "증거 자체에 아무런 허위가 없더라도, 허위 사실을 입증하는 수단으로 사용하는 행위는 비난받아 마땅하지만, 이같은 행위를 처벌하는 별도의 구성요건이 없는 한 이를 형법상 증거위조죄로 처벌하는 것은 죄형법정주의 원칙상 허용되지 않는다".

④ "A씨가 법원에 제출한 입금확인증은 해당 일시에 금원을 C사에 송금했다는 내용의 문서이고, 내용이나 작성명의에 아무런 허위가 없는 이상 A씨의 행위를 '증거의 위조행위'로 볼 수 없고, '위조한 증거의 사용행위'라고도 볼 수 없다".

제5절 | 무고의 죄

무고죄의 고의 관련 판례

192. 〈'국민신문고' 사건〉

Q 신고자가 진실하다는 확신 없는 사실을 신고하는 경우 무고죄에 대한 고의가 인정될 수 있는가?

[1] 무고죄는 타인으로 하여금 형사처분이나 징계처분을 받게 할 목적으로 신고한 사실이 객관적 진실에 반하는 허위사실인 경우에 성립한다. 무고죄의 범의는 반드시 확정적 고의일 필요가 없고 미필적 고의로

도 충분하므로, <u>신고자가 허위라고 확신한 사실을 신고한 경우뿐만 아니라 진실하다는 확신 없는 사실을</u>
<u>신고하는 경우에도 그 범의를 인정할 수 있다.</u>

Q 신고자가 허위 내용임을 알면서도 신고하였다면, 그 목적이 필요한 조사를 해 달라는 데에 있다고 하는
경우에도 무고죄에 대한 고의가 인정될 수 있는가?

[2] 또한 무고죄에서 형사처분을 받게 할 목적은 허위신고를 하면서 다른 사람이 그로 인하여 형사처분을
받게 될 것이라는 인식이 있으면 충분하고 그 결과의 발생을 희망할 필요까지는 없으므로, <u>신고자가 허위</u>
<u>내용임을 알면서도 신고한 이상 그 목적이 필요한 조사를 해 달라는 데에 있다는 등의 이유로 무고의 범의가</u>
<u>없다고 할 수 없다.</u>

Q 신고자가 무조건 자신의 주장이 옳다고 생각하는 경우 무고죄에 대한 고의가 인정될 수 있는가?

[3] 또한 신고자가 알고 있는 객관적인 사실관계에 의하더라도 신고사실이 허위라거나 또는 허위일 가능
성이 있다는 인식을 하지 못하였다면 무고의 고의를 부정할 수 있으나, <u>이는 알고 있는 객관적 사실관계에</u>
<u>의하여 신고사실이 허위라거나 허위일 가능성이 있다는 인식을 하면서도 그 인식을 무시한 채 무조건 자신</u>
<u>의 주장이 옳다고 생각하는 경우까지 포함하는 것은 아니다.</u>
[4] 피고인이 국민권익위원회 운영의 국민신문고 홈페이지에 '약사가 무자격자인 종업원으로 하여금 불특
정 다수의 환자들에게 의약품을 판매하도록 지시하거나 실제로 자신에게 의약품을 판매하였다'는 등의 내
용으로 제기한 민원의 내용이 객관적 사실관계에 반하는 허위사실임이 확인되고, 그러한 민원 제기에는 미
필적으로나마 그 내용이 허위이거나 허위일 가능성을 인식한 무고의 고의가 있었다고 보아, 유죄를 인정한
원심판단을 수긍한 사례(대판 2022.6.30. 2022도3413).

193. 〈피해자임을 주장하는 사람이 성폭행 등의 피해를 입었다고 신고한 사건〉

Q 무고죄가 성립하기 위해서는 신고한 사실이 객관적 진실에 반하는 허위사실이라는 요건은 적극적 증명이
있어야 하는가?

Q 신고내용 중 일부 객관적 진실에 반하는 내용이 포함되어 있다고 하더라도 그것이 단지 신고사실의 정황을
과장하는 데 불과하다면 무고죄가 성립하는가?

[1] 무고죄는 타인으로 하여금 형사처분이나 징계처분을 받게 할 목적으로 신고한 사실이 객관적인 진실
에 반하는 허위사실인 경우에 성립하는 범죄이므로, 신고한 사실이 객관적 진실에 반하는 허위사실이라
는 요건은 적극적 증명이 있어야 하고 신고사실의 진실성을 인정할 수 없다는 소극적 증명만으로 곧 그
신고사실이 객관적 진실에 반하는 허위의 사실이라 단정하여 무고죄의 성립을 인정할 수는 없으며, 신고
내용 중 일부 객관적 진실에 반하는 내용이 포함되어 있다고 하더라도 그것이 범죄의 성부에 영향을 미치
는 중요한 부분이 아니고 단지 신고사실의 정황을 과장하는 데 불과하다면 무고죄는 성립하지 않는다.
또한 객관적 사실관계를 그대로 신고한 이상 그러한 사실관계를 토대로 한 나름대로의 주관적 법률평가
를 잘못하고 이를 신고하였다고 하여 그 사실만 가지고 허위의 사실을 신고한 것에 해당한다고 할 수는
없다.

Q 개별적, 구체적인 성폭행 사건에서 성폭행 등의 피해자가 처하여 있는 특별한 사정을 충분히 고려하여야 하는가?

[2] 한편 성폭행이나 성희롱 사건의 피해자가 피해사실을 알리고 문제를 삼는 과정에서 오히려 피해자가 부정적인 여론이나 불이익한 처우 및 신분 노출의 피해 등을 입기도 하여 온 점 등에 비추어 보면, 성폭행 피해자의 대처 양상은 피해자의 성정이나 가해자와의 관계 및 구체적인 상황에 따라 다르게 나타날 수밖에 없다. 따라서 개별적, 구체적인 사건에서 성폭행 등의 피해자가 처하여 있는 특별한 사정을 충분히 고려하지 않은 채 피해자 진술의 증명력을 가볍게 배척하는 것은 정의와 형평의 이념에 입각하여 논리와 경험의 법칙에 따른 증거판단이라고 볼 수 없다.

[3] 위와 같은 법리는, 피해자임을 주장하는 사람이 성폭행 등의 피해를 입었다고 신고한 사실에 대하여 증거불충분 등을 이유로 불기소처분되거나 무죄판결이 선고된 경우 반대로 이러한 신고내용이 객관적 사실에 반하여 무고죄가 성립하는지 여부를 판단할 때에도 마찬가지로 고려되어야 한다. 따라서 개별적, 구체적인 사건에서 피해자임을 주장하는 사람이 처하였던 특별한 사정을 충분히 고려하지 아니한 채 진정한 피해자라면 마땅히 이렇게 하였을 것이라는 기준을 내세워 성폭행 등의 피해를 입었다는 점 및 신고에 이르게 된 경위 등에 관한 변소를 쉽게 배척하여서는 아니 된다(대판 2024.5.30. 2021도2656).

[사건의 경과]

피고인이 '피무고자가 2001. 12.경 논술지도를 빙자하여 당시 고등학교 2학년인 피고인을 강간하여 상해를 입히는 등 그 무렵부터 2017. 8.경까지 피고인을 상습으로 강간하였고, 피고인의 의사에 반하여 피고인의 나체나 성관계 모습을 촬영하였으며, 피고인으로부터 거액을 갈취하였다'는 내용으로 피무고자를 허위 고소하였다는 무고로 기소된 사안임

[원심의 판단]

원심은, 피고인이 작성한 일기, 이메일이나 피무고자 사이에 주고받은 문자메시지, 촬영된 사진이나 동영상 등을 근거로, 피고인과 피무고자가 연인관계이고 피고인과 피무고자의 성관계 등은 모두 합의에 의한 것이라는 이유로 이를 유죄로 판단하였음

[대법원의 판단]

대법원은 위와 같은 법리를 설시하면서, 피고인과 피무고자 사이에 애초에 형성된 관계, 피고인이 피무고자와 최초에 성관계를 가지게 된 경위와 내용, 이후 피무고자와 사이에 유지된 관계의 내용, 피고인이 피무고자와 헤어지기로 한 다음 피고인의 사진이나 동영상 유출과 같은 협박 등 피무고자가 보인 태도, 피고인이 피무고자 사이에서 오랜 기간 처해있었던 특별한 사정과 이에 대한 피고인의 구체적이고 일관된 진술 등에 비추어 볼 때, 피고인의 고소사실이 객관적 진실에 반하는 허위사실이라는 점에 대한 적극적 증명이 이루어졌다고 보기 어렵다고 보아, 이와 달리 공소사실을 유죄로 판단한 원심을 파기·환송함

194. 〈항소이유서에서 자백한 사건〉★

Q 무고죄의 자백의 특례가 적용되는 자백에는 무고 사건의 피고인 또는 피의자로서 법원이나 수사기관에서의 신문에 의한 자백도 포함되는가?

[1] 형법 제157조, 제153조는 무고죄를 범한 자가 그 신고한 사건의 재판 또는 징계처분이 확정되기 전에 자백 또는 자수한 때에는 형을 감경 또는 면제한다고 하여 이러한 재판확정 전의 자백을 필요적 감경 또는 면제사유로 정하고 있다. 위와 같은 자백의 절차에 관해서는 아무런 법령상의 제한이 없으므로 그가 신고한 사건을 다루는 기관에 대한 고백이나 그 사건을 다루는 재판부에 증인으로 다시 출석하여 전에 그가 한 신고가 허위의 사실이었음을 고백하는 것은 물론 무고 사건의 피고인 또는 피의자로서 법원이나 수사기관에서의 신문에 의한 고백 또한 자백의 개념에 포함된다.

Q 형법 제153조에서 정한 '재판이 확정되기 전'에는 불기소결정이 내려져 재판절차가 개시되지 않은 경우도 포함되는가?

[2] 형법 제153조에서 정한 '재판이 확정되기 전'에는 피고인의 고소 사건 수사결과 피고인의 무고 혐의가 밝혀져 피고인에 대한 공소가 제기되고 피고소인에 대해서는 불기소결정이 내려져 재판절차가 개시되지 않은 경우도 포함된다(대판 2021.1.14. 2020도13077).

[판결이유 중 일부 인용]

(1) 피고인은 공소외인을 특수상해의 범죄사실로 고소하였는데, 위 고소 사건의 수사과정에서 피고인의 무고 혐의가 드러나 이 사건 공소가 제기되었다.

(2) 대전지방검찰청 검사는 위 고소 사건에서 공소외인에 대하여 불기소 처분을 했다. 피고인이 이에 불복하여 대전고등검찰청에 항고를 했으나 받아들여지지 않았다. 피고인은 대전고등법원에 재정신청을 했으나 받아들여지지 않았고, 2020. 3. 19. 대법원에 재항고를 하여 계속 중이다(대법원 2020모849).

(3) 피고인은 제1심에서 이 사건 공소사실을 부인하였지만 제1심의 유죄판결에 대하여 양형부당을 이유로 항소하면서 재항고가 진행 중인 2020. 6. 16. **원심 제1회 공판기일에서 양형부당의 항소 취지와 이 사건 공소사실을 모두 인정한다는 취지가 기재된 항소이유서를 진술**하였다.

(4) 이러한 사실관계를 위 법리에 비추어 살펴보면, 피고인이 원심에서 허위의 사실을 고소했음을 자백하였고, 당시 공소외인에 대해서는 불기소 처분이 내려져 재판절차가 개시되지 않았다. 따라서 원심으로서는 형법 제157조, 제153조에 따라 형의 필요적 감면조치를 하였어야 한다.

(5) 그런데도 원심은 위와 같은 조치를 하지 않고 피고인의 항소를 기각하였다. 원심판결에는 필요한 심리를 다하지 않은 채 형의 필요적 감면사유인 자백에 관한 법리를 오해하여 판결에 영향을 미친 잘못이 있다. 이를 지적하는 상고이유 주장은 정당하다.

부록

판례색인

[기타 판결]

MEMO

MEMO